맛 멋 흥 취 통

대우학술총서 625

맛 食
멋 樂

18세기를 읽는
다섯 가지
키워드

이숙인
송지원
김동준
안대회
김문식

흥 興

취 趣

통 通

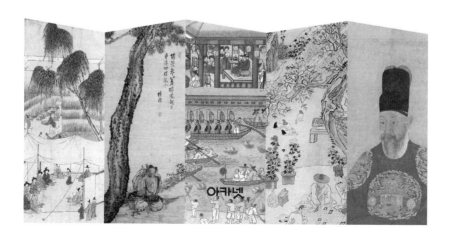

아카넷

서설

20세기 이전 우리 역사에서 흥미를 끄는 시대를 꼽아보라면 아마도 많은 사람이 18세기를 첫손가락에 꼽으리라. 한국인에게 18세기는 사회가 안정을 되찾으면서 경제가 번영하고 문화가 발달한 시기로 평가받는다. 직전 시대에는 임진왜란의 후유증이 남아 있는 데다 병자호란이란 치욕의 전란을 겪었다. 동아시아 전체가 미증유의 전란과 변화를 겪고 나서 상처를 치유하는 동시에 정치적 혼란과 자연재해가 빈발하던 시대였다. 19세기는 세도정치의 무능에 민란이 자주 일어나고, 본격적으로 서양과 일본 제국주의의 침탈이 시작되어 식민지화하는 시기로 기억한다.

그에 반해 18세기는 영조와 정조라는 탕평군주에 의해 문예부흥을 이루어 조선왕조 500년 가운데 융성한 시대로 꼽는다. 임란과 호란 이후 국제 정세는 19세기 중반까지 안정을 지속하였고, 경제는 대체로 안정적 성장을 이어갔다. 경제성장과 인구증가, 교통발달로 서울을 비롯한 지방의 큰 도회지는 활력이 넘쳤다. 상공업이 발달하고 화폐경제가 확산되어 도회지는 번영의 국면을 연출하였다. 도회지의 성장과 함께 사람들은 소비와 유흥문화에 젖어들었다. 이웃 청나라와 일본 역시 번영을 구가하고 있었고, 동아시아에는 장기간에 걸쳐 평화의 시대가 이어졌다. 17세기와 19세기 사이의 18세기는 문화의 관점에서 본다면 조선 후기 3세기 중 가장 흥미로운 시대로 간주할 만하다.

  18세기는 전후 시대와는 성격을 달리하는 모습을 보여주었다. 그동안 학계에서는 다양한 영역과 주제를 통해 새로운 변화에 주목하였고, 새로운 가치를 찾으려고 노력하였다. 최근 10년 사이에 연구자들 사이에서 18세기를 보는 관점이 다양해지고 해석과 시각은 새로워졌다. 적지 않은 성과가 있었고, 다른 어떤 시기보다도 풍부한 결과물이 출현하였다. 그럼에도 18세기의 변화한 새로운 모습을 제대로 드러냈다고 보기에는 여전히 흡족하지 않았다. 그동안에 이룬 성과를 밑거름으로 하되 새로운 주제와 방법론을 동원한 더 깊이 있는 연구가 필요한 이유다.

  우리는 이 책을 한국의 18세기를 새로운 주제와 방법론으로 분석하기 위해 썼다. 18세기를 조선 사회에서 새로운 욕망이 분출하던 시대로 보고 그 욕망의 다양한 내용을 구체적으로 조명하고자 기획하였다. 18세기에는 전란과 그 후유증의 치유에 매달리던 이전 시기와는 달리 늘어난 풍요와 자유를 구가하면서 활력의 시대를 증명하는 다양한 현상들이 나타났다. 새로운 맛과 새로운 멋에 대한 욕구가 분출하고, 갖가지 취미가 등장하여 향유되었다. 또 내면의 성찰에 만족하던 소극적 태도에서 벗어나 외부로 향한 흥(興)이 고조되면서 놀이와 기행과 연회 등의 외부 활동이 빈번해졌다. 다양한 욕구가 충돌하고, 서로 다른 가치관과 인생관이 갈등하는 소란스러운 시대상도 연출하였다. 정치세력 간에 분화하고 투

맛·멋·흥·취·통

쟁하는 양상은 그런 욕망 충돌의 연장선상에 있었다. 그런 다양성을 아우르고 가로지르는 새로운 소통의 방법이 요청되었다.

우리 연구팀은 18세기 문화적 특징을 새로운 욕망의 분출에서 찾기 위해 '맛·멋·흥·취·통'이란 다섯 키워드를 주제로 집중적인 분석을 시도하였다. 다섯 명의 연구자가 각기 하나의 키워드를 화두로 잡아 미시적으로 현상을 들여다봄으로써 18세기의 역동적이고 활기에 찬 문화상을 포착하고자 하였다. 한 글자 다섯 키워드로 18세기의 복잡하고 다채로운 사상과 문화, 예술을 모두 담아내는 것은 불가능하지만 욕망이 분출하는 세계를 이해하는 안내자 역할을 하기에는 부족하지 않다. 수미산을 겨자씨에 집어넣은 격이기는 하나 적은 수의 키워드로도 18세기 한국의 세계상을 가늠하는 데 도움을 줄 수 있으리라 기대하였다.

이 책에서는 18세기 사람들의 분출하는 새로운 욕망을 '맛·멋·흥·취·통'의 다섯 키워드로 분석하였다. 다섯 명의 연구자는 주로 18세기 사람의 의식주 생활과 일상사, 예술과 정치를 중심으로 각각의 주제를 깊이 파고들어 18세기의 사상과 사회와 문화를 읽어내고자 하였다. 각각의 글이 살펴본 내용을 간명하게 소개한다.

첫 번째 글인 이숙인의 「18세기 조선사회의 음식 담론」은 음식을 사회적이고 문화적인 현상의 하나로 간주하여 18세기의 사회적 조건과 물질과 관념의 변화에 따른 음식에 대한 욕망의 변화를 밝혔다. 18세기에는 맛과 기호를 긍정하는 '음식 욕망론'이 새롭게 대두하여 전통적인 '음식 도덕론'과 경합하였고, 도덕의 규제를 덜 받게 되면서 맛이 주는 감동과 쾌감에 주목했다고 하였다. 맛을 단순히 긍정하는 데 머물지 않고, 음식을 통해 얻는 '즐거움'이나 '희열'의 경험이 의리 추구의 원리로 타진되었고, 그 시각이 대중에게까지 확산했음을 밝혔다.

두 번째 글인 송지원의 「18세기 음악의 '멋' 추구 향방」은 18세기 음악을 대상으로 음악을 향유하는 양상을 살펴보았다. 분석에 따르면, 서울의 풍요로운 경제가 대규모 음악 수요를 불러와, 음악애호가층과 음악 마니아층을 형성한 문화적 분위기가 펼쳐졌다. 그리하여 음악이 일정한 기능이나 목적에서 독립하여 감상을 위한 음악을 향유하여 음악의 자율성이 일정하게 확보되었다. 감상용 음악의 출현은 음악 전문가의 출현과 맞물려 새로운 음악을 도입하거나 악기를 직접 연주하는 것에 대한 욕구를 증대시키는 등 음악의 멋을 추구하는 방향으로 전개되었다.

세 번째 글인 김동준의 「18세기 문인들의 야연(夜宴)과 1박 2일의 현장」은 18세기 문인들이 펼친 밤 연회 장면에 주목하였다. 동대문 바깥의 월곡(月谷), 서대문 바깥의 서지(西池), 안산 성고의 단원(檀園), 서울 남산의 유춘오(留春塢)에서 펼쳐진 야연의 현장을 차례로 살펴서 18세기 사람의 흥을 살폈다. 문인들은 광기와 일탈로 치닫기보다는 열정, 몰입, 교감, 즉흥, 비애, 나아가 가뿐한 해학으로 흥을 풀었고, 이는 문인들이 즐긴 우아한 흥의 전형적 사례로 간주할 수 있다.

네 번째 글인 안대회의 「조선 후기 취미 생활과 문화현상」은 18세기 사람들이 다양한 취미를 즐긴 현상을 분석하였다. 18세기에 도회지 부유층의 소비문화에 의해 촉발되어 문화의 트렌드 차원으로 다양한 취미가 확대했다고 보았다. 유학의 금욕적 절제에서 벗어나 다양하고 고상한 취미를 즐기는 것이 새로운 문화 주체가 지녀야 할 조건임을 제시하고, 서화골동품과 문방도구를 비롯하여 비둘기나 금붕어와 같은 애완용 동식물을 키우는 취미, 수석을 수집하고 감상하는 취미 등 몇 가지 대표적인 취미활동을 검토하였다.

다섯 번째 글인 김문식의 「통(通), 국왕의 소통 방식」은 새롭게 성장하는 세력들의 갈등을 조정하고 요구 사항을 수렴하려는 노력을 탕평군주 영조와 정조에게서 찾아보았다. 18세기는 농업 생산력의 발전과 유통 경제의 발달을 배경으로 도시와 농촌에서 경제력을 갖춘 공시인(貢市人)과 향민(鄕民)이 등장하였고, 새롭게 성장하는 세력과 기득권을 장악한 세력 사이에는 여러 형태의 갈등이 발생하였다. 영조와 정조는 갈등하는 사회세력의 통합을 추구하여 자신이 추진하는 정책을 신하와 백성들에게 알리고, 그들의 요구 사항을 청취하기 위해 다양한 소통 방식을 활용했다. 이 글에서는 어찰(御札), 책문(策問), 구언(求言), 순문(詢問), 상언(上言)과 격쟁(擊錚)의 다섯 가지 소통 방식을 검토하였다.

다섯 편의 글은 각기 다른 주제를 다루고 있으나 경제·사회의 변화와 맞물려 도회지 주민을 중심으로 18세기 사람들이 어떤 욕망을 추구하려 했는지를 분석하였다. 맛과 멋과 흥과 취와 통의 눈으로 각각의 논문이 분석한 결과에서는 다른 시대 사람과는 달라진 어떤 지향이 부각되고 있다. 이 책의 논의를 통하여 18세기 사람들이 추구한 삶과 문화가 더 뚜렷한 모습으로 드러날 것이다.

이 책은 2013년 대우학술재단의 연구비 지원을 받아 연구한 결과물이다. 내가 연구책임자가 되어 네 명의 연구자와 함께 공동으로 기획하였다. 각기 한문학과 동양철학, 음악학, 사상사, 국문학을 전공하는 연구자들이 모여 18세기를 더 다채롭게 분석할 주제와 방법을 고민하였다. 고민한 내용을 함께 연구하여 2014년 9월 고려대학교 문과대학에서 개최한 한국실학학회 추계학술대회에서 '18세기를 읽는 네 가지 키워드, 맛·멋·흥·통'이란 주제로 발표회를 거쳤다. 이후에 발표한 원고를 다

들어 각기 학회지에 투고하여 수록하였다.

글이 수록된 학술지를 밝히면 다음과 같다. 이숙인의 글은 「18세기 조선의 음식 담론」이란 제목으로 『한국실학연구』(28집, 한국실학학회, 2014, 233~267쪽)에 실렸고, 송지원의 글은 「18세기 음악의 '멋' 추구 향방」이란 제목으로 『한국실학연구』(33집, 한국실학학회, 2017, 317~346쪽)에 실렸다. 김동준의 글은 「18세기 문인 야연(夜宴)의 현장과 예술적 아우라(Aura)」란 제목으로 『한국실학연구』(28집, 위와 같음, 185~232쪽)에 실렸고, 안대회의 글은 「조선 후기 취미 생활과 문화현상」이란 제목으로 『한국문화』(60호, 서울대학교 규장각한국학연구원, 2012, 65~96쪽)에 실렸다. 김문식의 글은 「18세기 국왕의 소통 방식」이란 제목으로 『한국실학연구』(28집, 위와 같음, 153~184쪽)에 실렸다. 이숙인과 김동준, 김문식 3인의 글은 『한국실학연구』 28집에 '18세기를 읽는 몇 가지 키워드, 통·홍·맛'이란 특집으로 함께 수록되었다.

이 책에 수록한 글은 학술지에 실린 내용을 바탕으로 하되 문체를 평이하게 수정하였고, 내용과 도판을 보완하였다. 분량의 제한으로 논문에서 다루지 못한 사실을 더 많이 보충하여 내용이 훨씬 더 충실해졌다. 다만 논문을 수록한 시기가 똑같지 않고 수정한 기간이 길어서 발표회를 하고 난 이후 5년을 넘겨서야 한 권의 책으로 엮어냈다. 그동안 기다려준 재단과 출판사에 미안한 마음과 함께 감사 인사를 전한다. 이 책이 한국의 18세기를 보는 시각의 새로운 변화에 보탬이 되기를 기대한다.

2020년 9월 안대회

차례

서설 | 안대회   5

제1장 **18세기 조선사회의 음식 담론** | 이숙인   13

제2장 **18세기 음악의 '멋' 추구 향방** | 송지원   57

제3장 **18세기 문인들의 야연夜宴과 1박 2일의 현장** | 김동준   103

제4장 **조선 후기 취미 생활과 문화현상** | 안대회   159

제5장 **통通, 국왕의 소통 방식** | 김문식   207

주註   255
참고문헌   275
찾아보기   282
저자소개   289

食

제1장

18세기 조선사회의
음식 담론

이숙인 | 서울대학교 규장각한국학연구원

음식 담론의
18세기

음식은 사람들의 일상생활과 밀착되어 있는 아주 친근하면서 구체적인 물질이다. 하지만 인간 생활의 오랜 역사 속에서 물질을 넘어 그 자체로 문화적인 의미를 담게 되었다. 즉 음식은 절제나 금기의 대상이 되기도 하고, 권력과 욕망의 상징이 되기도 했다. 또 시적 제재나 예술의 주제가 되었고 종교나 철학 등의 영역에서도 담론화되어 왔다. 즉 생리적인 배고픔을 해결하기 위한 '먹고 마시는' 자연적인 행위가 인간 존재의 상징체계와 상호 긴밀하게 연결되면서 '무엇을 먹는가, 어떻게 먹는가'라는 사회적 · 도덕적 영역의 의미로 확장되어 온 것이다.

공자는 문왕이 창포 젓갈을 즐겨 먹는다는 말을 듣고는 자신의 구미에 맞지 않지만 이맛살을 찌푸리며 먹었다. 3년이 지나서야 이 이상한 맛에 익숙해졌다.[1] 공자의 이 행위는 주(周)나라의 정신문화를 이해하기 위한 것이었다.[2] "당신이 무엇을 먹는지 말해주면 당신이 어떤 사람인지 말해주겠다"[3]는 말은 음식이 그 사람의 정체성을 구성하는 중요한 요소라는 뜻이다. 또한 대부분의 문화는 요리법이나 식사 예절을 통해 사회적 위상의 차이를 표현하기도 한다. 다양한 음식을 먹고 마시지만 모두 자신들이 속한 사회 체계 내에서 이미 준비되어 있는 방식을 따른다는 것은 음식이 곧 사회문화적인 행위임을 말해주는 것이다.

유학의 전통에서 음식은 정치의 원리나 방법에 비유되곤 했다. 『서경(書經)』에는 상(商)나라를 중흥시킨 왕 무정(武丁)이 부열(傅說)을 재상으로 발탁하면서 남긴 말이 실려 있다. 무정은 부열에게 "내가 국을 끓일 때 너는 소금과 식초가 되어다오"[4]라고 하는데, 음식의 맛을 결정하는 가장 기본적이고 중요한 양념인 소금과 식초를 비유로 부열의 역할을 강조한 것이다. 또 춘추시대 제나라의 재상 안영(晏嬰)은 조화[和]와 동일[同]이 어떻게 다른가를 음식 조리에 비유해 설명한다.

군주가 물었다. 화(和)와 동(同)은 다른가? 안자(晏子)가 대답했다. 다릅니다. 화(和)란 국을 끓이는 것을 예로 들면 물과 불, 식초, 절인 고기, 소금, 식초, 생선을 넣고 끓이는 것입니다. 불을 때서 끓이다가 요리사는 그것을 잘 합해서 맛을 내고, 모자라는 맛은 보태주고 넘치는 것은 덜어내는데, 군자가 그것을 먹고 마음이 흡족해지는 것입니다. 군주와 신하의 관계도 그러한 이치입니다.[5]

음식을 통치의 방법이나 관계의 원리에 비유한 것은 음식이 일상의 가장 중심에 있어 누구나 그 원리를 알고 쉽게 이해할 수 있었기 때문이 아닐까.

　음식 담론이 그 시대의 역사 문화적 성격과 분리될 수 없다는 것은 18세기 조선에도 적용된다. 조선의 18세기는 사상적인 다원화가 이루어지던 시기로 개혁론과 더불어 보수적인 의식이 공존하던 사회다. 지배 지식이던 성리학이 내부에서 사상적 분화를 일으키고 양명학의 활동이나 서학의 수용 등 다양성이 감지되던 시기다.[6] 성리학의 틀을 지키는 전통적 입장이 대세를 보이지만 한편 그 반작용으로 일어나는 실학의 측면이 상당히 새롭게 부각되었다.

　18세기의 이러한 변화는 도시의 발달이 촉진되고 중국 및 일본 등 빈번한 왕래를 통한 다른 문화에 대한 지평이 확장된 것과도 관련이 있다. 18세기의 사상계가 유학의 전통을 계승하면서 사회의 변화된 요구를 반영하는 측면에서 논의되어야 한다면, 음식 담론도 이러한 맥락에 있다.

　사상과 종교의 차이는 음식 기호와 음식 습관의 차이로 이어진다. 음식학자 켈리에 의하면 오늘날의 북유럽과 남유럽은 식사와 미각적 쾌락의 관계에서 각각 넘을 수 없는 차이가 존재한다. 그것은 음식을 금기시한 프로테스탄트 문화와 그렇지 않은 가톨릭 문화, 각 종교적 우산 아래에는 음식에 대한 서로 다른 철학과 관점이 작동하기 때문이라는 것이다. 즉 덴마크에서 고기를 고르는 기준은 영양성분 곧 단백질 함유량이고 영국에서는 음식을 영양분과 비타민, 약의 기능과 연결시킨다. 반면 이탈리아와 프랑스에서는 잘 먹는다는 개념을 쾌락과 화기애애한 분위기, 식품의 산지와 연결시킨다. 이것은 북유럽에는 남유럽과 같은 풍요롭고 각양각색의 식품 산지가 없다는 지리적 조건이 반영된 측면도 있지만 종교의 차이가 더 주목된다는 것이다.[7] 18세기 조선사회 음식담론도 지배이념 유학의 음식사상과 일정한 연관을 가질 것으로 보인다.

　무엇보다 음식 문화는 식재료의 종류와 조리법의 발달과 무관할 수 없다. 18세기에 들어 조선의 음식 문화에 일대 변화가 일어난 것은 바로 물질적인 조건이 달라졌기 때문이다. 알다시피 고추는 임진왜란 때 도입되어 재배와 음식에 활용되기까지 오랜 시간을 거쳐 18세기 후반에 이르러서야 일반에게 대중화되었다. 고구마는 1763년(영조 39)에 도입되어 재배되면서 구황작물로서 역할을 하였다. 이처럼 조선 후기 18세기는 양란(兩亂)을 거치며 일어난 사회적 변화와 그로 인해 외래 작물이 유입되면서 식재료가 다양해졌다. 또 농업과 어업의 생산 기술이 발달하는데, 망어업(網漁業)의 발달로 어획량이 증가하고 조리법의 발달로 풍성한 찬물류(饌物類)의 생산이 가능해졌다.[8]

　18세기의 작품 「흥부전」에 나타난 음식 연구에 의하면, 이 시기는 쌀·보리·조와 같은 주곡의 생산량이 현저히 늘어났고, 주곡뿐 아니라 참외·담배·울콩·물콩·청태콩·돔부·녹두·참깨·들깨·피마자 등과 같이 작물의 수가 증가했을 뿐 아니라 일반적으로 유통되었다.[9] 음식 재료가 풍성해짐으로써 음식의 종류와 조리법이 다양해지고, 그로 인한 담론도 풍부해진 것으로 보인다.

　한편 여느 시대나 문화에서처럼 18세기 조선사회도 계급이나 신분에 따른 음식 문화의 차이가 존재한다. 농민이나 노비에게 음식은 굶주림을 해결하는 것으로, 이들에게 음식이란 배부르게 먹어 생명을 유지하기 위한 수단일 뿐이다. 반면 왕실이나 부유한 양반 계층에게 음식은 권세와 부귀영화를 표현하는 수단이 되었다.

　양반가에서는 음식으로 가문의 전통이나 손님 접대의 격조를 드러내기도 했다. 유학사상의 맥락에서 볼 때 음식 문화는 신분과 계급의 문제, 권력의 행사와도 깊은 관련을 가진다. 무엇을 어떻게 먹을 것이며, 그것이 갖는 정치 문화적 의미가 무엇인가 하는 문제가 음식의 가치에 반영되었다.

유학의 전통에서 음식은 크게 두 가지 방향에서 담론화되었다. 하나는 탐욕을 조절하는 수단으로 인식되었고, 다른 하나는 음식이 주는 기호나 맛의 욕망을 인정하는 것이다. 음식을 도덕적 수양의 대상으로 삼거나, 맛을 적극 추구하는 쪽이거나 18세기의 음식 담론은 유학의 자장 내에서 이해될 수 있다. 이에 유학의 음식 담론을 크게 두 층위에서 접근하여 그 각각이 18세기 지식인들에게 어떻게 활용되는가를 살필 것이다. 다시 말해 음식을 도덕 및 예(禮)의 질서에 종속시킨 '음식 도덕'의 입장과 음식의 맛과 기호를 적극적으로 인정한 '음식 욕망'의 입장이 유학의 전통에 공존하고 있는 것이라면, 이것은 18세기의 시대정신과 어떻게 결합하는가 하는 것이다.

이 글은 유학의 음식담론이 조선 후기 18세기에서 어떻게 이해되고 실천되는가의 문제와 음식 문화의 측면에서 18세기의 특징은 무엇인가 하는 질문에서 시작되었다. 18세기의 음식 담론은 맛과 도덕이 길항하는 가운데, 음식에 대한 다양한 정보와 지식이 집적되고 체계화되었다. 음식 조리는 물론 음식 위생과 식탁 예절에 이르기까지 음식에 대한 '지식의 종합화'가 이루어진 것이다. 이에 구체적인 자료를 통해 18세기 음식 담론의 특징을 살펴보고자 한다.

도덕의 음식,
예의 음식

공자는 여러 곳에서 음식에 대한 자신의 생각을 피력하였다. 공자의 식관 (食觀)은 곧 유학적 음식론의 기본 골격이 되었는데, 일차적으로 '음식도덕론'과 연결되었다. 『논어』는 "군자는 먹는 것에 배부름을 추구하지 않고 거처하는 곳에 편안함을 추구하지 않는다"[10]고 하였고, "악의악식(惡衣惡食)을 부끄러워하는 자는 더불어 도를 논하기에 부족하다"[11]고 하였다. 공자의 이 말은 음식을 생물학적 차원에 머물기보다 더 큰 정신 가치를 추구하라는 뜻에서 나왔을 것이다. 이런 맥락에서 공자는 최소한의 음식으로 도를 추구하면서 행복을 누린 '단표누항(簞瓢陋巷)'의 안회(顔回)를 높이 평가했다.

> 공자가 말씀하셨다. "어질도다 회(回)여. 한 그릇의 밥과 한 바가지의 물로 누추한 동네에 살고 있구나. 사람들은 그 근심을 감당하지 못하는데, 회는 가난이 주는 즐거움을 바꾸지 않는구나. 어질도다 회여!"[12]

도덕의 음식: 수기안인(修己安人)의 실천

음식을 소재로 한 공자의 이러한 언급은 도덕주의자들에게 자기 수양의 텍스트가 되었다. 이후의 유학자들에게 음식은 욕망을 절제하고 기호를 조절하는 중요한 수단으로 인식되었다. 그것은 신체의 욕망과 가장 밀착되어 있으면서 매일 매시간 반복되는 일상 그 자체이기 때문에 자신을 시험하기 위한 유용한 교재가 될 수 있었다. 성호 이익(李瀷, 1681~1763)이 지적한바, 앞에 차려진 음식을 탐하지 않는 것은 매우 어려운 일이다.

그는 말한다.

> 무릇 사람이 가장 억제하기 어려운 것은 색(色)이 중점을 차지하고 먹는
> 것이 그다음이다. 아름다운 찬(饌)이 있는 데가 있으면 반드시 구하고야
> 마는데 하물며 그 앞에 차려져 있으면 반드시 먹고야 말 것이다. 한 번
> 먹고 두 번 먹어보면 탐내는 마음이 점점 불어나서 마치 무성한 풀에다
> 가 또 거름을 더한 것과 마찬가지로 된다. … 대개 나날이 아침저녁으로
> 빼버려서는 안 될 것은 오직 밥이지만 자기를 극복하는 것은 모름지기
> 친근한 데서 시작되기 때문에 음식을 조절하는 것을 요점으로 삼는다.[13]

이익은 절식(節食)을 자기 수양의 방편으로 삼은 것이다. 16세기의
퇴계 이황(李滉, 1501~1570) 역시 음식 절제를 수양의 방법으로 삼았다.
퇴계 문인 우성전(禹性傳, 1542~1593)은 음식과 관련된 퇴계의 일화를 소
개하였다.

> 퇴계 선생이 서울에 살 때 당시의 좌의정 권철(權轍)이 찾아왔다. 선생이
> 식사를 대접하자 권철은 반찬이 없고 또 맛도 없어 먹을 수가 없었다. 그
> 런데 퇴계 선생은 마치 진미(珍味)나 먹는 듯 조금도 어려워하는 기색이
> 없었다. 권공은 결국 젓가락을 대지도 못하고 물러 나와 사람들에게 말
> 하기를, "지금까지 입맛을 잘못 길러서 이렇게 되고 보니 매우 부끄럽
> 다" 하였다.[14]

퇴계는 개인의 차원뿐 아니라 사회적 차원에서도 음식을 실천궁행
(實踐躬行)의 중요한 주제로 삼았다. 그의 밥상은 끼니마다 세 가지 반찬

을 넘지 않았고, 여름에는 다만 건포 한 가지뿐이었나고 한다. 음식은 자기 수양의 차원에서 기본적이고 중요한 주제가 되었다.

이렇게 음식 습관은 한 인물의 도덕성을 설명하기 위한 방법으로 채택되었다. 『임하필기』에 소개된 명종 대의 정승 안현(安玹)의 이야기를 보자. 검소하고 청렴하다는 평을 받은 안현은 손님이 와서 보니 콩잎국 하나로 밥을 먹었다. 안현이 맛을 보지도 않고 밥을 국에 말자 손님이 국이 입에 맞지 않으면 어떻게 하려고 맛도 보지 않고 먼저 밥을 마느냐고 물었다. 그러자 그는 국이 입에 맞지 않는다고 먹지 않을 수 있겠냐고 응수했다.[15]

18세기의 '음식 도덕론'은 성호 이익이 주도했다고 해도 과언이 아니다. 이익의 논의를 보자.

후세에 와서는 풍속이 날로 사치한 데로 쏠려 『예기』 「내칙(內則)」편을 읽을 때면 옛날 팔진(八珍)을 맛없이 만들었다고 비웃는데 이는 그 본뜻을 모르기 때문이다. 사람이건 동물이건 벌써 세상에 생겨난 지 오래고 더구나 희주(姬周) 때 이르러서는 아름다운 반찬과 좋은 음식이 무엇인들 없었겠는가? 하지만 성인은 그 풍속이 너무 사치할까 두려워해서 팔진미를 만드는 데 우양(牛羊)과 미곡(米穀) 따위에 지나지 않았다. 이것만 갖고도 얼마든지 진미로 만들어 먹을 수 있는바, 먼 곳에서 들여오기 어려운 이상한 물건을 좋게 여기지 않았기 때문이다.[16]

이익은 또 『논어』에서 공자가 "자른 고기가 바르지 않으면 먹지 아니하고, 그 양념을 얻지 못하면 먹지 않는다"[17]고 한 것을 성인의 '기욕(嗜欲) 억제의 방법'이라고 해석했다.[18] 실제로 이익은 콩죽·콩나물·된장

만을 늘 식탁에 올릴 만큼 매우 검소한 생활을 했고, 콩으로 만든 이 세 가지 음식을 마련하여 가까이 사는 친족들과 나누면서 정을 쌓는 모임을 만들었다. 이른바 '삼두회(三斗會)'다. 이 회합의 취지를 그는 성인이 남긴 뜻에서 찾았는데, 공자는 가난한 자로(子路)에게 '콩죽을 끓여 먹고 물을 마시더라도 기쁘게 해드리는 것을 극진히 행한다면 그것은 곧 효'라는 말을 했다는 것이다.[19]

음식과 권력을 연계시키고 진정한 행복이나 삶의 여유와 대비시키는 담론도 '음식 도덕론'의 맥락에 있다. 조선의 유학자들이 즐긴 '육식자(肉食者)'란 용어는 위정자(爲政者)를 지칭하면서 식견이 낮다는 비하의 뜻을 담고 있다. 즉 '고기 먹는 자'란 욕망에 충실한 자에 대한 희화인 것이다. 이 용어는 『춘추좌씨전』에서 기원하는데 그 내용은 이렇다. 노나라 장공(莊公)이 제나라의 공격에 응전할 태세를 취하자 조귀(曹劌)가 장공을 알현하고자 했다. 마을 사람이 "고기를 먹는 자들이 잘 알아서 할 텐데, 또 무엇 때문에 끼어드는가?"라고 하자 조귀는 "고기를 먹는 높은 분들은 식견이 낮아서 멀리 꾀하지 못하니까"[20]라고 한 것이다. 즉 좋은 음식 먹는 '육식자'를 폄하하는 뜻이 있었다.

윤증(尹拯, 1629~1714)을 비롯한 많은 학자들은 '음식을 잘 먹는 자' 또는 '육식자'를 긍정적으로 보지 않았다. "어떤 육식자가 굶주린 낯빛을 가여워할까",[21] "궁벽한 시골에 묻혀 살아도 고기 먹는 자보다 걱정 많았네",[22] "몇 년 동안 질리도록 육식으로 배 채우다, 고향 집 야채 밥상 입맛이 감치는데"[23] 등의 표현은 음식 욕망이 갖는 부정적 이미지를 드러낸 것이라 할 수 있다. 음식의 도덕적 고리는 위정자나 권력가가 맛있는 것을 독점하거나 과도하게 추구하는 데 대한 비판으로 이어진다. 성대중(成大中, 1732~1809)은 '음식 사치가 부르는 앙화(殃禍)'에서 이렇게 말한다.

음식 사치를 극도로 부리는 자로서 패망을 사초하지 않는 경우가 드무니, 평민은 굶어서 죽고 귀족은 몰락하여 멸망한다. 허의(許宜)란 자는 부잣집에서 자라면서 입맛을 극도로 사치스럽게 하여 천하의 산해진미도 그의 입에 싫증 나지 않은 것이 없었는데, 병이 나자 먹을 만한 것이 없어 마침내 굶어 죽고 말았다. 그리하여 당시 사람들의 비웃음거리가 되었다. 김자점(金自點)은 패망하려 할 적에 온갖 부드러운 음식들이 모두 단단하다 하여 갓 부화한 병아리를 먹었고 정후겸(鄭厚謙) 역시 이렇게 하였는데, 모두 얼마 안 있어 처형되었다.[24]

허의와 김자점, 정후겸의 패망은 여러 복합적인 요인에 의한 것이지만 성대중이 유독 음식 탐욕과 그들의 실패를 연결시켜 설명한 것은 음식을 사회적 도덕의 관점에서 강조하고자 한 맥락에서 나온 것이다. 한편 음식을 통해 성공한 인물도 곧잘 소개되곤 했다. 정약용은 내가 먹는 '이 음식이 어떻게 있게 되었는가'를 밥상머리 교육을 통해 어린 아들을 성공시킨 일화를 소개했다.

후당(後唐) 때 유찬(劉贊)의 아버지 유빈(劉邠)이 현령이 되었고, 유찬은 어렸다. 식사 때마다 자기는 고기반찬을 먹으면서 유찬에게는 따로 나물 반찬을 차려 상 아래에서 먹게 하면서, "육식은 임금이 주신 녹이다. 너도 먹고 싶거든 부지런히 공부하여 국록을 받도록 하여라. 내가 먹는 육식은 네가 먹어서는 안 된다."라고 했다. 이로 말미암아 유찬은 힘써 공부하여 진사(進士)에 급제하였다.[25]

이덕무(李德懋, 1741~1793) 역시 사회적 도덕의 관점에서 음식을 설명한다. 그는 "수신(修身)과 섭생(攝生)이 어찌 두 가지 길이겠는가?"라고 하고, 말을 삼가고 음식을 절제함으로써 심학(心學)의 대업을 이룰 수 있다고 한다.[26] 또 그는 천하에 먹지 못할 곡식은 없다고 하고, 부귀하면서 거친 밥을 맛있게 먹는 사람을 좋은 사람, 시골에 살면서 잡곡밥을 잘 먹지 못하는 사람을 상서롭지 못한 사람으로 분류했다.[27]

이덕무는 북송의 황정견(黃庭堅, 1045~1105)이 사군자(士君子)가 음식을 대하는 다섯 가지 관점 내지는 자세를 제시한 '식시오관(食時五觀)'을 소개하는데, 이 또한 음식과 도덕의 연관성에 주목한 것이다. 요약하면 다음과 같다.

첫째 밥이 될 때까지 든 노고와 출처를 헤아려야 한다는 것이다. 한 사람의 먹을 것은 열 사람의 노력에서 나온 것임을 염두에 두어야 한다. 일하지 않고 먹을 때는 부모의 은덕이 있기 때문이고, 벼슬길에서는 백성의 피와 땀이 있기 때문이다. 둘째 음식을 제공받을 때는 자신의 덕행을 되돌아보아야 한다는 것이다. 셋째 음식을 대하면 마음을 절제하여 지나친 탐욕을 없애는 것으로 근본을 삼아야 한다. 넷째 밥을 약(藥)으로 여겨 젓가락을 들 때에 언제나 약을 마시는 것처럼 여겨야 한다. 마지막으로 도덕을 완성해야만 밥을 먹을 자격이 있다는 것이다.[28]

한편 인간존중에 기반한 유학의 도덕성이 음식에 적용된 중요한 예가 있다. 『예기』에는 "군자는 개나 돼지의 창자 요리를 먹지 않는다"[29]고 하였다. 이에 대해 정현(鄭玄, 127~200)은 개나 돼지는 곡식을 먹어 그 창자가 사람과 비슷하기 때문이라고 하였다.[30] 하곡 정제두(鄭齊斗, 1669~1736)도 이 해석을 지지했다.[31] 나아가 성대중은 그런 금기를 어긴 자, 즉 '사람을 연상시키는 것'을 먹는 자는 망하게 된다는 것을 보이고자 했다. 그는 말한다.

근래에 한 세도가에서 떡국을 만들면서 사람의 오관(五官)과 사시(四肢)를 모두 구비한 어린아이 모양으로 만들어 먹었는데, 얼마 되지 않아 멸망하였다 한다.[32]

이상을 통해 볼 때 음식을 도덕과 결부시킨 유학의 담론은 일차적으로 욕망 절제를 통한 자기 관리, '수기(修己)'의 차원에서 제기되었다. 나아가 자기 절제에 실패한 인간의 과도한 욕망 추구가 다른 사람을 빈곤으로 몰아넣는 행위를 문제 삼는다. 즉 재물의 독점으로 상징된 '음식 욕망'을 문제시한 것이다. 다음은 음식이 유학의 질서 개념인 예(禮)와 어떻게 결부되는가를 보고자 한다.

예의 음식

"예의 시초는 음식에서 시작된다"[33]는 것은 음식으로 사회적 관계를 구성하는 측면에 주목한 말이다. 대부분의 문화에서 음식은 사람과 사람 간의 관계나 인간과 신과의 상호작용, 그리고 살아 있는 자와 죽은 자 간의 의사소통에도 활용되었다. 그리고 높은 사회계층은 낮은 계층과 자신들을 구분하기 위한 수단의 하나로 늘 음식을 사용하였다.[34] 음식이 '자연스러운 욕구'의 차원을 넘어서 사회화되는 유학의 양상은 크게 두 가지 측면이다. 하나는 음식을 통해 구성되는 질서와 권력의 문제이고, 다른 하나는 음식을 대하는 방법과 태도의 문제이다.

『예기』는 예에 대한 이론과 예의 학설을 집성한 유교 경전 오경(五經)의 하나이다. 유교인이란 바로 이 예의 개념과 실천에 관한 『예기』 주석의 역사를 통해 창출되었다고 해도 과언이 아니다. 그런 절대 권위를 가진 『예기』에 각종 음식에 대한 정보가 소개되고 있다는 점은 우리의 흥

맛·멋·흥·취·통

미를 끌기에 충분하다.

사실 음식은 인간 생활에서 가장 중요한 것이다. 무엇보다 생물학적인 생존을 위해서 필수적인 음식은 계절이 바뀌든 해가 바뀌든 아침이나 저녁이나 매일매일 함께한다. 하지만 음식에의 추구가 아무런 규제 없이 행해질 수 있는 것은 아니었다. 매일 언제나 함께한다는 점에서 음식은 상징과 의미를 만들고, 그것으로 사회적 질서와 관계를 만들어가는 유용한 재료가 되는 것이다. 즉 음식은 권력과 문화를 창출한다는 측면에서 적극 활용되었다.

무엇을 먹고 무엇은 안 먹으며 어떻게 먹고 누구와 먹을 것인가라는 측면에서 음식은 사회 질서를 표현하고 의미를 전달하는 주요 수단이 된다. 즉 음식으로 신분을 표상하고 권력을 행사하는 것인데, 『예기』에는 사회적 지위에 따른 예제를 음식으로 차별화하고 있음을 보여준다.

> 임금이 죽으면 세자(世子)·대부(大夫)·공자(公子)·중사(衆士)는 모두 3일 동안 밥을 먹지 않고 죽을 먹는다. 4일째부터 사(士)는 거친 밥을 먹고 물을 마시되 분량에 대한 규정은 없다. 경대부가 죽으면 상주·가노·아들·손자는 모두 죽을 먹고 가사(家士)는 거친 밥을 먹고 물을 마신다.[35]

『소학』에 의하면 전한(前漢)의 창읍왕(昌邑王)은 소제(昭帝)의 상사(喪事)에 분상(奔喪)하면서 도중에 고기반찬을 먹었다는 이유로 왕위를 박탈당했다.[36] 창읍왕이 먹은 고기반찬은 황제를 중심으로 한 상징 권력을 무시한 것이자 황제 중심의 질서 개념을 거부한 반윤리적 행위와 연결되었다. 『예기』에는 또 계급에 따라 잡아먹을 수 있는 가축을 차별화하였는데, "제후는 까닭 없이 소를 잡지 못하고, 대부는 까닭 없이 양을 잡지 못하며 사(士)는 까닭 없이 개·돼지를 잡지 못하고 서인(庶人)은 까닭 없이 맛있는 음식을 먹을 수 없다"[37]는 것 등이다. 음식은 또 부모에 대한 효심을 표현하거나 측정하는 준거가 되었다.

부모의 상에는 빈소를 차리고 나면 죽을 먹는다. … 우제와 졸곡을 마치고 나면 거친 밥과 물만 마시고 채소와 과실은 먹지 않는다. 소상(小祥)을 지내고 나면 채소와 과실을 먹고, 대상(大祥)을 지내고 나면 초와 장을 먹는다. … 상중에 있으면서 감히 버젓이 고기 먹고 술 마시는 자가 있을 수 없었다.[38]

진(晉)의 완적(阮籍, 210~263)은 부모 상중에 공석상에서 술과 고기를 먹은 것이 정적들의 표적이 되어, 중국 문화의 오염을 막기 위해 멀리 내쫓아야 한다는 지적을 당하였다.[39] 사회적 관계를 만드는 데 중심이 된 음식은 일상생활에서 발생하는 다양한 권력관계에 개입하여 새로운 권력 개념을 창출하기도 한다. 장유(長幼)의 질서와 남녀의 구별에서도 음식은 중요한 역할을 했다.

일곱 살이 되면 남녀가 자리를 함께 해서는 안 되고 식사를 함께 해서도 안 된다. 여덟 살이 되면 문을 출입하고 자리에 앉고 음식을 먹을 때 반드시 어른보다 나중에 하게 하여 사양하는 것을 가르친다.[40]

그런데 음식의 예(禮)는 권력의 구성이나 분배와 같은 큰 범주가 있는가 하면, 음식을 먹는 방법이나 태도와 같은 작은 범주의 예절도 있다.

맛·멋·흥·취·통

퇴계 이황은 음식을 대하는 예의 문제를 문인 이덕홍(李德弘, 1541~1596)과의 문답을 통해 표명하였다. 그 내용은 어른을 모시고 남의 집을 방문했는데, 함께 간 어른은 밥을 먹고 가려고 하고, 주인은 밥을 대접할 의사가 없었다. 그럼에도 어른은 굳이 밥을 먹고자 하는 상황이라면 나는 어떤 태도를 취해야 하는가를 물었다. 퇴계는 함께 간 어른이 누구냐에 따라 다르다고 하고, 아는 정도의 어른이면 그에게는 원하는 대로 그 집에서 먹게 하고 자신은 다른 일을 핑계 대고 먼저 나와 먹지 않는 것이 옳다는 것이다. 그런데 같이 간 어른이 조부(祖父)와 부(父)라면 먹을 상황이 아님을 곡진하게 설명하고, 그래도 듣지 않으면 어른과 함께 먹어야 한다는 것이다.[41]

한편 음식 예절의 항목들이 『예기』에 실린 후 『소학』에서 더욱 부각되었다. 일용평상의 도에 주목한 『소학』이 음식 예절을 강조한 것이다.

남과 음식을 먹을 때는 배부르도록 먹지 않으며 남과 함께 밥을 먹을 때는 음식에 손을 적시지 않도록 한다. 밥을 뭉치지 말며 밥을 크게 뜨지 말며 물 마시듯 마시지 말며, 씹는 소리를 내지 말며 뼈를 깨물어 씹지 않는다. 먹던 생선이나 고기를 다시 그릇에 놓지 말며 뼈다귀를 개에 던져 주지 말며, 먹고 싶은 것을 굳이 먹으려 들지 말아야 하며, 밥을 식히기 위해 휘젓지 말며, 기장밥을 먹을 때 젓가락을 사용하지 말아야 한다. 국은 국물만 들이마시지 말아야 하고, 국에 따로 간을 맞추어서는 안 되며, 이를 쑤시지 말며, 젓국을 마시지 말아야 한다. 손님이 국에 간을 맞추면 주인은 잘 끓이지 못하였다고 미안해하며 손님이 젓국을 마시면 주인은 가난하여 맛있게 잘 만들지 못하였음을 미안해하기 때문이다. 젖은 고기는 이빨로 끊고, 마른 고기는 이빨로 끊지 않으며, 구운 고기를

한입에 넣지 않는다.[42]

이처럼 『예기』에는 음식 예절의 측면인 식탁 문화의 전형들을 밝혀놓았고, 유교의 대중화를 시도한 『소학』은 이를 재인용하여 실었다. 다시말해 음식 예절은 공동체의 문화적 동질성을 만들어가는 데 무엇보다 유용한 것이었다.

음식은 효(孝)의 실천에서도 중요했다. 『예기』에서는 "새벽에 어버이에게 아침 문안을 하고 좋아하는 음식을 올리며, 해가 뜨면 물러나 각자 일에 종사하다가, 해가 지면 저녁 문안을 하고 좋아하는 음식을 올린다"[43]고 했다. 또한 음식은 공경과 친밀성을 표현하는 것으로 활용되었는데, "음식 대접이나 하려고 청한 손이 아니거든, 자리를 펼 때에 자리와자리의 사이를 한 길 정도가 되게 한다"[44]는 것이다. 음식을 대접할 사이란 아주 가까운 관계라는 뜻이 들어 있다. 윤휴(尹鑴, 1617~1680)도 도를행하는 데 필요한 15례(禮) 중에서 "음식의 예는 종족 간의 의를 도탑게하고 형제를 가까이한다"[45]고 해석했다.

음식을 예와 결부시킨 유학의 담론이 조선 후기 18세기에는 '음식예절'로 부각되었다. 즉 예의 근본정신을 고취시키는 원론적인 형태의 음식 담론보다 식탁 예절이나 에티켓을 강조했다. "옛날의 교훈을 참고삼아 지금 사람들에게 필요한 일들을 기록한"[46] 『사소절』은 남자와 여자 각각에게 서로 다른 '음식 예절'을 제시하였다.

저자 이덕무는 『사소절』의 서문에서 '사소한 예절'의 중요성은 경전에서도 강조한 바 있는데, 사소한 것에 조심하지 않으면 끝내 큰 덕을 해칠 수 있기 때문이라고 하였다.[47] 음식 예절의 내용도 이덕무가 활동했던 18세기 조선의 실정을 반영한 것으로 『예기』 및 『소학』에 비해 훨씬 구체

맛·멋·흥·취·통

선묘조제재경수연도

1605년 삼청동 관가에서 70세 이상의 노모를 모신
13인의 재신들이 열었던 경수연의 장면.

적이다.

> 남과 한 식탁에서 식사할 때는 자기가 먹고 싶은 고기나 떡 같은 것이
> 비록 집어 먹기 거북스러운 곳에 있다 하더라도 자기 앞으로 당겨놓지
> 말라. 각기 한 상을 받았을 적에는 자기 몫을 다 먹고 나서 남이 먹던 것
> 을 더 먹지 말라.[48]

이와 유사한 내용이 『예기』에도 실려 있는데, "군자와 식사를 할 때,
군자보다 먼저 시작하고 군자보다 늦게 먹기를 끝낸다"고 하고, 먹을 때
소리를 내거나 오물거리며 씹어서는 안 된다고 하였다.[49] 『예기』에 비해
18세기 『사소절』의 밥상은 상당히 대중적이다. 식탐이 부딪히는 치열한
밥상을 떠올리게 한다는 점에서 그렇다. 다음의 예를 보자.

> 상추·취·김 따위로 쌈을 쌀 적에는 손바닥에 직접 놓고 싸지 말라. 설
> 만(褻慢)한 행동이 좋지 않기 때문이다. 쌈을 싸는 순서는 반드시 먼저
> 숟가락으로 밥을 뭉쳐 떠 그릇 위에 가로놓은 다음 젓가락으로 쌈 두세
> 잎을 집어다가 뭉쳐놓은 밥 위에 단정히 덮은 다음 비로소 숟가락을 들
> 어다 입에 넣고 곧 장을 찍어서 먹는다. 그리고 입에 넣을 수 없을 정도
> 로 크게 싸서 볼이 불거져 보기 싫게 말라.[50]

다시 말하지만 이덕무가 제기한 식탁 예절은 매우 구체적이고 대
중적이다. 함께 먹는 식탁에서 가장 중요한 원칙은 '식탐을 부리지 말
것'과 '남을 불편하게 하지 말 것'이다. 이처럼 「사전(士典)」에서 제기한
남성의 음식 예절은 주로 밥상 위에서 일어나는 사례로 구성되었다. 반

맛·멋·흥·취·통

면 여성의 음식 예절은 밥상 위의 예절보다 조리 및 음식 관리에 관한 예절들로 구성되었다.

> 무릇 음식을 만들 때는 가락지를 뽑아놓아야 한다. 그 동은(銅銀)의 녹과 때가 음식물에 묻을까 싶기 때문이다. … 고기 굽는 석쇠는 반드시 깊이 간수해야 한다. 티끌이 기름에 묻을 뿐만 아니라, 만일 버려두고 간수하지 않으면 개나 고양이가 반드시 핥아 불결하기 막심할 것이다.[51]

밥상의 예절에서도 남녀 차이가 보이는데, 남성에게는 '남을 불편하게' 하는 것을, 여성에게는 '아름답지 못한' 것을 중요한 이유로 제시했다.

> 밥을 물에 말아 먹을 때, 바닥에 남은 밥티는 숟가락으로 다 건져 먹고, 버리지 말라. 그리고 그릇을 들어 고개를 젖히고 마시거나, 몸을 이리저리 돌려서 남김없이 먹으려고 하지 말라. 아름답지 못한 태도가 밉기 때문이다. … 상추쌈을 입에 넣을 수 없을 만큼 크게 싸서 먹으면 크게 부인의 태도가 아름답지 못하니, 매우 경계해야 한다.[52]

이상에서 18세기 음식 담론을 도덕 및 예절의 측면에서 살펴보았다. 다음은 유학의 음식 담론에서 중요한 한 부분을 이루는 '맛과 기호'에 주목할 것이다. 인간의 상식적인 현실에서 출발하는 유학의 체계에서 '맛있는 음식'은 절제하고 부정할 대상이기보다 적극적으로 해석되어야 할 자원일 수 있다.

맛과 기호로서의
음식

텍스트로서의 공자는 도덕주의적 해석으로는 불완전한 측면이 있다. 공자는 까다롭다 할 만큼 음식에 대한 명확한 기호를 가지고 있었다. 『논어』에는 공자가 좋아한 음식, 싫어한 음식이 나열되어 있다.

> 공자께서는 밥은 도정한 것을 싫어하시지 않았고, 회는 잘게 썬 것을 싫어하시지 않았다. 밥이 상해서 쉰 것이나 생선이나 고기가 상한 것은 드시지 않았다. 색깔이 좋지 않거나 냄새가 나빠도 드시지 않았고, 잘못 요리된 것도 드시지 않았다. 제철 음식이 아닌 것을 드시지 않았고, 자른 것이 바르지 않으면 드시지 않았다. 그 요리에 맞는 장(醬)이 없으면 드시지 않았다. 고기가 비록 많아도 식욕을 과하게 하시지 않았고 술은 한정하지 않았으나 취할 정도로 드시지는 않았다. 가게에서 사온 술이나 포는 드시지 않았다. 생강을 달고 사셨으나 많이 드시지는 않았다.[53]

『논어』의 이 부분은 이후 유학자들에게 중요한 논쟁거리가 되었다. 즉 음식을 대하는 공자의 태도를 어떻게 읽을 것인가이다. 뒤에서 상세히 논의하겠지만, 주희(朱熹, 1130~1200)를 비롯한 주자학자들은 음식을 대하는 공자의 '까다로운' 태도를 예를 엄격하게 지키기 위한 것으로 해석하였다.

공자의 음식사상은 배고픔을 해결한다는 실용적인 측면보다 무엇을 먹고 무엇은 안 먹으며 어떻게 먹고 누구와 먹을 것인가라는 측면을 중심으로 구성된다. 여기서 음식 습관은 의미전달을 위한 주요 수단이 되는데, 먹는다는 것은 삶에서 절대적이며 계속해서 반복되는 활동이기 때문이다. 다시 말해 음식은 권력과 억압의 원인이 되기도 한다는 것이다.

맹자 역시 맛 좋은 생선이나 곰발바닥요리를 먹고 싶지만, 둘 중 하나만을 선택해야 한다면 좀 더 맛난 곰발바닥을 먹겠다고 했다. 여기서 끝났다면 맹자는 인정(人情)과 욕망을 중시하는 사상가로 남았을 것이다. 그러나 맹자는 곰발바닥요리를 선택하겠다고 하고 이어서 "나는 살고 싶기도 하고 의로움도 행하고 싶지만, 둘 다를 겸할 수 없을 때에는 삶을 버리고 의로움을 취할 것이다"[54]라고 했다. 이것은 결국 삶에 필수적인 음식도 의(義)를 위해 희생할 수 있다는 논리다.

맹자는 음식을 '식색(食色)' 욕망의 차원에서 이야기하였고, 미각 또한 부정하지 않았다. 맹자는 "나는 생선도 먹고 싶고 곰발바닥도 먹고 싶지만, 둘을 함께 먹을 수 없다면 생선을 버리고 곰발바닥을 취할 것이다"[55]고 했다. 이것을 허균(許筠, 1569~1618)은 맛을 인정하는 것으로 보았다.

식욕과 성욕은 사람의 본성이다. 더구나 먹는 것은 생명에 관계되는 것이다. 선현들은 음식을 천하게 여겼지만, 그것은 먹는 것만을 탐하면서 자기의 이익을 추구하는 자를 지적한 것이지 어떻게 먹지도 말고 말하지도 말라는 것이겠는가. 그렇지 않다면 무엇 때문에 팔진미(八珍味)의 등급을 예경(禮經)에 제시했으며, 맹자가 생선과 웅장(熊掌)의 구분을 했겠는가?[56]

미각을 인정한다는 것은 유가가 도가(道家)나 묵가(墨家)의 사상적 지향과 구분되는 지점이다. 묵가는 "음식이란 허기를 채우고 기를 돋우며, 손발과 몸을 건강하게 하고 눈과 귀를 밝게 하면 된다"[57]고 하였다. 노자는 "오미(五味)는 입을 상하게 한다"[58]고 하였다. 이들에게 음식이란 신체를 돕는 기능이 중시될 뿐 그 이상은 본질을 벗어난 것이다. 하지만 동시대의 사상인 도가나 묵가와는 달리 유가는 미각을 포함한 음식의 문화적 측면에 주목한 것이다.

또 유교 경전 『중용』에도 음식의 '맛'을 중시한 언급이 보인다. 즉 "사람이 음식을 먹지 않는 자가 없지만 그 맛을 아는 이가 적다"[59]는 것이다. 『여씨춘추(呂氏春秋)』에는 음식의 맛을 내기란 단순한 기능 이상의 원리가 있음을 말하고 있다.

음식을 조리함에 있어서 반드시 달고 시고 쓰고 맵고 짠 맛을 쓴다. 어떤 맛을 먼저 쓰고 뒤에 쓰며 그 양의 많고 적음에 의한 것으로 그 순서라는 것이 너무 미묘하여 각기 맛을 낼 수 있어야 한다. 솥 안의 변화는 매우 미묘하여 입으로는 말할 수 없고 뜻으로도 말할 수 없다. 활쏘기와 말타기의 미묘함이나 음양의 변화, 사계절의 갈마듦과 같은 것이다.[60]

한편 『예기』는 유학 경전 오경의 하나이지만 요리서를 방불케 할 정도로 음식에 관한 다양한 정보를 보여준다. 「내칙」이나 「소의(少義)」 등은 음식 재료 및 조리법, 맛에 대한 품평에 이르기까지 음식의 정보들로 가득하다.

대체로 밥은 봄처럼 따뜻하게 해야 하고, 국은 여름처럼 시원하게 해야 하고, 장은 가을처럼 시원하게 해야 하고, 마실 것은 겨울처럼 차게 해야 한다. 대체로 조화를 맞추는 양념은 봄에는 신맛을 많게 하고, 여름에는 쓴맛을 많게 하고, 가을에는 매운맛을 많게 하고, 겨울에는 짠맛을 많게 하고, 조리할 때는 조화를 맞추기 위해 부드럽고 단 것을 가미해야 한다.[61]

쇠고기에는 쌀밥이 좋고, 양고기에는 메기장밥이 좋고, 돼지고기에는 기장밥이 좋고, 개고기에는 찰기장밥이 좋고, 기러기고기에는 보리밥이 좋고, 생선에는 쌀밥이 좋다. 봄에는 어린 양과 돼지의 고기가 좋으니 쇠기름에 요리하고, 여름에는 말린 꿩고기와 말린 물고기가 좋으니 개기름에 요리하고, 가을에는 송아지고기와 새끼사슴고기가 좋으니 닭기름에 요리하고, 겨울에는 생선과 기러기고기가 좋으니 양기름에 요리한다.[62]

그리고 육포의 종류와 조리 방법, 각종 탕의 재료 및 조리 방법, 음식으로 사용하는 열매와 잎에 대한 설명을 하고 있다.[63] 주식으로 사용하는 각종 곡식의 이름을 열거하였고, 부식으로는 소·양·돼지·개 등의 육류와 젓갈, 생선, 채소 등의 재료와 조리 방법을 제시하였다.[64] 이것은 곧 개인의 기호나 욕망을 인정하는 바탕 위에서 가능한 것이다. 맛있는 음식을 욕구하는 것이 곧 인정이라고 할 때 그것은 부모 봉양에도 적용되었다. 부모가 원하는 음식, 부모가 원하는 맛을 내는 것은 효자라면 당연히 신경 써야 할 부분이다.[65]

그렇다면 18세기 일어나기 시작한 해석의 변화란 어떤 것인가. 유학에는 '음식 도덕'과 '음식 기호'의 두 가지 입장이 공존하지만 조선의 전통에서는 '음식 도덕론'이 우세하였다. 하지만 18세기에는 몇몇 대가들을 중심으로 음식의 맛과 기호가 긍정되기 시작하였다. 우선 경전 해

채유(菜乳)

어미 소의 뒷다리를 고삐를 잡아 움직이지 못하게 하고 젖을 짜고 있다.
조영석(趙榮祏, 1686~1761)의 그림.

석의 변화를 통해 그 징후를 엿볼 수 있다. 공자의 "자른 것이 바르지 않
으면 드시지 않았다"[66]는 것을 어떻게 해석할 것인가 하는 문제를 보자.
유학의 두 입장에 따르면 이것은 '정도(正道)를 따르고자 하는 상징적 행
위'로 해석할 수도 있고, '공자의 까다로운 음식 취향'으로 해석할 수도
있다.

주희는 "잠시라도 바름[正]에서 벗어나지 않으려는 것이다"[67]라고
하여 공자에게 도덕의 옷을 입혔다. 그리고 18세기의 성호 이익은 이것
을 공자 자신의 기호를 억제하기 위한 행위로 해석했다. 이익은 말한다.

성인은 "자른 고기가 바르지 않으면 먹지 아니하고, 그 양념이 구비되지
않으면 먹지 않는다" 하였는데, 대개 식물이란 입에 들어가면 씹어야 하

맛·멋·흥·취·통

고 씹기로 말한다면 반드시 모지고 발라야만 되는 것은 아니며, 장도 반드시 갖추어야만 되는 것이 아니니 비록 간이 맞지 않아도 식도(食道)에 해될 것은 없다. 그런데 반드시 이와 같은 것을 구함은 무엇인가? 이는 대개 기욕(嗜欲)을 억제하는 방법이다.[68]

하지만 정조(正祖, 1776~1800)는 공자가 '자른 것이 바르지 않으면 먹지 않은 것'은 예를 지키고 욕망을 억제하기 위한 것이 아니라 공자의 음식 취향에 불과한 것이라고 보았다. 그는 말한다.

공자가 "반듯하게 자르지 않았다고 해서 안 먹고 장(醬)이 없다고 해서 안 먹은 것은, 좋은 음식과 나쁜 음식을 가리고 맛이 있는지 없는지를 비교하는 듯함이 있다. 이것이 과연 '나쁜 음식을 부끄러워하지 않는다'는 뜻에 어긋남이 없는가?[69]

정조는 또 『논어』의 '때가 아니면 먹지 않았다[不時不食]'는 것을 곧 공자의 음식 기호라고 보았다. '불시(不時)'에 대해 『주자집주』가 "오곡(五穀)이 익지 않고 과실(果實)이 익지 않음"이라고 풀이한 것에 정조는 의문을 제기했다. 즉 익지 않은 곡식과 익지 않은 푸른 과실을 먹을 수 없음은 삼척동자도 아는 사실이지 유독 성인만 홀로 아는 성질의 것은 아니라고 하였다.[70] 따라서 정조는 '불시불식'의 불시(不時)란 단순히 '아직 익지 않은'의 뜻이 아니라 조석(朝夕)과 사계(四季)에 맞지 않는 요리법을 의미하는 것으로 보았다. 그 근거로 『예기』의 "음식에는 반드시 때가 있다[飮食必時]"는 말과 "때에 맞게 맛을 낸다[昧得其時]"는 말을 제시하였다. 정조는 말한다.

이것을 논한 후대의 학자 가운데 어떤 이는 「예운(禮運)」의 '음식필시(飮食必時)'와 「중니연거」의 '미득기시(味得其時)'라는 말을 인용하여 '이 시(時)의 글자는 곧 봄과 가을, 아침과 저녁으로 각기 알맞은 바가 있다는 말'이라고 하였다. 이를테면, 봄에는 신맛을 많이 쓰고 여름에는 쓴맛을 많이 쓰고 가을에는 매운맛을 많이 쓰고 겨울에는 짠맛을 많이 쓴다. 봄에는 어린 양과 돼지의 고기가 좋으니 쇠기름에 요리하고, 여름에는 말린 꿩고기와 말린 물고기가 좋으니 개기름에 요리하고, 가을에는 송아지고기와 새끼사슴고기가 좋으니 닭기름에 요리하고, 겨울에는 생선과 기러기고기가 좋으니 양기름에 요리한다. 이 학설이 맞는 듯한데, 어떤가?[71]

'불시불식(不時不食)'을 음식에 대한 공자의 미각으로 본 정조의 해석은 다산 정약용의 해석과 같은 맥락에 있다.[72] 경전 해석을 통해 본 국왕 정조와 다산 정약용의 음식사상은 도덕 일변도에서 벗어나 음식 본연의 기능인 맛과 기호를 긍정하는 쪽에 서 있다.

한편에서는 미식의 추구가 적극적으로 담론화되었다. 『산림경제』에서는 "시골 살림에 갖은 반찬 해 먹기란 쉽지 않지만, 그런대로 개운한 음식은 얼마든지 있다"고 하고 산림에서 얻을 수 있는 특이한 맛들을 소개하였다. 그와 함께 자연 속에서 맛을 즐긴 송대 학자 미공(眉公) 진계유(陳繼儒, 1558~1639)의 말을 인용하였다.

연(蓮)에서는 연송이에 든 연밥과 연뿌리[藕]의 단맛을 취하고, 마름[菱] 종류에서는 그 가시연[芡]의 다사로움과 조(藻)의 이삭을 취하고, 나무 종류에는 그 순(筍)의 운치와 고미[菰]의 연함[姸]을 취하고, 남새붙이[萊

맛·멋·흥·취·통

屬]에서는 준(蹲, 고부장하게 갓 돋은 싹)의 향긋함과 아욱의 담담함[恬]과 토란의 매끄러움을 취한다. 또한 계(桂)는 고(膏)를 만들 만하고, 국화는 싹을 취하고, 매실은 장 담가서 회(膾)에 곁들일 만하다. 잉어 맛은 태관(太官)의 이바지인들 어찌 이 이상을 넘을 것인가.[73]

18세기의 유중림(柳重臨, ?~?)은 좋은 사람과 사귀는 것을 음식의 다섯 가지 맛을 느끼는 것과 같다고 하며 음식의 맛과 기호를 비유로 인간관계를 설명한다. 그는 말한다.

세상에 살면서 사람과 교제하는 것은 마치 오미(五味)를 맛보는 것과 같다. 내가 단것을 좋아한다 해서 다른 사람 역시 단것을 좋아하는 것은 아니고, 나는 쓴 것을 싫어하지만 다른 사람이 또 쓴 것을 좋아한다면 내가 좋아하지 않는다 해서 다른 사람이 좋아하는 것을 어떻게 버릴 수 있겠는가?[74]

또한 조선 후기 지식인들이 즐겨 사용한 '맛'의 대명사에 추환(芻豢)이라는 용어가 있다. 가축의 고기를 뜻하는 '추환'은 "의리가 우리 마음을 즐겁게 하는 것이 추환이 우리 입을 즐겁게 하는 것과 마찬가지다"[75]라고 한 『맹자』에서 기원한다. 이에 "곡식과 추환의 다른 맛을 그 누가 알겠으며"[76] "대개 학문의 진미가 추환같이 맛있는 데에 미치지 못해서이다"[77]는 등의 표현이 나왔다. 이현일(李玄逸, 1627~1704)은 "경전에서 '추환보다 더한 맛'을 보았다"고 하였고, '추환'을 아예 '좋아하다'라는 뜻으로 전유시켜 사용했다. "경적을 더 없이 좋아하다[芻豢經籍]"거나 "정주의 학문을 좋아하다[芻豢程朱]", "의리를 좋아하다[芻豢義理]"는 것 등이다.[78]

다산 성약용은 『맹자』의 '추환설'을 발전시켰다. 『맹자』는 "입이 음식에 대해서 모든 사람이 같이 즐기는 것이 있으니, 역아(易牙)는 우리의 입이 즐기는 바를 먼저 알아낸 사람이다"고 하며 이는 역아의 입맛과 다른 사람들의 입맛이 같기 때문에 가능한 것이라 하였다.[79] 이것은 곧 의리를 즐기는 마음도 동일하다는 전제로 이어진다. 즉 다산은 맛있는 음식을 맛본 경험은 마음이 즐거워하는 것이 무엇인가를 알아가는 원리가 된다고 보았다. 그는 말한다.

정자(程子)나 주자(朱子) 등의 여러 선생이 그 제자의 물음에 답할 때나 경전의 뜻을 해석할 때 '마음을 가라앉혀 음미하여 스스로 깨쳐야 한다' 하였지만, 그 맛이 어떠한지에 대해서는 말하지 않았다. 그것이 무엇인지 의혹스러웠지만 풀지 못했다. 요즘 들어 생각해 보니 대개 맛이란 이 맛을 맛본 사람과 말할 수 있고, 맛보지 못한 사람에게는 아무리 말해도 알 수 없는 것이다. 후세 사람은 안자(顔子)가 즐긴 것이 어떤 것인지 알지 못한다. 사람이 안자의 지위에 이르지 못하면 반드시 안자가 누리던 즐거움을 누리지 못할 것이니 어떻게 알겠는가. 비유컨대, 꿀을 먹어본 자가 꿀을 먹어보지 못한 사람과 꿀맛을 말하려 하나, 마침내 형용할 수 없는 것과 같다. 지금 선생의 '맛이 있었다'는 말씀은 그 무슨 좋은 맛이 있음을 분명히 아는 것이지만, 거칠고 부족한 사람은 또한 상상해 보아도 알 수 없는 것이다.[80]

정약용은 맹자를 형체(形體)의 기호를 빌려 본심(本心)의 기호를 밝힌 것으로 이해하였다. 즉 맹자가 '추환'의 맛을 통해 의리를 설명한 것은 가장 가깝고 절실한 것을 예로 삼은 것으로, 아주 바람직하다는 생각이었다. 그는 "이의(理義)를 즐기는 것은 마음의 성품이고 추환을 즐기는 것은 입의 성품이니 그렇다면 성품이란 기호의 명칭이다"[81]고 하였다. 다시 말해 이의(理義)가 우리 마음을 즐겁게 하는 것은 추환이 우리의 입을 즐겁게 하는 것과 같다. 다산의 해석은 음식과 의리를 나누고 음식을 배제시킴으로써 의리를 추구하는 것과는 다른 차원에 있다. 다산은 음식을 통해 얻는 '즐거움'이나 '희열'의 경험을 의리를 추구해 가는 자료로 삼을 수 있다는 입장이다.

한편 18세기를 주도한 학자들은 맛의 즐거움을 누린 경험들을 '자랑스럽게' 이야기하곤 했다. 박지원에 의하면, 서울에서 복어 맛이 사람들의 큰 관심을 끌자 독의 위험을 무릅쓰고도 먹고자 하고, 시를 빌려 복어 맛도 모르고 계절을 보낸 자신의 무심함을 질책하기도 했다.[82] 다시 박지원의 글을 보자.

> 내가 예전에 작고한 대부(大夫) 김술부(金述夫) 씨와 함께 눈 내리던 날 화로를 마주하고 고기를 구우며 난회(煖會)를 했는데, 속칭 철립위(鐵笠圍)라 부른다. 온 방 안이 연기로 후끈하고, 파·마늘 냄새와 고기 누린내가 몸에 배었다.[83]

난회(煖會)는 난로회(煖爐會)라고도 하는데, 불 피운 화로에 번철(燔鐵)을 올려놓고 쇠고기에 갖은 양념을 하여 구우면서 둘러앉아 먹는 것으로 서울 풍속이라고 한다.[84] 다산 정약용은 흑산도에 유배 중인 작은형에게 편지를 보내 개고기의 참맛을 즐기는 방법을 상세히 설명하였다.

보내주신 편지에서 짐승의 고기는 도무지 먹지 못하고 있다고 하셨는데 이

설후야연

김홍도의 「사계풍속도(四季風俗圖)」 중 「설후야연(雪後野宴)」.
(프랑스 기메박물관 소장)

것이 어찌 생명을 연장할 수 있는 도라 하겠습니까. 섬 안에는 산개[山犬]가 천 마리 백 마리뿐이 아닐 텐데, 제가 거기에 있다면 5일에 한 마리씩 삶는 것을 결코 빠뜨리지 않겠습니다. 5일마다 한 마리를 삶으면 1년 3백 66일에 52마리의 개를 먹을 수가 있습니다. … 들깨 한 말을 인편에 부쳐드리니 볶아서 가루로 만드십시오. 채소밭에 파가 있고 방에 식초가 있으면 이제 개를 잡을 차례입니다. 또 삶는 법을 말씀드리면, 우선 티끌이 묻지 않도록 달아매어 껍질을 벗기고 창자나 밥통은 씻어도 그 나머지는 절대로 씻지 말고 곧장 가마솥 속에 넣어서 바로 맑은 물로 삶습니다. 그러고는 일단 꺼내놓고 식초 · 장 · 기름 · 파로 양념을 하여 더러는 다시 볶기도 하고 더러는 다시 삶는데 이렇게 해야 훌륭한 맛이 나게 됩니다. 이것이 바로 박초정[朴齊家]의 개고기 요리법이라고 하는 것입니다.[85]

정약용과 박제가를 비롯한 당시 지식인들은 요리에 대한 각자의 정보를 공유하고 서로 나누었다는 뜻이 아닐까. 한편 빙허각 이씨(憑虛閣 李氏, 1759~1824)는 『규합총서』 「주사의(酒食議)」에서 고금의 음식을 소개하고 그 조리 방법과 영양 성분을 서술하면서 대부분 그 '맛'을 언급하였다. 그녀는 팔진미(八珍味)를 제시한 『예기』의 「내칙」에 주목하여 「주사의」 맨 앞을 주도하도록 편성했다. 그리고 「내칙」의 팔진과 더불어 후세의 팔진을 소개했다.[86] 서두를 이렇게 구성한 것은 음식의 맛을 중시하겠다는 의도가 아닐까. 이는 「내칙」에서 팔진미를 제시한 것을 노인 봉양을 위한 것으로 해석한 백호 윤휴의 지점[87]과는 상당히 달라 보인다. 빙허각 이씨는 음식마다 그 맛을 언급해 놓은 경우가 많았다. '졀미[絶味]하다'라든가 '졀가[絶佳]하다'는 표현이 많은데, 그것은 '맛이 매우 아름답다' 그리고 '맛이 뛰어나게 아름답다'로 해석했다. 또 맛의 표현으로 '믯그럽다'가 자

주 나오는데, 이것은 '입에 살살 녹는다'로 해석했다.[88]

맛과 기호로서의 음식, 그 원리를 19세기 서유구(徐有榘, 1764~1845)
가 정리하였는데, 『임원경제지』 「정조지(鼎俎志)」의 서문에서 그는 개인
의 기호를 일깨워 주는 아주 평범하지만 중요한 맛의 철학을 피력하였다.

> 무릇 우리의 입을 채워주는 데는 고금의 차이가 있고 중국과 주변국의
> 격차가 있다. 사는 지역이 이미 달라 물과 땅의 산물도 같지 않다면 지역
> 마다 좋아하는 음식이 있는 것은 당연한 추세이다. … 세발마름을 좋아
> 하는 사람이 있고 양조(대추의 일종)를 좋아하는 사람도 있다. 창촉(창포
> 뿌리로 담근 김치)을 좋아하는 사람도 있고 상처딱지를 좋아하는 사람이
> 나 꿀에 재운 새끼 쥐를 좋아하는 사람도 있다.[89]

개인의 음식 기호를 인정한 것은 곧 인간 존재에 대한 인식의 변화
를 반영한다. 이것은 욕망에 대한 인식의 변화를 의미하는 것이기도 한
데, 욕망을 도덕과 대립시키고 전체 사회를 위해 개인의 욕망은 억제되어
야 한다는 도덕주의적 세계관과는 다르다. 18세기를 거치며 음식은 도덕
주의 일방의 해석에서 벗어나 맛과 기호를 적극적으로 결부시키는 담론
이 형성된 것이다.

음식 지식의 종합과 대중화

18세기에는 기존의 음식 관련 지식을 종합하고 체계화한 서적들이 나오

기 시작했고, 그것으로 대중들은 지식으로서 음식을 접하게 되었다. 각종 농서(農書)의 편찬과 가정 백과서를 통해 음식은 농업지식이나 의학지식 등과 마찬가지로 실험과 학습이 필요한 '과학적' 지식으로 인식되었다.

18세기에 나온 백과전서식 농서(農書)에는 음식 항목이 중요한 부분을 차지한다. 홍만선(洪萬選, 1643~1715)의 『산림경제』(1712)와 유중림의 『증보산림경제』(1766)는 음식 조리에 대한 정보 및 지식을 각별하게 취급하였다. 여기서 음식은 「치선(治膳)」 장에서 다루고 있다. 「치선」 장의 음식 지식은 기존에 단편적으로 존재하던 요리에 관한 정보들을 수집하여 일정한 체계로 분류하여 정리하고 자신의 의견을 첨가하는 방식으로 구성한 것이다. 『사시찬요(四時纂要)』, 『거가필용(居家必用)』, 『신은지』, 『고사촬요(故事撮要)』, 『지봉유설』 등에 흩어져 있는 음식 관련 지식 및 정보를 뽑아 재구성했다. 홍만선은 『산림경제』의 서문에서 「치선」을 지은 뜻을 이렇게 말한다.

> 밭을 가꾸고 과실을 심고 가축을 치고 물고기를 기르는 것은 시골 살림에서 없어서는 안 될 것들이다. 과실을 갈무리하고 남새를 햇볕에 말리고 생선이나 고기를 찌거나 익힌다든지 차를 달이고 술을 빚고 초를 빚으며, 장 담그는 일 같은 것은 저마다 방법이 있고 일용에 요긴하지 않은 것이 없으므로, 이에 반찬 만드는 법을 적어서 제9편을 삼는다. [90]

이로 볼 때 홍만선의 저술 의도는 음식 조리의 방법을 체계적으로 정리하여 일반 사람들이 활용할 수 있도록 하는 데 있었다. 그는 「치선」 편에서 각종 과일, 차와 탕, 국수·떡·엿, 죽·밥, 채소, 어육, 장류, 주류 등의 제조법 및 음식 금기사항 등을 정리하였다.

50여 년 후『산림경제』를 증보한 유중림은「치선」편에서 훨씬 방대하고 체계적인 음식 관련 정보를 집적해 내었다. 유중림의『증보산림경제』는 더 충실한『산림경제』를 편찬하려는 데 목적이 있었다. 내의(內醫)였던 그는 과학자다운 안목으로『산림경제』를 검토하여 보완하였고, 증보의 원칙을 세워 목차를 정하는가 하면 자기 의견을 따로 첨부하기도 했다.[91] 그 결과 음식 장「치선」편이『증보산림경제』에서는 상·하로 나눌 정도로 내용이 방대해졌다. 저장법과 요리법 등의 체계를 통해 과실 저장법, 채소 저장법, 그리고 밥과 죽, 떡과 국수, 다양한 차, 과자, 장 담그기, 식초 제조법, 우육·돈육·개고기·양고기 등 다양한 요리 방법이 망라되어 있다. 고추장 만들기가 문헌에 비로소 나타나는 것은 1766년의『증보산림경제』에서다.

그 외 18세기에는 찬자가 확실하지 않은 가운데 역관의 작품으로 알려진『소문사설(謏聞事說)』이 나왔다. 그「이기용(利器用)」편에 속해 있는 음식의 항목에서는 기존 음식서들과는 달리 당시의 솜씨 있는 여러 조리사의 비법을 소개하고 있다. 환관의 집에서 만들고 있던 식해(食醢)와 지방 명산물인 순창 고추장, 송도 식혜 등을 소개하였고 찬자가 실제로 경험한 외국 조리법까지 소개하고 있다는 점에서 이 시기 미식(美食)에의 욕구를 반영한 것으로 보인다.

또한 18세기는 다른 문화의 음식 습관이 지식인들의 호기심을 불러일으키며 국내에 소개되기 시작했다. 청나라 및 일본과의 빈번한 왕래 덕분에 음식 습관의 차이에 주목하게 되었는데, 이는 18세기 음식 문화 및 담론의 새로운 장을 여는 것이다. 홍대용(洪大容, 1731~1783)은 청나라의 음식 문화를 본 소회를 기록으로 남겼다.

밥그릇은 찻그릇만큼 컸으나 모양이 좀 달랐다. 한 상에 몇 명 때로는 6~7명이 빙 둘러앉아 식사를 하는데, 먼저 채장(菜醬) 등을 갖다 놓고 각 사람 앞에 밥그릇과 찻그릇을 하나씩 갖다 놓는다. … 그리고 밥, 차, 국, 고기볶음 등은 먹는 족족 들어왔는데 식성이 좋은 사람들은 때때로 8~9그릇을 먹었다. 이는 우리 조선 사람들의 보통 식량의 배는 되는 것이었다.[92]

또 청나라 사람들은 "남녀가 한 탁자에 둘러앉아 각기 작은 공기를 가지고 덜어 먹고, 한 공기를 다 먹으면 또 한 공기를 더 먹되 양이 차면 그만두니 극히 간편하게"[93] 보였다. 한편 성호 이익은 유구국(琉球國)의 사람들이 조선 사람에게 "너희 나라의 풍속은 항상 큰 사발에 쇠 숟갈로 밥을 떠서 실컷 먹으니 어찌 가난하지 않을 수 있겠느냐"고 비웃었다고 하면서 대식(大食)의 습관이 우리에게 있음을 지적하였다.[94] 다른 문화의 음식 습관은 자신들의 음식 습관을 객관화하는 계기가 될 수 있는데, 이러한 것들이 상호작용하여 음식 지식이나 음식 예절의 담론이 더욱 활성화될 수 있었을 것이다.

한편 식기(食器)의 발달이 곧 음식 문화의 발달을 의미하는데, 조선 후기에는 음식을 담는 용기가 다양해졌다. 다양한 음식을 담기 위해 자기(磁器) 등이 필요했는데, 이에 따라 도자 문화가 발달했다. 또 농업의 발달과 외래 작물의 유입으로 수확량이 증가함에 따라 고추장이나 된장 같은 장류 문화와 김치 문화가 발달하는데, 이를 장기간 많이 보관할 수 있는 큰 독과 항아리가 제작되었다. 즉 옹기는 18세기 조선시대 가장 널리 제작, 보급된 그릇으로 곡류를 저장하고 술 빚기를 위시하여 발효식품과 같은 저장식품의 변질을 방지하는 데 더할 나위 없는 합리적인 용기이며,

가장 필수적이고 보편적인 그릇으로 사용되었다. 인류학자 레비스트로스에 의하면 식기는 그 시대의 음식 문화 수준을 말해주는 중요한 지표다.[95]

기존의 음식 지식을 집적하여 정리하고 분류하여 체계화한 것이 18세기의 작업이었다면 이것을 토대로 더 나아간 형태의 음식 지식이 요청되었을 것이다. 이러한 요구를 잘 반영한 것으로 빙허각 이씨의 『규합총서』(1809)를 들 수 있다. 즉 유밀과를 만드는 방법을 서술하고 왜 유밀과라 명명했는지를 설명하는 방식이다. "유밀과를 약과(藥果)라 하는 것은 밀(蜜)은 사시정기(四時精氣)요 꿀은 온갖 약의 으뜸이요 기름은 벌레를 죽이고 해독하기 때문에 이르는 말이다."[96] 또한 그녀는 이미 알려진 지식이라도 반드시 실험과 관찰을 통해 확인과 수정을 거친 후 하나의 지식으로 제시하였다.

빙허각 이씨는 책의 서문에서 "그 인용한 책이름을 각각 작은 글

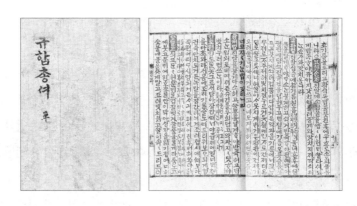

규합총서

『규합총서』는 1809년 빙허각 이씨가 지은 가정살림 및
음식 조리법에 관한 가정생활백과서이다. (국립중앙도서관 소장)

씨로 모든 조항 아래 나타내고 혹시 자기 소견이 있으면 신증이라 하였다"[97]고 했다. 예컨대 '유자청 담는 법'을 자신이 새롭게 개발한 것이라면 '신증'이라고 밝혔다.

> 유자 굵고 점이 없는 것 십여 개를 상품 꿀을 오지항아리에 담고 유자를 깊이 잠가 볕과 비가 들지 않는 땅에 깊이 묻어라. 해가 바뀐 후에 내어 겨울이면 백비탕에 여름이면 얼음물에 섞어 먹으면 향내와 맛이 다시없이 아름답고 겸하여 사람에게 유익하다.(신증)[98]

빙허각 이씨가 『규합총서』에서 서술한 음식 관련 정보와 지식은 기존 지식의 단순한 전달이 아니라 고증학적 방법에 기초한 관찰과 실험의 결과라는 점이 중요하다. 한글로 된 이 저술은 음식 조리의 실제 담당자인 여성들을 대상으로 했다는 점에서 더욱 의미가 있다. 빙허각 이전에 여성의 경험으로 만든 조리서가 없었던 것은 아니지만 빙허각의 저술은 기존 지식의 집적과 고증으로 이루어진 18세기적 지식 구성이라는 데 의의가 있다. 예컨대 임신 중일 때 먹지 말아야 할 음식으로 오리고기, 토끼고기, 문어, 오징어, 낙지 등을 든 것은 자연을 통해 합리화하는 문화적인 선택인 것이다. 즉 임신부에게 필요한 고단백의 영양학적인 측면보다는 손발가락이 붙어 있는 오리나 입과 코 사이에 금이 간 토끼의 외형적인 모습에서 금기시된 것이다.

조선 후기 빙허각 이씨의 지식도 사실상 그 사회의 지식체계로부터 자유로울 수가 없었다. 일상적이고 습관적으로 행해지던 음식 조리, 손에서 손으로 전해지던 폐쇄적인 조리 지식을 개방하여 대중이 공유하는 지식이 되도록, 그 가능성을 열었다는 데서 빙허각의 지적 작업의 의미를 찾을 수 있다.

18세기 음식 담론의 성격

조선의 18세기는 성리학의 영향권에서 벗어나려는 움직임이 대두하면서 새로운 사상에의 요구가 강화되던 시기다. 이에 경전 해석을 통한 지식 재구성의 작업에도 변화가 일어나 물질이나 감각이 갖는 의미가 새롭게 조명되었다. 즉 의리와 도덕 위주의 경전 해석에서 주관과 감정, 기호 등의 가치에 주목하게 된 것이다. 음식 문화는 사회나 종교관에 따라 그 추구하는 가치가 변하는 가변적 성격을 띤다.

　현재는 미식이라는 긍정적 의미로 변화된 식탐이 부정적인 용어로 인식된 것은 중세 기독교의 음식사상에 기원하는데, 음식을 규제하기 위해 그 원초적 욕구를 식탐이라는 죄로 규정하여 매우 엄격히 다룬 결과라는 것이다.[99] 인간이 쾌락을 위해 먹는다는 사실을 공공연하게 인정하기까지는 사상적 변이가 필요했던 것이다.[100] 이러한 맥락에서 18세기의 음식 담론의 변화는 심성의 수양보다는 감동과 쾌감의 가치에 주목한 사상적 변화와 맥을 함께하는 것이다.

　의식주에 대한 유교의 관점이란 인정(人情)에 기초하지만 중정(中正)을 잃지 않는 것이라 할 수 있다. 인정에 기초한다는 것은 음식을 인간의 기본 욕망으로 긍정하면서 좋은 맛을 추구하는 것을 당연시한다는 뜻이다. 중정을 유지한다는 것은 음식이 파생하는 복합적인 문제를 경계하기 위해 조절·절제해야 한다는 것이다. 후자는 문화적인 것으로 예(禮)

를 통해 코드화된다. 유교의 음식사상 역시 유교의 전반적인 맥락과 함께 하는 것으로 보인다. 즉 맛을 긍정하지만 그 맛에 매몰되지 않고, 음식을 중시하지만 그것을 전부로 삼지 않는 방식이다. 이러한 음식의 사상은 삶의 문제와 연계된 복합적인 의미망 속에서 구현될 수 있을 것이다. 한편 이것은 개인별 상황이나 사회적 맥락에 따라 음식에 대한 이해가 다를 수 있음을 말해주는 것이다.

유학은 음식생활을 예제에 부합시켰다. 우리가 순전히 개인의 차원에서 좋아하고 싫어하는 것이라 여겼던 것도 사실은 항상 사람들의 계층 관계와 다른 사회 그룹 간의 관계와 얽혀 있다는 것이다. 높은 사회계층은 낮은 계층과 자신들을 구분하기 위한 수단의 하나로 늘 음식을 사용하였던 것이다.[101] 이것은 음식과 먹는 행위에 대한 스타일이나 태도에 반영되었고, 그렇게 형성된 음식 문화는 사회를 만들어갔다. 즉 음식을 먹는 태도와 습관은 사회적 관계를 만드는 데 매우 중요한 역할을 하는 것이다. 음식은 사람과 사람 간의 관계나 인간과 신과의 상호작용, 그리고 살아 있는 자와 죽은 자 간의 의사소통에도 활용되었다.

한편 18세기는 인구가 늘어남으로써 농업 노동력이 증대되었고, 농업경제가 발달하고 상품교환이 활발해지면서 인구의 도시 집중화가 진행되던 시기다. 18세기 중반인 정조 대의 인구는 조선 초기에 비해 3배 정도 늘어난 1700만 명 정도였다. 문화적인 면에서는 사대부 중심에서 서민 사회로 확장되는데, 18세기의 실학사상은 이러한 사회적 요인이 동인이 되었다.[102] 이것이 18세기 사회의 전반적인 조건이라 하더라도 경제나 신분 등에 의한 구성원 내부의 차이는 음식 담론을 구성하는 중요한 요소가 되었다. 적절한 경제적 부와 누대에 걸쳐 습득한 문화적 감각을 구비한 경화 사족의 음식 담론과 다양한 이유로 관직 진출이 봉쇄되

어 산림에 은거하며 성리 공부를 유일의 업으로 삼는 향촌 사족의 음식
담론은 동일할 수 없었다. 성호 이익이 '음식 도덕론'에 경도된 것과 '추
환'의 맛을 그리워한 경화 사족들의 음식 담론은 좋은 비교가 될 것이다.

유학의 경전에서 '맛과 기호'의 긍정을 끌어낸 18세기적 성과는 다
시 성별화하는 방식의 담론을 생산하였다. 남녀 위계적인 사회구조에서
맛과 기호란 남성의 것을 기준으로 삼을 가능성이 크다. 사실이 그랬다.
『사소절』에서 보인바, 남성에게는 '먹는 예절'이 강조되었고 여성에게는
'조리의 태도와 방법'이 요청되었다. 그리고 음식 솜씨에 따른 여성 평가
는 도덕적인 언어를 차용하였다.

> 섬세하고 민첩한 부인은 아무리 작은 생선과 마른 나물이라도 삶고 자
> 르는 일을 정결하게 하여 모두 입에 맞는 반찬을 만든다. 용졸(庸拙)한
> 부인은 살진 어육도 어그러지게 삶고, 좋은 쌀과 차조로도 잘못 밥을 짓
> 는다.[103]

맛이 담론화되면서 조리 방법이 주목되는데, 이덕무는 「부의(婦儀)」
에서 "음식에 관한 일은 오직 부인이 맡는다"고 선언한다. 이와 함께 음식
조리의 담당자는 다양한 형태의 요청을 받게 된다. 예컨대 이런 식이다.

> 만두는 비대하게 만들어서는 안 되고, 인절미는 무르게 만들어서는 안
> 된다. 그리고 증편은 너무 시게 만들지 말고, 전병(煎餅)은 너무 짜게 만
> 들지 말라. 술을 데울 때는 너무 뜨겁게 끓이지 말라. 술의 본성을 파괴
> 한다. 술을 거를 때는 물을 너무 타지 말라. 신명을 흠향하고 손님을 대
> 접하는 데 마땅치 않다.[104]

개항기 일본인의 눈에 비친 조선의 음식 관행은 "일면식도 없는 사람이라도 식사시간에 오면 반드시 음식을 제공한다"[105]는 것이다. 근대 이후에 펼쳐진 음식 문화에서 18세기는 기존의 전통과 크게 다르지 않아 보인다. 즉 근대 이전의 조선사회에서 음식이란 손님 접대나 가문의 품격을 드러내기 위한 것으로 이해되었다. 이러한 음식 전통의 가치 전환은 근대 이후 20세기 초에 대두되는데, 여기서 음식의 가치란 인간 활동을 위한 영양학적, 생리학적 관점에서 접근했다.[106] 음식 가치의 측면에서 근대와 전통이 확연히 구분되는 차이가 있는지는 좀 더 연구가 필요하다. 조선사회에서도 계층에 따라 음식의 가치는 달랐다. 그리고 조선의 18세기는 음식 문화의 변화가 크게 일어난 시기라는 점에서 전통사회 내부의 차이도 감지되기 때문이다.

그렇다 하더라도 18세기 음식 담론은 유학적 지식 전통에서 바라보는 음식 문화를 배제할 수 없다. 조선시대 지식인들이 남긴 일기를 보면 음식은 물질이면서 마음이고, 현실이면서 이념인 복합적인 구성물이라는 생각을 하게 된다. 손님은 빈손으로 오는 법 없이 대개 음식이나 음식 재료를 들고 온다. 주인은 손님을 맨입이나 빈손으로 보내는 법이 없었다. 주인과 손님 사이에는 '궤식(饋食)'·'궤반(饋飯)'·'궤주(饋酒)'가 자리한다. 사회적 위상이 높은 이에게는 '대접하고' 낮은 이에게는 '먹이는' 것이 자연스러운 습관이었다. 다른 문화의 시선에 비친 조선의 음식 관행에는 오랜 시간을 통해 축적해 온 특유의 사상과 정서가 녹아든 것이다. 음식을 통한 일상의 실천, 그 역사적 자원을 발굴하는 작업은 다음의 과제로 남긴다.

樂

제2장

18세기 음악의 '멋' 추구 향방

송지원 | 서울대학교 국악과

18세기 멋,
음악

이 글은 사상 · 문학 · 예술 등의 분야에서 가장 창조적인 시대, 때론 '위대한 시대'라 불리는 18세기를 어떻게 읽을 것인가에 대한 음악문화사적 통찰의 일환이다. 이는 곧 문화의 각 분야에서 창조 능력이 충실히 발휘된 시기로서의 18세기 문화를 어떻게 읽을 것인가에 대한 하나의 문제제기다. 여러 예술 중에서도 음악, 구체적으로는 18세기가 추구하는 음악의 멋의 향방에 대해 추적해 보고자 한다.

　　18세기 음악의 '멋'이라 할 때 18세기에 연주되던 음악 그 자체가지닌 멋이라는 협의의 의미로 생각할 수도 있다. 그렇게 되면, 18세기 음악 내부로 진입하여 당시 현장에서 소통되는 음악 그 자체(music itself)의멋에 관한 논의에 집중해야 할 것이다. 그러나 '멋'이란 용어는 지극히 넓은 의미로 이해되고 있으며 그 층위가 다양하고 그 개념의 미학적 징의 또한 지나치게 광범위하고 뚜렷하지 못하다. 따라서 18세기 음악의 멋에 대하여 직접적으로 논의하기보다는 그 '멋'을 드러낼 수 있는 여러 요소, 혹은 그 '멋'을 조성할 수 있었던 환경에 관한 논의로 이야기를 시작하는 것이 타당할 듯하다. 따라서 여기서는 18세기에 음악이 연주되는 현장과 그것을 둘러싼 분위기, 다시 말하면 음악 현장의 멋스러움과 그들이 추구한 음악의 멋이 어떤 것이었는지 탐색해 보는 데 의의를 두고자한다.

이러한 탐색은 다양한 의미가 있다. 현재 연주되고 있는 전통음악가운데 대부분이 18세기적 전통을 이어받아 전승되는 것이므로, '18세기와 현재'라는 연속선상에서 음악 자체의 발달과 변화, 그리고 그것이 생성되고 소통, 향유되는 음악 현장에 대해 생각해 보는 기회가 되기 때문이다. 음악이란 '소리'를 통해 형상화하는 것이므로 소리가 소통되는 18세기 음악 현장에 대한 탐색을 바탕으로 하되, 음악을 둘러싼 사회·문화적 현상을 아우르는 논의를 함께 하게 될 것이다. 이를 위해 18세기 음악의 멋이 드러나도록 조성되는 당시 음악 현장의 몇 가지 경향성을 찾아내고 그러한 경향성이 추구한 결과로서의 음악이 어떠한 특징을 지니는지 찾아내는 방법으로 논의를 전개할 것이다. 이는 18세기인들이 연출한 음악 환경을 통해 18세기 음악의 멋을 찾아내는 연역적 시도, 즉 18세기 음악사회가 조성해 낸 결과로서의 멋을 찾는 과정이 될 것이다.

이를 위해서는 먼저 18세기 음악 향유 현장에 대해 살펴보아야 한다. 그리고 그러한 현장에서 이루어진 음악의 특징을 찾고 18세기 음악 사회의 조건이 만든 음악의 멋스러움에 대해 생각하는 단계로 논의가 넘어가야 할 것이다. 나아가 그 시기를 조금 뒤로하여 18세기 후반 혹은

맛·멋·흥·취·통

19세기 전반기까지 나아가 조선의 지식층이 임원(林園)에서 생활하면서 음악 하는 멋을 추구했던 현장으로까지 논의를 확장해 보고자 한다.

18세기 음악 향유와 소통의 현장

18세기는 동서를 막론하고 '예술의 발달'이라는 측면에서 큰 진전을 이룬 시기다. 예술의 발달은 특히 대도시를 중심으로 이루어지게 마련인데, 대도시란 경제적 잉여와 그에 따른 소비가 집중되는 곳이기 때문이다. 조선의 18세기를 문예부흥기라 평가했던 기존의 논의들은 대부분 이러한 사회경제사적 현실을 바탕으로 이루어진 것이다. 실제 자본이 집중되는 곳에서 예술이 꽃을 피운 역사가 이를 증명하므로 이러한 논의는 대부분 큰 방향에서 동의한다.

음악사의 현장에서도 이를 확인할 수 있다. 18세기에는 다양한 음악 장르가 꽃을 피운다. 그 가운데 음악양식사적 측면에서 두드러지게 보이는 변화는 몇몇 음악 장르에서 다양한 파생곡이 발생하고 그에 따라 음악이 대규모화되어 가는 양상이다. 줄풍류 영산회상(靈山會上), 가곡(歌曲) 같은 음악이 그러한 경향을 대표한다. 이와 같은 음악의 발달이 가능했던 것에 대하여는 음악사회사적 접근을 통해 이미 논증된 바 있으며[1] 음악 선율의 발달 양상과 관련한 상세한 내용은 음악사 분야에서 이루어진 여러 고악보의 분석 연구를 통해 입증되었다.[2]

이와 같은 18세기 음악 발달은 18세기인들이 지닌 음악에 대한 태도의 변화에서 일부 찾을 수 있다. 특히 18세기 문인 지식층의 활발한 문화 활동으로 인해 열린 감성은 이들로 하여금 음악에 내한 고정관념에서 벗어나도록 하였고, 그것이 음악에 대한 태도 변화로 이어진 것으로 보인다. 예컨대 기존의 '음악이란 바른 성정(性情)을 기르기 위한 것'이라는 고정된 도식에서 벗어나 '음악이란 나누기 위한 것'이라는 열린 태도로의 변화가 그것이다. 이들의 음악활동 양상을 살펴보면 음악을 '호흡을 함께하며 나누는 멋'이 있는 취미로 인식하고 있음을 알 수 있다. 이는 혼자 정신을 수양하기 위한 음악에서 나아가 여럿이 어울려 나누며 연주하는 음악으로 음악 향유방식이 변화하고 있는 여러 음악 현장을 통해 확인된다.

이들의 열린 태도는 문인 지식층이 가꾼 대표적 음악인 '현악영산회상'과 같은 거문고 중심의 줄풍류 음악에서 특징적으로 드러난다. 이 시기 줄풍류 음악은 대부분 하나의 곡에서 여러 파생곡을 낳는 방식으로 발전하였다. 이는 문인들의 음악 향유 태도의 변화와 밀접한 관련을 지닌 것이다. 예컨대 현재 현악영산회상(9곡), 관악영산회상(8곡), 평조회상(8곡)[3]의 세 가지 버전으로 연주되고 있는 '영산회상'과 같은 음악은 조선 전기만 하더라도 첫 곡인 '상영산' 한 곡만 있던 음악이다. 그러나 17세기부터 분화가 시작되어 18세기 후반 무렵이 되면 여러 구성 곡을 갖추게 된다. 이는 18세기의 영산회상을 주로 연주하던 문인 지식층의 음악 소통 노력의 결과로서 이루어진 것이다.[4]

혼자 연주하는 음악이 내면으로 몰입하고 침잠하도록 하는 정신적 수양과 수렴의 특징이 있다면 여럿이 연주하는 음악은 공유와 나눔, 확산의 음악으로서 함께 나누는 미덕을 지닌 향유 방식을 특징으로 한다. 조선 후기 문인들의 음악 향유 양상의 변화는 유여(有餘)에서 유예(遊藝)로, 침잠에서 나눔으로의 전이라 표현할 수 있다. 이는 다시 말하면 혼자 '닭

김홍도, 선인송하취생(仙人松下吹笙)

신선이 생황을 불고 있는 모습을 그렸다.

(고려대학교박물관 소장)

김홍도, 무동(舞童)

삼현육각(三絃六角, 북, 장구에 피리 둘, 대금, 해금까지
여섯 악기가 한데 어울리는, 국악의 대표적 악기 편성법)의 흥에 맞춰
어린 무동이 춤을 춘다. (고려대학교박물관 소장)

는' 음악보다는 함께 '나누는' 음악을 추구하는 향유 방식이다. 여기서 말하는 음악행위란 음악의 감상행위만을 이르는 것이 아니라 자신이 직접 음악 연주활동에 가담하는 것까지 아우른다.[5] 음악 연주활동에 직접 가담하기 위해서는 보다 '전문적인' 연주 능력이 요구된다. 그러한 정황은 문인들이 악기를 대하는 태도가 이전과는 달라져야 한다는 전제를 낳는다. 결과적으로 조선 후기 문인들의 악기 연주 실력에서 그러한 전제를 확인할 수 있다.

여기서 잠시 조선시대 문인들에게 음악이 어떠한 의미였지 살펴보자. 조선시대 문인들에게 음악이란 육예(六藝, 禮·樂·射·御·書·數)의 하나에 포함되어 교양으로 익혀야 하는 학습의 대상이었다. 음악을 교양으로 익히되, 기예 연마에 그 목표를 두는 것이 아니라 궁극적으로 인격의 함양에 목표를 두었다. 이처럼 문인들이 음악을 익혀 연주하는 궁극적 목적은 '덕성을 함양'하는 데 있었다.[6]

덕성을 함양하기 위해 펼치는 문인들의 음악 활동의 도구로 대표되는 것은 현악기 곧 거문고였다. 문인들이 거문고를 가까이 두었던 것은 그것이 사사로운 마음을 제어하고 성정(性情)을 다스릴 수 있다고 믿었기 때문이다. 연구에 몰두하다 정신이 분산될 때 잡념에 빠지는 대신 거문고를 무릎 위에 비껴놓고 연주하다 보면 생각에 삿된 마음이 없는 사무사(思無邪)의 경지에 이를 수 있다고 믿었기 때문이다.[7]

조선시대의 문인들은 거문고를 가까이하며 연주했고, 그들이 연주하는 음악을 기억하기 위해 거문고 악보를 만들었다.[8] 이들의 거문고 중심 음악 활동의 주된 양상은 '혼자' 마음을 닦기 위한 것이었고 간혹 여흥을 위해 가까운 벗들과 모여 시와 노래, 바둑과 술을 함께 나누며 '여가' 활동을 위한 풍류(風流)의 하나로 음악을 즐기기도 했다.

그러나 조선시대 문인 사회에서 음악이 과연 정신 수양을 위하거나, 혹은 한가한 시간에 여흥을 즐기기 위해서만 동원되었을까 하는 데에는 의문의 여지가 있다. 특히 조선 후기의 여러 문헌 자료에서 보이는 문인들의 음악 활동의 형태를 보면 그 이전 시기의 것과 차별화되는 양상이 드러나기 때문이다.

물론 조선의 전 시기를 통해 볼 때 음악이 정신 수양을 위한 것이고 덕성을 함양하기 위한 것이라는 상징 자체는 일관된다. 음악은 질서를 위해 필요한 '예(禮)'와 함께 화합을 위한 기능을 부여받아 그 존재 가치를 부여하기도 했고[9] 이와 같은 함의는 조선시대 전 시기를 일관한다. '수양'과 '여흥', 혹은 '화합'을 위해, 즉 무언가를 위해 존재하고 무언가를 위해 봉사해야 하는 것이 '음악'이라는, '가치론적 방식'의 논의는 조선시대를 관통하여 흐르는 담론이었고, 그 담론은 하나의 움직일 수 없는 법칙으로 기능하였다.

그러나 사회 · 경제 · 문화 면에서 다양하고 새로운 변화 양상을 드러내는 조선 후기에 이르러 '음악'은 이전 시기와 차별화되는 새로운 가치를 부여받기 시작한다.[10] 그 가치는 일군의 문인 집단을 중심으로 전개되는바, 결코 노골적이지도 않고, 목소리를 키워 외치는 주장도 아닌, 잔잔하고 내밀한 문화 운동과도 같은 움직임을 통해 서서히 드러났다. 그러한 움직임은 음악이 더 이상 수양이나 여흥을 위한 부수적 목적으로 봉사하는 것에 국한되지 않고 사람과 사람 사이의 소통을 위한 하나의 '언어'와도 같은 것이라는 인식의 인지에서 비롯된 것이었으며, 그 소통의 태도는 기본적으로 '열린' 것이었다.

조선 후기 문인들에게서 드러나는 이와 같은 태도가 가능하게 된 것은 곧 음악을 '객관화'하는 시선이 있었기 때문이라 생각한다. 이들에게는 음악을 여타 가치와 떼어놓고 독립적으로 바라볼 수 있는 시선이 형성되었고, 이런 교정된 시각에서 그와 같은 태도가 가능해진 것이다.

18세기 문인들의 문화 활동 양상 가운데 두드러진 특징은 곧 '여럿이 함께' 모여 이루는 '공동체적 활동'이다. 여럿이 행하는 공동체적 문화 활동에는 고담준론(高談峻論)이 오가는 모임이 있는가 하면 연시(聯詩)를 짓는 일, 그림을 감상하는 일, 음악을 감상하거나 연주하는 것 등 다양한 형태가 있다. 이 가운데 앞서 언급한 몇 가지는 조선 후기 이전부터 여전히 이어져 왔던 것으로, 조선 후기에 보다 두드러지는 활동으로 대두되는 것이라 해도 큰 문제가 되지는 않을 것이다. 그러나 후자에서 지적한 '여럿이 함께 모여 음악을 연주'하는 가운데 연주자 사이에 '소통'이 이루어지는 현장이 연출된다는 사실은 조선 후기의 특징이라 해도 과언이 아닌, 특별한 문화 활동 양상으로 대두된다는 점에서 주목된다.

여기에서 '소통'이 이루어지는 방식은 언어를 통한 '소통'의 방식과 유사하다. 다시 말하면 언어의 '발신자와 수신자 사이에 아무런 방해 없이 메시지가 전달되는 것'을 소통이라 부르는 일반론을 따라 설명할 수 있다. 음악도 언어라는 사실을 전제할 때, 음악을 언어 소통의 형태와 유사한 방식으로 환치해 놓는다면, 음악 언어의 발신자와 수신자 사이에 교감과 소통이 이루어지게 될 것이다. 이때 메시지 전달이 성공적이려면 소통을 방해하는 요소의 제거가 중요한 사안이 된다.

조선시대에는 '음악이 이루어지는 현장'에서 진정한 '소통'에 방해되는 요소가 매우 많았다. 음악에 부여된 '기능' 혹은 '목적'들이 그것이다. 특정 의례에서 일정한 행사의 부속물로서의 음악, 특정 계층의 일정한 수요에 응하기 위한 음악과 같은 방식은 이미 음악이 발화되기 이전에 외부적으로 조건 지어진 상황으로 인해 소통의 장을 이루어낼 수 없는 원인이 되었다.

이런 상황에서 조선 후기 문인들이 직접 '여럿이 모여 연주하는' 방식으로 소통한 것은 진정한 '음악으로 소통하기'의 정형을 보여주어 주목된다. 이때의 악기 또한 이전 시기처럼 거문고 일색이 아닌 가야금, 양금, 생황, 해금, 퉁소 등으로 다양해진다. 이 중 거문고를 제외한 여타 악기는 문인들이 연주하는 악기로서는 '새로운' 혹은 '특이한' 악기라 할 수 있다. 특히 양금은 전적으로 조선 후기에 연행(燕行)을 다녀온 사람들에 의해 보급·전파된 것으로, 문인 지식층이 매우 애호하는 악기로 대두했다.[11] 다양한 악기를 연주하는 문인들의 연주 실력 또한 만만치 않았고, 일부는 마니아적 연주 경지를 드러내기도 했다.

이와 같은 분위기는 18세기에 활동했던 여러 문인들의 생각에서도 확인된다. 박제가의 경우가 그 하나의 사례로서, 그의 『정유각집』에 이러한 내용이 보인다. 박제가는 1786년(정조 10) 전설서(典設署)의 별제(別提)로 조회에 참여한 바 있는데, 당시 밝힌 소회에서 "나라 안의 사대부들과 더불어 군신, 백성들이 함께 즐길 수 있는 음악을 만들어야 한다"[12]고 주장한 바 있다. 박제가가 소회를 밝힌 무렵은 그가 당시 연암 그룹의 인물들과 어울려 다양한 음악활동을 펼치던 시기다. 함께 즐길 수 있는 음악을 만들어야 한다는 박제가의 언표는 당시 그 주변에 모여 음악활동에 참여한 여러 문인들의 움직임과 일치한다. 아울러 박제가를 비롯한 조선 후기 여러 문인들이 함께 어울린 동호인 그룹이 실천에 옮긴 내용이기도 하므로 더욱 주목된다.

박제가의 주변에 모여 어울렸던 인물들을 통해 그의 교유의 폭이 매우 넓었다는 점을 확인할 수 있다. 눈에 띄는 이들의 면면을 본다면 이덕무, 박지원, 서상수, 유금, 유득공, 이서구, 김용행, 김용겸, 홍대용과 같은

신윤복, 상춘야흥(賞春野興)

어느 봄날 음악회에서 거문고와 대금, 해금을 연주하고 있다.

(간송미술관 소장)

신윤복, 청금상련(聽琴賞蓮)

가야금 소리 들으며 연꽃을 구경하는 장면을 묘사하고 있다.

(간송미술관 소장)

인물로, 이미 여러 논의를 통해 밝힌 바 있다. 이들 외에도 원중거, 이만운, 황윤석, 이용휴, 강세황, 정철조와 같은 인물이 있는데, 『정유각집』의 시를 통해 보면 이들 외에도 60인 정도가 교유했음이 포착된다.[13] 명단을 보면 우선 백탑 주변에 가깝게 살았던 사람들을 앞부분에 기록해 놓았고 줄풍류를 함께 연주했던 인물도 포함시켰다. 이들 가운데에는 음악과 관련된 저술을 남긴 이만운, 이용휴, 황윤석과 같은 사람들도 포함되어 박제가 주변에 풍류가들이 포진해 있다는 사실을 확인할 수 있다.

그중에는 특히 음악에 뛰어난 실력을 가진, 소위 마니아급 인물도 있다. 예컨대 유득공의 숙부인 유금(柳琴, 1741~1788)은 해금 연주로 잘 알려져 있었고 이희경은 양금 연주로, 박제가는 거문고와 소(簫) 연주로, 이한진은 거문고와 퉁소 연주에, 서상수와 같은 인물도 퉁소 연주에 능했으며[14] 그 외도 대부분 악기를 잘 연주했고 음악 이론은 물론, 음악 전반에 능한 인물이 많았다.

이덕무의 경우 음악 이해를 인체와 관련짓는 특수한 방식을 제기하여 주목된다. 육률(六律)을 여섯 조각의 폐와 비교하기도 했다. 폐와 귀를 합쳐 여덟 조각이 되는 것은 악기 제작의 여덟 가지 재료인 팔음(八音)[15]과 비교하여 설명한다. 또 관대를 24개 꽂아 쓰는 24관 생황(笙簧)은 24절기에 응하는 것으로, 악기 제작 재료 중 쇠붙이인 금(金)은 오행 가운데 소리가 크고 굳센 것으로서 폐가 금(金)에 속하기 때문에 소리를 맡은 장기(臟器)[16]가 되는 것이 아닐까 하는 내용도 제기한다. 또 신체의 각 기관을 악기와 연관 지어 설명하는데, 폐를 소리로, 목구멍은 관(管)과 약(籥) 같은 관악기로, 심장은 음악 그 자체로, 혀는 이들을 조절하는 것으로, 말은 악(樂)을 완성시키는 것[17]이라고 설명한다. 심장은 모든 장기의 중심이므로 음악 그 자체에 비정한 것이다. 이와 같은 논의의 분위기는 그 이전의 어떠한 동호인 집단에서도 연출되지 않았던 사례로서 이들이 적어도 음악에 대해 진지하게 사색하는 모임을 연출했음을 알려준다.

박제가가 자주 교유하며 풍류를 즐긴 박지원, 서상수, 이덕무, 유득공, 김용겸, 홍대용, 유금, 이서구 등은 특히 주목되는 인물이다. 앞서 열거한 많은 이들이 음악에 일가견이 있었지만 특히 이들은 여러 기록에서 보이는바, 음악에 상당한 조예가 있었던 사람들로서 악기 하나씩은 능통하게 다루었다. 악기가 아니라면 노래로 참여하였으며 그 실력은 줄풍류 연주가 가능한 정도로 일정 수준 이상이었다. 여러 사람이 호흡하며 연주를 하는 실내악인 줄풍류는 일정 경지 이상의 실력일 때 어울림이 가능하므로 이들의 동호인적 모임은 조선 후기 음악 문화의 진보를 부추길 수 있었다. 물론 이들의 음악 교육 내용에 대하여는 낱낱이 기록을 찾아내기 어렵지만 앞서 언급한 여러 기록을 통해 이들의 음악 실력은 충분히 유추할 수 있다. 조선시대 문인들은 여러 방식으로 음악을 배워 익혔다. 대개는 주변에 거주하는 좋은 연주자를 통해 배운 것으로 드러난다.[18]

문인들이 전문가를 통해 음악을 배운 정황은 유득공(柳得恭)이 해금 악사 유우춘에 대한 이야기를 기록한 「유우춘전」을 통해서도 충분히 유추해 볼 수 있다. 실존 인물이면서 「유우춘전」의 등장인물로도 나오는 서상수가 유득공의 해금 연주 실력을 접하고 그 실력을 비난하면서 왜 당시 유명한 해금악사인 유우춘이나 호궁기(扈宮其) 같은 인물을 스승으로 모시고 배우지 않고 거지의 해금을 배웠는지 반문하는 장면[19]은 이미 잘 알려져 있다. 「유우춘전」의 발화자인 서상수의 언표는 조선 후기 사람들이 제대로 된 정통음악과 그렇지 않은 엉터리 음악을 엄격히 구분했으며 음악을 제대로 연주하기 위해서는 훌륭한 스승에게 배워야 비로소 가능한 것이라는 점을 역설한 내용이기도 하다.

　이와 같은 상황은 조선 초·중기 여러 문인들의 경우에도 마찬가지였다. 이들은 사가독서(賜暇讀書)하는 기간에도 거문고 스승을 모셔 악기를 배웠으며 심지어는 스스로 거문고를 제작하여 음악을 연주하는 수고를 아끼지 않은 인물도 있었다. 이와 같은 흐름이 조선 후기로 그대로 이어진 것인데, 조선 후기 문인들은 거문고 외에도 다양한 악기를 마니아 수준으로 연주하였고 그 결과 실내악을 합주하는 경지에 이르게 된 것이다.

양금

해금

거문고

가야금

퉁소

생황

해금, 가야금, 거문고, 양금은 국립국악원 제공

조선에 없는, 새로운 악기를 외국에서 들여와 조선에서 연주할 수 있는 악기로 정착시킨 사례도 있다. 홍대용의 양금이 그러한 예에 속한다.[20] 이러한 사례에서 조선 후기 문인들의 악기 습득 과정은 스승을 통해, 혹은 독학으로 일정 경지에 도달하는 방식으로 이루어졌음이 확인된다.[21] 홍대용이 익힌 양금은 조선에 없던 악기였으므로 개인적인 관심이 없었다면 불가능했던 일로서 홍대용의 실험정신이 뒷받침되었기에 가능한 것이었다.[22]

이와 같이 조선 후기 서울의 문인들은 적어도 하나 정도의 악기는 능통하게 연주했다. 때론 하나 이상의 악기를 연주할 실력을 갖춘 사람도 있었으며, 이들은 악기를 혼자 연주하는 것 외에 여럿이 모여 연주할 수 있는 실력까지 도달한 사람이었음을 유추할 수 있다. 이러한 경향은 조선 후기적, 혹은 18세기적 특징의 하나로 이야기되기도 한다. 이를 박제가는 '벽(癖)'의 경지로 이야기한다. 박제가의 벽론(癖論)을 참고해 보자.

> 벽(癖)이 없는 사람은 아무 데에도 쓸모없는 사람이다. 벽이란 글자는 '질(疾, 질병)'과 '벽(辟, 편벽된)'을 합한 것이니, 병 가운데 지나치게 치우친 것이다. 그러나 홀로 자기만의 세계를 개척하는 정신을 갖추고, 전문의 기예를 익히는 것은 종종 벽이 있는 사람만이 할 수가 있다.[23]

박제가가 "벽이 없는 사람은 쓸모없다"고 한 대목은 전문가적 기예를 높이 평가하는 시각을 드러내는 것이다. "전문의 기예를 익히는 것은 벽이 있는 사람만이 할 수가 있다"고 이야기한 것도 악기 연주 실력이 일정 수준에 도달하기 위해서는 몰입의 경지가 필수적이라는 사실을 인정했기 때문인 것이다. 앞서 언급한 여러 인물들이 갖춘 악기 연주 실력은 곧 박제가가 말한 '벽'이 있는 사람, 즉 벽론과 일치한다. 이는 조선 후기에 특정한 기예를 갖춘 인물의 재평가가 이루어졌다는 사실로 이해해도 될 것이다.

18세기 인물 박제가의 이와 같은 논의는 음악의 특수성을 충실히 이해한 결과 나온 것으로 보인다. 우리 악기 대부분은 일정한 시간을 투자하여 기예를 익혀야 제대로 된 연주가 가능하다. 조선 후기 문인들의 음악 실력은 음악 향유를 위한 필수 과정을 성실히 거친 결과로 해석된다.

이들은 음악을 깊이 이해하고 이를 누리기 위해 일정 기간을 투자하여 악기를 배웠고 그 노력은 음악 이해의 지름길이 되었다. 또 이들이 익힌 음악은 조선 후기 음악 문화를 대표하는 '줄풍류' 음악 문화를 형성하는 밑거름이 되었다. 이들의 음악 향유는 '몸소' 참여한다는 점에서 매우 적극적인 형태로 이루어졌고, 소위 마니아적 기질과 실력을 갖춘 18세기적 인간형을 보여주는 것이며, 그들이 연출한 음악 현장은 18세기 음악이 보다 멋스러운 경지를 누릴 수 있는 힘으로 작용하였다.[24]

특히 마니아적 경지를 드러내는 인물군의 대두에 대하여는 조선 후기적 인간형의 등장으로 보기도 한다.[25] 이런 시선들은 서로 밀접한 관련을 지니고 있으며 일정한 지점에서 조우하기도 한다. 악기 연주 능력이 탁월한 문인들의 등장 또한 그러하다. 이들은 개인적으로 마니아급의 연주 실력을 지녔으며, 각각 다른 악기 연주자들이 모여 '소통'하고, 그 소통의 내용은 상당한 깊이로 이루어졌다. 이 같은 사실은 이전에는 보이지 않던, 조선 후기적 특징이다. 또 그와 같은 현상은 조선 후기 음악의 새로운 현상으로 자리매김되어야 할 내용이다.

문인들이 모여 각각의 악기로 음악을 연주하고 교감하고 감상하는 장면은 이 글에서 다루고자 하는 18세기 음악 소통의 현장을 잘 보여준다.[26] 문인들이 거문고를 필두로 다양한 악기를 합주하고 교감하며 감상하는 다음의 현장은 매우 자주 인용되는 음악 문화의 현장이다. 성대중의 『청성집(靑城集)』에 보이는 악회(樂會)의 모습이다.

담헌 홍대용은 가야금을 앞에 놓고, 성경 홍경성은 거문고를 잡고, 경산 이한진은 소매에서 통소를 꺼내 들고, 김억은 양금을 끌어놓고, 악원공 보안 역시 국수로 생황을 연주하며 담헌의 유춘오에 모였다. 성습 유학중은 노래로 거들고, 효효재 김용겸은 나이 덕으로 높은 자리에 앉았다. 맛있는 술로 취기가 돌자 모든 악기가 함께 어우러진다. 정원이 깊어 대낮인데 고요하고 떨어진 꽃잎은 섬돌 위에 가득하다. 궁조와 우조가 번갈아 연주되니 곡조가 그윽하고 요원한 경지로 들어간다. 김용겸이 갑자기 자리에서 내려와 절을 하니, 모든 사람들이 놀라 일어나 피하였다. 김공이 말하였다. "그대들은 이상하게 여기지 말 것이다. 우임금은 옳은 말을 들으면 절을 했다. 이것이 곧 천상의 음악인데, 늙은이가 어찌 절 한 번 하는 것을 아까워하리오?"
태화 홍원섭도 그 모임에 참여했는데, 나를 위해 이와 같이 들려주었다. 담헌이 세상을 떠난 다음 해에 쓰다.[27]

홍대용의 가야금, 홍경성의 거문고, 이한진의 통소, 중인 신분인 김억의 양금, 그리고 장악원 소속 음악인인 보안의 생황, 이렇게 다섯 악기가 만났다. 그 가운데 박보안을 제외한 인물들은 전문 음악인이 아니지만 단순한 취미 이상의, 전문가적 수준이다. 홍대용은 가야금과 거문고 마니아로서 연주에 능통하다. 1765년 서장관 홍억의 사행(使行) 시 자제군관 자격으로 연행(燕行)했을 때 사온 악기인 양금을 토조(土調)로 풀어내어

맛·멋·흥·취·통

1772년 이후 조선 땅에 양금을 널리 퍼뜨리는 계기를 마련한 인물이기도 하다. 또 그의 문집 『담헌서(湛軒書)』에 포함되어 있는 음악 관련 기록은 그의 음악에 대한 관심과 조예가 상당한 수준에 달했음을 알려준다.

김용겸은 김수항의 손자이며 김창즙의 아들로 악률에 밝아 정조 대에 장악원 제조를 지낸 바 있다. 박지원에 의해 "풍류가 넘치고 담론이 끊임없이 이어지는(風流弘長, 談論媚媚) 선배"로 묘사되기도 하였다. 음률에 민감한 김용겸은 장악원 제조를 지내면서 전문 음악인들과 친분이 두터워 모임에 늘 장악원 악사들을 끌어들였다.

이들이 연주하는 악기 편성을 보면 줄풍류 음악이다. 생황과 같은 악기는 현재의 줄풍류 편성에는 포함되지 않지만 조선 후기에는 줄풍류에 포함되어 연주했음을 알 수 있다. 여기에 진지한 감상자 홍원섭과 정조 대 장악원 제조를 지낸 김용겸이 객석의 청중으로 함께하였다. 가장 중요한 두 종의 현악기인 거문고와 가야금, 그리고 홍대용이 해독하여 조선에 유행시킨 양금, 또 '황(簧)'의 제작 기술이 쉽지 않아 늘 문제를 일으켰던 생황 등, 당시 줄풍류 편성의 핵심 악기가 모두 모였고, 홍대용 주변 인물들로서 악기를 기본으로 다루던 사람들이 모여 음악적 교감을 이루는 현장을 연출하였다. 조선 후기에 형성된 줄풍류 문화의 초기 단계를 이러한 모임을 통해 알 수 있다.

이러한 악회는 음악으로 소통하기 위한 모임이다. 음악이 더 이상 혼자 연주하면서 성정을 함양하는 데에서 그치지 않고, 더 나아가 각자 담당한 여러 종류의 악기로 '음악적 소통'을 이루고 있는 현장이다. 이때 이들이 연주한 악곡(樂曲)에 대한 유추가 가능하다. 그것은 곧 현악기 중심의 '영산회상'일 가능성이 크다.

현재 연주되는 영산회상은 '닫힌 구조'로 고착되어 일정한 선율이 악보화되어 고정된 음악으로 정착했지만 조선 후기의 영산회상은 '열린 구조'의 음악으로서 악기 편성이나 연주 선율이 연주 상황에 따라 조금씩 다를 수 있는 음악이었다. 모인 연주자들의 실력이나, 악기 편성의 상황이 한결같지 않고, 연주의 분위기 또한 상황에 따라 다를 수 있었기 때문이다.

이 악회(樂會)에 참석한 이들은 음악 외적인 요소는 모두 배제하고 음악으로 소통하기 위해 모였다. 이때 연주한 음악이 여러 악기가 함께하는 '줄풍류' 음악이라는 사실 또한 의미를 지닌다. 줄풍류 음악은 현악기를 중심으로 하여 동호인끼리 실내에 모여 나누는 음악이기 때문이다. 줄풍류 음악을 연주할 때에는 특정한 지휘자 없이 거문고를 담당한 연주자가 중심이 되고 여타 악기를 담당한 사람과 교감하며 진행한다. 음악을 연주하며 나누는 음악 언어는 소통의 최대치를 열어놓는다.

이와 같은 악회에 모인 사람들은 대부분 음악에 대해 열린 귀를 가졌고, 연주 솜씨 또한 전문가와 함께 어울려 손색없을 정도의 수준이면서, 순수 감상용 음악을 구사하는 이들이다. 유학중의 노래가 곁들여졌다고 하니 줄풍류 선율을 따라 부르는 음악이었을 것이다. 유학중은 유학(幼學)이라 했으니 벼슬하지 않은 유생으로 이 자리에 함께하였다.[28]

이와 같은 음악 소통의 현장에서 또 하나 주목할 상황이 있다. 진지한 의미에서의 음악 감상자의 경험 현장이다. 이는 태화 홍원섭의 경험을 통해 감지할 수 있다. 음악에 뛰어난 감식안을 지닌 홍원섭의 수용자적 경험이 그것이다.

오른편의 그림 한 폭에서 평상 위에서 슬(瑟) 타는 이는 담헌이요, 슬을 마주 보고 금(琴)을 타는 이는 김생(金生)이며, 슬과 나란히 앉아 항아리

맛·멋·흥·취·통

옆에서 귀를 기울여 듣는 이는 태화이다. 슬의 소리는 맑고 금의 소리는
그윽하다. 분리된 상태에서는 맑은 것은 맑을 뿐이요, 그윽한 것은 그윽
할 뿐이다. 두 소리가 어울려야 맑은 것은 깊어지고 그윽한 것은 트이게
되니, 깊으면 심원해지고 트이면 화합한다.[29]

담헌 홍대용이 슬(瑟)을 타고 김생(金生)이 금(琴)을 타는 장면의 묘
사이다. 여기서 '금'과 '슬'은 '금슬상화' 혹은 '금슬이 좋다'는 이야기를
만든 악기로서 소리가 매우 잘 어울리는 중국의 악기이다. 담헌은 이미
거문고와 가야금 실력으로 정평이 나 있었는데, 이 기록으로만 본다면 중
국 악기인 '슬'도 섭렵했던 것이다. 슬과 잘 어울리는 악기인 금 또한 문
인들의 악기로서 조선 사회에서 일반적으로 연주되는 악기는 아니었고,
일정 시기가 되면 중국에서 사와야 하고, 연주법을 배워오기도 했던 악기
지만[30] 위의 기록으로만 본다면 홍대용 주변 인물들 가운데에 금과 슬을
연주하는 이가 있었다는 것으로 이해할 수도 있다.

그러나 위의 기록에서 언급한 금과 슬은 거문고와 가야금일 수도 있
다는 가능성을 배제할 수는 없다. 금과 슬을 거문고와 가야금으로 묘사하
는 관행이 일반적이며 그 정황으로 볼 때 거문고와 가야금으로 줄풍류를
연주하는 장면으로 인식하는 것이 보다 자연스럽기 때문이다.

이들의 음악을 감상한 홍원섭은 "슬의 소리는 맑고 금의 소리는 그
윽하다. 분리된 상태에서는 맑은 것은 맑을 뿐이요, 그윽한 것은 그윽할
뿐이다."고 묘사하였다. 금과 슬의 소리에 대해 이렇 묘사한 것은 수용미
학적 측면에서 주목할 만하다. 수용미학이란 수용자의 심미적 경험에
관한 내용을 다루는 청취자의 음악미학을 말한다.

홍대용을 둘러싼 18세기의 음악 현장에서 이와 같은 소통이 이루어

금   슬

졌다. 음악이 일정 기능이나 특정 목적을 위해서가 아니라 순수한 '음악'
으로, 소통을 위한 음악으로 연주되고 감상되는 이 현장 또한 조선 후기
에 생겨난 현상임에 분명하다. 비록 한정된 특정 감상자를 대상으로 한
것이지만 이러한 무대는 18세기의 문인들이 함께 어우러져 연주하는 또
다른 음악 현장에서도 있을 법한 모양이다.

이들이 연주하는 음악은 줄풍류이고, 공간적으로는 방중악(房中樂)
에 해당한다. 줄풍류는 조선 후기의 풍류방 문화를 대표하는 음악으로서
홍대용 등의 문인들이 중심에 있는바, 이들에 의해 비로소 줄풍류가 새로
운 음악 장르로서 대두되므로 그 음악사적 의미는 지대하다. 또 이들의
음악 연주가 직업적 요구에서 이루어진 것이 아니라 순수한 문인들에 의
해 음악으로 소통하기 위한 방식으로 이루어졌다는 면에서 음악의 자율
성을 확보했다는 사실을 주목할 수 있다.

이와 같은 음악의 자율성 확보의 밑바탕에는 음악 내부에 몰입하고
자 하는 음악 생산자와 수요층, 향유층의 소통과 교감이 깔려 있다. 홍대
용이 참여한 악회의 음악 소통 현장은 조선 후기 음악사에서 줄풍류의
발달을 가속화할 수 있는 힘으로 작용했음을 알 수 있다.

이와 같은 현장 이외의 조선 후기의 다른 음악 연주 현장에서는 여

전히 전문인들이 연주하고, 문인들이 감상하는 방식이 지배적이었다. 음악인들을 집으로 불러 연주를 듣거나[31] 음악인들을 대동하고 나들이를 나서서 음악을 듣는 방식의 연주 형태가 대부분으로 앞서 예로 든 경우와는 차원이 다르다. 이 경우 연주 행위와 감상 행위는 철저히 분리되어 있다. 연주 행위는 전문 음악인들의 몫이 되고, 감상 행위는 연주자들에게 일정한 대가를 지불한 사람들의 몫이 되었다. 따라서 음악인들이 아님에도 불구하고 직접 음악을 연주하며 때로는 음악에 관한 진지한 토론을 곁들여 가며 소통하는 장면은 조선 후기의 새로운 문화현상임에 분명하다.

'소통을 위한 음악'은 음악을 보다 자율적 시선으로 바라볼 수 있게 한다. '특정한 의식에 부속된 음악', '일정한 기능을 위한 음악'이란 규범에서 벗어나 '함께 호흡하며 나누는 음악'으로의 전환은 음악의 향유 방식이 달라졌음을 알려준다. 개인의 정신 수양을 위한 음악에서 한 걸음 나아가 여럿이 어울려 나누며 연주하는 음악 문화가 정착되어 가는 과정이 드러난다. 이처럼 조선 후기 문인 지식층의 음악 소통 양상을 통해 음악이 사회적이고 문화적인 맥락에서 이루어졌음을 확인할 수 있다.

이는 조선 후기 문인들의 음악 활동이 소통, 공감, 연대의식을 중요시하는 바탕에서 전개되고 있음을 확인시켜 준다. 조선 후기 문인들의 동지적 결속 태도가 반영된 결과이고 인간이 사회적 존재라는 사실을 음악 나누기 행위에서도 극대화하고 있음을 알 수 있다. 음악을 나누고 연주하는 체험을 통해 이들은 정신적 교감을 이루고 그 교감은 한층 승화된 지점에서 소통을 이루었다. 그 소통을 통해 그들이 누리고자 했던 것은 곧 '공동체적 결속'이었다. 이러한 결속을 통해 타자와의 상호 인격적 관계를 이루게 되며, 이와 같은 관계는 타자의 관점으로부터 참여자로서의 자아와 긴밀한 연관을 맺게 한다. 18세기 일단의 문인들에 의해 이루어진 공동체적 결속은 곧 18세기 지식인들의 자의식의 변모를 이루는 큰 틀로 작용하기도 했다.

새로운 소리의 멋 탐색

현재 우리 전통악기 가운데에는 그 유래를 거슬러 올라가 보면 한때 외래 악기였던 것들이 많다. 유입 초기에 외국에서 들어와 어느 시기엔가 우리 악기로 정착된 것이다. 유입 초기에는 새로운 악기라 일정한 적응 기간이 필요하지만 일정 시기가 지나면 도태되거나 적응하여 우리 악기와 어울리게 된다.

'새로운 악기의 유입사'라는 측면에서 볼 때 18세기가 주목된다. 새로운 소리의 탐색이라는 차원으로 해석되기 때문이다. 당시 우리나라에 유입된 새로운 악기가 있다. 앞서 소개한 양금(洋琴)이 그것이다. 양금은 원래 유럽의 악기로 중국을 통해 18세기 후반에 우리나라에 들어왔다. 기록에 의하면 양금은 궁중과 민간에 나란히 전해진 것으로 보이는데, 궁중에 전해진 사실은 『구라철사금자보(歐邏鐵絲琴字譜)』의 "장악원의 전악 박보안이 연경에 가서 양금 연주법을 처음 배워와 동음(東音)으로 번역했다"[32]라는 기록을 통해 볼 수 있고, 민간에 전승된 것은 여러 문집의 기록을 통해 알 수 있다. 몇 가지 자료를 종합하면, 양금은 1762년 무렵에 이미 조선에 들어와 있었고, 1772년에 담헌 홍대용(1731~1783)에 의해 토조로 해곡(解曲)되었다.[33] 담헌에 의한 양금 해곡은 연암 박지원에 의해 구체적으로 그 날짜까지 상세히 기록되어 있으므로 여기에 소개한다.

> 구라철현금을 우리나라에서는 서양금이라 부르며, 서양인들은 천금(天琴)이라 하고 중국인들은 이를 번금(番琴) 또는 천금(天琴)이라 부른다. 이 악기가 우리나라에 언제 들어왔는지는 자세히 모르나 토조에 맞추어 풀어내기는 홍덕보로부터 비롯되었다. 건륭 임진년(1772) 6월 18일에 내가 홍덕보의 집에 가 앉았을 때인데, 유시(酉時)쯤에 이 악기를 해득하였다. 홍덕보는 음악을 감식함에 꽤 예민해 보였고 비록 이것이 작은 기예에 불과하긴 하지만 처음 비롯되는 것이기 때문에 내가 그 일시를 자세하게 기록해 두었던 것이다. 이것은 그 뒤로 널리 퍼져 지금까지 9년 사이에 여러 악사들이 이 철현금을 타지 못하는 자가 없게 되었다.[34]

홍대용이 가지고 있던 양금은 1765년 11월, 당시 서장관 홍억(洪檍)의 사행 시 자제군관으로 수행했을 때 직접 사온 것이다. 홍대용은 연행 후 7년 만에 양금을 해곡하였고, 이후 여러 악사들이 타지 못하는 자가 없을 정도였다고 하니, 양금이 이 땅에서 정착한 후 상당한 인기를 끌었다는 사실을 말해주는 것이다.

양금의 유입과 정착에 관한 내용을 이처럼 장황하게 소개한 것은, 이 악기의 유입이 18세기 조선의 음악사에 단순히 새로운 악기를 하나 더 추가했다는 정도의 사실을 이야기하고자 함이 아니다. 양금의 정착은 새로운 소리를 갈망하던 당대인들의 암묵적 동의나 다름없다. 따라서 이를 통해 양금의 새로운 소리를 수용하였던 당시 사람들의 '음악취향의 변화'를 읽을 수 있기 때문이다.

양금은 같은 현악기인 가야금이나 거문고와는 전혀 다른 특성을 지닌다. 거문고나 가야금은 발현악기로서 오른손으로는 줄을 뜯거나 튕기고, 왼손에 의해서는 다양한 농현(弄絃) 구사가 가능하다. 그러나 양금은 타현(打絃)악기로서 채로 두드리는 음 이외의 농현을 구사할 수 없고, 오히려 채로 친 뒤의 필요치 않은 여음이 많이 남아 인위적으로 소리를 막아 처리해야 하는 특징을 지닌 현악기이다. 다시 말하면 국악기와 전혀 어울릴 것 같지 않은 악기이다.

그러나 18세기 조선에 들어온 양금은 여러 지역에 고루 퍼져 줄풍류 영산회상을 함께 연주하거나, 혹은 가곡이나 시조의 반주악기로 굳건히 자리하게 되었다. 이는 한동안 새로운 악기가 유입되지 않고 기존의 악기로만 음악이 소통되던 18세기 음악 현장에 새로운 바람을 일으킨 것이다. 결국 새로움을 추구하고자 하는 정신이 새로운 악기를 수용할 수 있는 정신적 토대가 된 것이다.

홍대용이 양금을 토조로 풀어내는 자리에 함께 있었던 사람은 박지원이다. 이들은 당시 조선 학계에 새로운 바람을 불러일으킨 북학파(北學派) 학자들로서 18세기 조선의 사상계에 법고창신(法古創新)의 문풍(文風)과 경제지학(經濟之學)적 학풍(學風)에 관심을 불러일으켰고, 당시 조선 학계의 분위기로서는 받아들이기 힘든 청 문물도 배워야 한다는 북학론을 그 이론적 기반으로 한 일군의 인물들이다.

북학파 인물들 대부분은 연행을 수행하면서 청의 선진문물에 대해 익히 보고 들어왔다는 공통점이 있다. 조선 후기에 청으로부터 수용한 새로운 문물들 대부분이 연행을 통한 것이었음은 주지의 사실이다. 이들에 의해 '양금'과 같은 악기가 수용되었고, 또 악기의 연구를 통해 우리 음악에 맞는 조율법을 스스로 터득하여 이 땅에 양금 연주의 역사가 비로소 열릴 수 있게 되었다. 정서적으로 어울릴 것 같지 않다고 생각했던 악기 '양금'이 이 땅에 토착화된 것은 북학파 인물들의 새로움의 추구, 그리고 새로운 음향 탐색 노력의 결과였다.

또 다른 사례로서 담헌 홍대용이 접한 파이프오르간[風琴]의 소리를 들 수 있다. 이는 담헌이 북경에 갔을 때의 일로서, 남천주당을 방문하여 처음으로 접하게 된 파이프오르간 체험이다.[35] 담헌을 안내한 두 신부는 남천주당의 유송령(劉松齡, A. von Hallerstein, 62세)과 포우관(鮑友管, A. Gogeisl, 64세)이었다. 이들은 담헌 일행에게 조선의 위치와 거리, 크기 등에 대해 물어보고 천주당의 이곳저곳을 구경시켜 주다가 남쪽 벽에 있는 파이프오르간을 보여주었다. 담헌은 파이프오르간을 처음 본 장면에 대해 『을병연행록』에 이렇게 적어놓았다.

> 남편으로 벽을 의지하여 높은 누각을 만들고 난간 안으로 기이한 악기를 벌여놓았으니, 서양국 사람이 만든 것이요, 천주에게 제사할 때 연주하는 풍류라.[36]

'천주에게 제사할 때 연주하는 파이프오르간'을 처음 본 담헌은 그 것이 제사할 때 쓰는 악기라는 점에 더욱 끌렸던 듯하다. 담헌은 신부에게 올라가 보여주기를 청했지만 유송령은 난처해했다. 결국 여러 차례 청하자 열쇠를 가져다 문을 열고 사다리를 오르고 한 층을 다시 올라 누각 아래까지 가서 볼 수 있었다. 담헌은 파이프오르간의 구조를 다음과 같이 묘사해 놓았다.

큰 나무로 틀을 만들었는데 사면이 막혀 있으니 은연히 궤(櫃) 모양이고,

장광(長廣)이 한 발 남짓하고 높이는 한 길이다. 그 안은 보지 못하고 나만 틀 밖으로 5, 60개의 쇠통을 장단이 층층하도록 정제히 세웠으니, 다 백철로 만든 통이고 젓대 모양이다. 짧은 통관은 틀 안에 들어 있어서 그 대소를 보지 못하나, 긴 통은 틀 위에 두어 자가 높고, 몸 둘레 굵기는 두어 움큼이니, 대개 길이와 몸 둘레를 차차 줄였는데, 이는 음률의 청탁고 저를 맞추어 만든 것이다. 틀 종편에 두어 보를 물려 두어 자 궤를 놓았고, 그 뒤로 두세 칸을 물려 큰 뒤주 같은 틀을 놓고 틀 위에는 부드러운 가죽을 덮었는데 큰 전대 모양이다. 아랫부리에는 틀을 둘러 단단히 붙였으니 바람도 통하지 못하였고, 윗부리에는 넓은 널로 더데를 만들어 또한 단단히 붙였다. 더데 나무에 한 발 남짓한 나무 자루를 맞추었는데, 더데 나무가 심히 무거워 틀 위에 덮었더니 한 사람이 그 자루를 잡아 틀 앞을 의지하여 아래로 누르는데 가장 힘쓰는 거동이었다. 더데 판 두어 자를 들어내고 구겨진 가죽을 팽팽히 펴서 사람이 자루를 놓은 후에 무거운 판이 즉시 눌리지 않도록 팽팽한 가죽에 얹어놓은 것이다.[37]

담헌은 파이프오르간의 구조를 이처럼 상세하게 묘사해 놓았다. 주지하듯이 파이프오르간의 구조는 세 부분으로 나뉘는데, 연주를 하는 연주대, 소리가 울리는 파이프, 그리고 파이프에 공기를 전달하여 울림을 만드는 송풍장치이다. 담헌은 연주대를 궤 모양이라 묘사했고, 음높이에 따라 그 굵기와 크기를 다르게 만든 파이프를 '백철로 만든 쇠통'이라 묘사했다. 그리고 송풍장치에 대하여 상세하게 설명을 해놓았다. 요즘의 파이프오르간은 전기 모터로 대신하여 바람을 공급하지만 남천주당의 파이프오르간은 전기장치가 없기 때문에 오르간 후면에서 힘이 센 남성 수십 명이 펌프질을 해야 연주가 가능한 구조였다. 담헌은 바로 사람에 의해 송풍장치가 이루어지는 구조를 이처럼 상세히 묘사하면서 파이프오르간의 소리 내는 원리를 파악하였다. 악기의 소리가 나는 원리를 모두 파악한 담헌은 유송령에게 악기 소리 내볼 것을 간청하였다.

철통을 세운 틀 앞으로 나아가니 틀 밖으로 조그만 말뚝 같은 네모진 두어 치 남짓 되는 나무가 줄줄이 구멍에 꽂혀 있는데, 유송령이 그 말뚝을 차례로 눌렀다. 상층의 동쪽 첫 말뚝을 누르니 홀연히 한결같은 저 소리가 위에 가득한데, 웅장한 가운데 극히 정완하며 심원한 가운데 극히 유량하니 이는 옛 풍류의 황종 소리에 응하는가 싶고, 말뚝을 놓으니 그 소리가 손을 따라 그치고, 그다음 말뚝을 누르니 처음 소리에 비하면 적이 작고 높았다. 차차 눌러 하층 서쪽에 이르자 극진히 가늘고 극진히 높으니 이는 율려의 응종 소리에 응한 듯싶었다. 대개 생황 제도를 근본하여 천하에 참치(參差)한 음률을 갖추었으니, 이것은 고금에 희한한 제작이다. 내가 나아가 그 말뚝을 두어 번 내려 짚은 후에 우리나라 풍류를 흉내 내어 짚으니 거의 곡조를 이룰 듯하였다. 유송령이 듣고 희미하게 웃었다. 여럿이 다투어 짚어 반나절이 지난 후에는 홀연 짚어도 소리가 나지 않아 동쪽 틀 위를 보니, 가죽이 접혀 있고 더데 판이 틀 위에 눌렸다. 대개 이 악기의 제도는 바람을 빌려 소리를 나게 하는데, 바람을 빌리는 법은 풀무 제도와 같았다.[38]

담헌이 '조그만 말뚝'이라 표현한 것은 오르간 스톱(organ stop)을 이르는 듯하다. 오르간 스톱이란 오르간에서, 어떤 하나의 음색을 가진 파이프의 계열, 혹은 그 한 계열을 발음할 수 있도록 하는 기구를 이른다. 홍대용은 유송령이 내는 소리를 듣고 그 음이 무엇인지 모두 맞혔다. 유송령은 황종(c)부터 응종(b) 음에 이르는 음을 조삭한 것으로 보인다. 담헌은 이어 오르간 스톱을 두어 번 짚어 조절한 후에 우리나라 음악을 그럴듯하게 연주하였다. 평소 음악 전반에 깊은 관심을 가졌고 소리 내는 원리를 이해하고 있었던 담헌에게 간단한 선율을 소리 내는 것은 어려운 일이 아니었을 것이다.

이처럼 담헌은 남천주당 방문 첫날 본당에 설치된 파이프오르간의 위용을 보고 그 규모에 압도되었고 이 악기를 면밀히 관찰한 후 즉석에서 한 곡조 연주하였다. 그가 연주한 선율이 무엇인지 확인할 수는 없지만 그의 즉흥연주를 감상한 사람들은 모두 감탄했다고 한다. 거기에서 더 나아가 파이프오르간의 제작 방식과 소리 내는 방식을 이해하고 주위에 상세한 설명까지 할 수 있었다. 당시 남천주당 소속 선교사인 유송령은 담헌의 이러한 재능에 대해 "아마도 처음 방문한 것은 아닐 것"이라 이야기할 정도였다. 후일 담헌은 귀국하여 연암 박지원과 함께 『노가재 연행일기』를 내놓고 다시 읽으면서 파이프오르간에 대한 자신의 관찰이 피상적이었다고 비판하면서 나라의 명이 있으면 이 악기를 만들 수 있을 것이라고 했다.[39]

담헌이 활동하던 시기에 외국에서 수입하여 조선에 뿌리를 내리게 된 새로운 악기는 단 하나 '양금'으로서[40] 후일 담헌이 귀국하여 우리나라 곡조로 연주할 수 있도록 한 후 많은 사람들이 애호하는 악기로 발전할 수 있었다. 양금 이외에 다른 악기가 새로 들어온 것은 없던 터에 북경에서 만난 새로운 악기 파이프오르간은 담헌의 관심을 끌었다. 국가적인 지원이 있다면 파이프오르간을 만들겠다는 담헌의 생각은 새로운 악기, 새로운 소리에 대한 큰 호기심을 읽을 수 있는 부분이며 한편 음악에 대한 실험정신이 늘 작동하고 있음을 알려준다. 여기서 담헌이 새로운 문화

유입에 개방적인 태도를 지니고 있다는 사실이 확인된다.

담헌은 북경에 머물면서 그곳의 음악을 듣기 위한 시도를 여러 차례 하였다. 1766년(영조 42) 1월 7일 다산이 천주당을 보는 날 천주당에 들르기 전에 호부낭중 벼슬을 하는 사람 집에 들러 중국 음악을 들었다. 당시 호부낭종 서종맹은 담헌 일행을 위하여 현자(弦子)를 연주하는 맹인 악사를 불렀다. 담헌은 그들이 마련해 준 자리보다 앞으로 더 나아가 악사 가까이서 음악을 듣고자 하였다. 서종맹은 이미 담헌의 음악 실력을 익히 알고 있었던 듯하다. 종맹의 "풍류의 묘리를 아는 사람이라 자세히 듣고자 하시는구려"라는 말에서 그러한 정황을 알 수 있다. 담헌의 음악 실력은 이미 중국인들에게도 잘 알려져 있었던 듯하다. 결국 서종맹은 담헌이 음악 실력이 뛰어난 사람이라는 점을 감안하여 연주자들에게 "외국의 음률을 아는 사람이니 특별히 잘 타라"는 주문을 하기도 했다. 이때 맹인 악사는 줄을 고른 후 연주를 하다가 노래를 함께 하였다. 그것을 들은 담헌은 "현자와 가사 소리가 공교롭게 어울렸다"고 표현하였다. 이어 다른 한 사람이 들어와 비파를 연주했는데 노래에 맞추어 연주하는 솜씨가 들을 만하다고 평하였다.[41]

이 외에도 담헌은 중국에 머무는 동안 수시로 중국 음악을 듣고 배우려는 노력을 기울였다. 담헌은 북경에 도착한 이후 중국의 금(琴) 연주를 잘하는 사람을 만나 음악을 듣기 위해 여러 방안을 강구하였다. 금은 특별히 당시 사행에서 구입해 와야 할 악기 목록에 포함되어 있었다. 담헌은 1766년 1월 13일에 유리창의 금포(琴鋪) 유생(劉生)을 만나 금 연주를 비로소 듣게 된다.[42] 담헌의 본격적인 금 연주 감상은 다음 날 14일에 이루어졌다. 이때 담헌이 먼저 거문고 연주 시범을 보였고, 이후 유생이 금으로 '평사낙안(平沙落雁)' 12장을 연주하였다. 담헌은 며칠 후 장악원

악사와 함께 '평사낙안' 두어 장을 배웠다.[43] 담헌은 이처럼 매번 악기를 배우러 갈 기회가 있을 때면 반드시 함께 참여하여 배움으로써 실험정신이 강한 음악가로서의 면모를 유감없이 발휘했다.

이와 같은 중국에서의 음악 감상과 악기 교습은 이후 귀가 밝은 담헌에게 중요한 음악 경험의 한 자리를 차지하게 한다. 담헌이 조선의 음악에 대해 이론적인 면과 실기에도 두루 능통했던 것도 이러한 외국 음악 경험과 무관하지 않다.

담헌이 금 연주자를 찾고 금을 특별히 배우고자 했던 노력은 당시 사행에서 수행해야 할 과제 가운데 하나가 당금(唐琴)과 생황(笙簧)을 사오는 일이었기 때문이다. 그 임무는 당시 상통사(上通事) 이익(李瀷)에게 주어졌다.[44]

중국 악기인 금(琴)은 『서경』에도 나오듯이 이미 순(舜) 시대부터 있었던 고대 악기로 우리나라에는 고구려 시대에 들어온 것으로 알려진 역사 깊은 악기이다. 이후 고려시대와 조선시대에도 계속 유입되어 우리나라에서 아악(雅樂)을 연주할 때 사용되던 악기이다. 그런데 그 전승에 지속적인 어려움을 겪었던 듯하며 이는 담헌이 연행을 했던 1765년(영조 41) 당시에도 여전했다. 영조는 사행을 갈 사람들에게 악기 구입과 그곳의 음률을 배워올 것을 명했다.[45] 따라서 담헌은 당시 상통사 이익, 악사 장천주와 함께 북경에서 금 연주 잘하는 사람을 물색하였고 음악을 배워 익히고 악기를 구입하였다. 이런 일련의 이야기는 담헌의 연행록에 상세하게 기록되어 있다. 담헌은 당시 상황을 다음과 같이 묘사하였다.

이익(李瀷)이 당금(唐琴) 하나와 생황 하나를 더 얻어왔으니, 당금은 푸른 옥과 수정으로 꾸미고 바탕은 파초 잎 모양으로 만들었으니 제작이 이미 기이하고, 그 소리를 들으니 아담하고 청원(淸遠)하여 짐짓 성인의 기물이었다. 이번 길에 나라에서 장악원 악사를 들여보내 당금과 생황을 사오게 하고 겸하여 그 곡조를 배워오라 하였으니, 이러므로 이익이 악사를 데리고 두 가지 곡조 배우기를 도모하여 당금 타는 이를 두루 찾아보니 정양문 밖에 타는 사람이 있다 하므로 내일 가만히 문을 나와 교섭해 보고자 한다고 했다. 당금과 생황은 다 팔려는 것인데, 당금은 값이 좋은 은 150냥이라 사지 못한다고 했다.[46]

조선 궁중의 음악기관인 장악원은 각종 국가전례를 위한 음악을 준비하여 왕실 의례 때 연주하였다. 담헌 당시 장악원이 소장하고 있는 중국 유입 악기인 금(琴)과 생황은 여전히 외래 악기의 위상을 유지하고 있었다. 다시 말하면 수입에 의지하는 악기였다. 생황과 같은 악기는 이미 국산화가 시도된 바 있었지만 여전히 악기 제작이 어려워 생황의 가장 핵심인 황(簧)의 쇠청[金葉] 부분을 만드는 기술은 확보하지 못했던 시기다. 따라서 매번 중국에서 쇠청을 수입해 와서 썼다. 담헌은 이 모든 과정에 함께하였다.

┃ 임원인林園에서
┃ 음악생활의 멋

서유구(1764~1845)는 1806년에 낙향하여 임진강 변의 장단에서 생활하면서 『임원경제지』를 저술한다. 따라서 이 장에서 살피고자 하는 『임원경제지』의 내용은 엄밀히 말하면 19세기 전반의 이야기일 수 있다. 그러나 이러한 내용들, 즉 『임원경제지』에서 논의하는 많은 내용들은 18세기의 연속선상에 있는 것으로 이해된다. 따라서 여기서는 서유구의 『임원경제지』 중에서 「이운지(怡雲志)」의 내용을 통해 문인의 음악 즐기기 양상을 탐색해 보려고 한다. 「이운지」에는 문인으로서 향촌에 거주하면서 어떻게 음악을 즐길 것인가에 관한 내용이 포함되어 있다. 「이운지」 서문에서 그 내용을 밝히고 있다.

서유구는 먼저 임원에 살면서 삶을 한가하고 우아하게 즐기기 위한 여러 방법에 대해 기록해 놓았다. 그와 같은 삶의 모델로서 왕유(王維)가 망천별업(輞川別業)에서 시를 읊으며 자족하며 살았던 삶, 예찬(倪瓚)이 운림산장(雲林山莊)에서 정결하게 살았던 삶, 고덕휘(顧德輝)가 옥산초당 (玉山草堂)에서 살았던 사례를 들면서 '이운(怡雲)'이라는 이름은 도홍경 (陶弘景)[47]의 뜻을 취한 것이라고 밝힌 바 있다.[48]

책의 편찬 목적에 드러나듯 「이운지」에는 임원에서 사는 삶의 이상적인 여러 모습을 소개하였다. 또 그러한 모습을 구현하기 위해 필요한 여러 기물, 악기, 취미활동 내용 등을 열거하고 있다. 이 가운데 음악과 관련된 내용에는 중국 악기인 금(琴)과 관련된 것이 가장 많고 그 밖에 현금(玄琴), 번금(蕃琴), 즉 양금(洋琴), 생황(笙簧), 종(鍾), 경(磬)에 관련된 내용이 일부 포함되어 있어 「유예지」의 악보에 포함된 악기인 현금, 금, 양금, 생황의 내용도 모두 수록되어 있음을 알 수 있다.

그러나 많은 부분을 『문슬신화(捫蝨新話)』나 『동천청록(洞天淸錄)』, 『동천금록(洞天琴錄)』, 『준생팔전(遵生八牋)』, 『율려정의(律呂精義)』와 같은 송대, 혹은 명대의 전적에서 가져왔고 우리나라의 문헌 중에는 자신의 저술로서 『임원경제지』에 다 포함시키지 못했던 나머지 부분을 모아 지은 『금화경독기(金華耕讀記)』, 그리고 성종 대에 편찬한 악서(樂書)의 전범인

『악학궤범(樂學軌範)』, 영조 대에 국가적 규모로 편찬한『동국문헌비고(東國文獻備考)』「악고(樂考)」 등에서 옮겨온 것이므로 그 내용이 독창적인 것은 아니다.

이처럼 다른 전적의 내용을 가져와 책을 편찬하는 태도는 조선 후기 당시 백과사전적 저술을 남긴 여타 학자들의 태도와 궤를 같이하는 것이다. 이러한 이유로『임원경제지』와 같은 백과사전적 유서류(類書類)의 가치를 평가하는 태도는 사람마다 엇갈리기도 한다. 따라서 이미 전해지고 있는 여러 지식을 총체적으로 모았다는 점에서는 그 가치가 평가되지만 학문의 독창성이라는 측면에서는 그 의미가 반감되기도 한다. 그럼에도 불구하고「이운지」에 기록해 놓은 여러 내용, 즉 임원에서 살아가는 삶의 이상적인 모습은 18세기에서 19세기로 이어지는 조선 후기 문인 지식인 서유구가 추구하는 이상적 삶의 모습을 그린 것이므로 이 시기를 살아가는 지식인이 음악을 통해 추구하고자 하는 멋의 향방을 가늠해 볼 수 있게 한다. 또한 이 시기 지식인들의 악기에 대한 관심의 심화라는 차원에서도 주목된다.

「이운지」에서 음악 관련 내용을 언급한 것은 음악이 삶을 멋스럽고 우아하게 만든다는 점을 인정했다는 증거다. 이는 서유구가 "맑은 마음으로 우아함을 기르고 소요하며 유유자적하게 살고자"[49] 하는 지향을 「이운지」를 통해 드러낸 것이다. 그러한 삶을 추구한 서유구가 음악과 관련해서는 어떠한 지향을 드러내었는지 몇 가지 사례를 통해 살펴보기로 한다.

먼저 음악을 연주하는 공간에 관한 내용이다. 서유구는 「이운지」를 통해 임원에 살면서 서재나 찻방, 약제실, 응접실 등을 갖추어놓아 화려한 문화생활의 면모를 드러내었다. 여기서 음악과 관련해 주목되는 내용은 곧 '금실(琴室)'이다. 금을 연주하는 방을 조성해 놓고 가상 좋은 음향을 누릴 수 있는 방법을 찾는 것이다. 물론 이 내용은 서유구 자신의 아이디어가 아닌, 송나라 진선(陳善)이 지은 『문슬신화』의 내용을 가져온 것이다. 그러나 이것이 조선의 문헌에는 서유구의 저술에 처음 보이므로 주목할 만하다.

이 내용은 은거지의 배치에 대해 주로 논의한 「이운지」 권1의 '재료정사(齋寮亭榭)'에 소개된 '금실'[50]에 수록된 내용인데, 음악 연주회장의 공간 음향에 대해 고민하는 요즘의 음악계에도 하나의 지침이 될 만한 내용이 보인다. 서유구는 은거지에 금을 연주하는, 음향이 잘 울릴 수 있는 조건을 갖춘 방을 별도로 마련하는 방안을 제시하였다. 그가 제시한 금실은 이러하다.

먼저 금실의 지하에 큰 항아리를 묻고 항아리 가운데에는 동종(銅鍾)을 매달아 두고 그 윗부분을 돌이나 나무판으로 덮고 금을 연주하면 소리가 울려 청량하게 들린다고 하였다. 이는 음량이 작은 금의 소리를 더 크고 잘 울리게 하기 위한 방법으로 제시한 것으로 중국 송대 사람들의 아이디어이긴 하지만 서유구에게 받아들여진 것으로서 서유구도 이미 공간 음향에 대해 진지하게 고민했다는 하나의 사례로 보인다. 이어 금을 연주할 때에 시각적인 즐거움을 누릴 방안도 제안하였다. 금을 연주할 때 물고기가 뛰게 하는 법을 제안한 것이다. 연주실 가까이에 작은 연못을 두고 금붕어를 살도록 한 후 금을 연주할 때마다 금붕어에게 먹이를 주면 손님 앞에서 금붕어가 튀어 오르는 모습을 연출할 수 있다고 했다.[51] 후자는 다소 장난스러운 연출로, 귀로는 음악을 들으며 눈으로는 금붕어의 도약을 보도록 하기 위한 배려로서 요즘 영상과 함께 음악회를 기획하는 연출과도 비교되어 눈길을 끈다.

그러나 서유구는『문슬신화』의 내용을 인용하여 금의 음향적 실험 관련 기사를 소개하긴 했지만 정작 금의 연주는 높은 누각 아래에서 하는 것이 좋다고 주장하고 있어 그것이 새로운 시도로서 주목되긴 하지만 결국 자연스러운 음향을 강조하는 것으로 마무리하고 있다.

다음으로 중국 악기 '금(琴)'에 관한 내용으로「이운지」권2의 '산재 청공(山齋淸供)'에서 주로 이야기된다. 음악 관련 논의가 가장 많이 이루어지는 부분이기도 하다. 서실(書室)에 금이 없으면 안 된다는 설명부터 시작하여 금의 재료에 대한 품등을 논의하였고 금의 제작법, 고금(古琴)의 판별법, 특이한 금, 금의 아홉 가지 덕[九德], 금을 탈 때 꺼려야 할 것, 금 보관을 위한 악기집, 금을 올려놓는 금안(琴案), 금 연주실 등 '금과 관련된 모든 것'이라 할 만큼 세부적인 내용을 다루었다. 이는 예전에 금에 관해 논할 때 관념적인 금론(琴論)을 위주로 논의하던 태도와는 다소 차이가 있음을 알 수 있다.

이와 같은 내용 가운데 주목되는 것 몇 가지만 이야기해 보고자 한다. 먼저 '산재청공'에서 금과 관련된 논의는 '논서실불가무금(論書室不可無琴)'으로 시작한다. 서실(書室)에서 늘 금을 가까이하라는 내용이다. 서실에는 반드시 금을 두고 매일같이 아악(雅樂)을 대하도록 권한다. 연주에 능통하든, 그렇지 않든 금을 연주할 것을 권하며「매화삼롱(梅花三弄)」,「백설조(白雪操)」와「귀거래사(歸去來辭)」,「적벽부(赤壁賦)」같은 중국의 여러 작품을 열거하면서 성정을 기르고 수신하는 도(道)로서는 금 이상의 것이 없다고 하였다.[52] 이 부분은 명대의『준생팔전』[53]을 인용한 것이다.

이처럼 금 연주를 권하고 이어 금을 만드는 재료에 대해 논한다. 악기의 몸통을 구성하는 나무는 '택재(擇材)'에서, 금의 줄받침인 진(軫)은

'진품(軫品)'에서, 휘(徽)는 '휘품(徽品)', 금의 줄에 관한 것은 '현품(絃品)'으로 구분하여 각각 설명한 후 금의 제작법에 대해 이야기한다. 악기의 몸통을 만드는 나무는 각각 음양의 성질을 따르는 것이 좋은데, 윗판은 양목(陽木)인 오동나무, 아랫판은 음목(陰木)에 해당하는 가래나무를 쓰는 것이 좋다는 식이다. 또 고금(古琴)에는 부자금(夫子琴)과 열자금(列子琴)의 두 가지 모양이 있다고 '양식(樣式)' 부분에서 설명하고 있다. 그러나 근세에 이르러 금의 모양은 옛날과 달라졌다고 이야기한다. 금 관련 내용은 대부분 『준생팔전』 외에 『동파지림(東坡志林)』,[54] 『동천금록』, 『동천청록』[55] 등의 중국 문헌을 인용한 것이고 일부 성종 대의 『악학궤범(樂

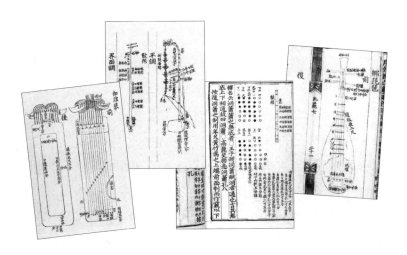

악학궤범

『악학궤범』은 조선 성종 때에 편찬한 악서(樂書)로서 연주 의례나 법식,
악기의 모습은 물론 노래의 가사도 들어 있다.
왼쪽부터 가야금, 해금, 퉁소, 향비파에 대한 설명이 보인다.

맛·멋·흥·취·통

學軌範)』의 내용을 가져온 것도 있다.

다음으로 현금(玄琴), 즉 우리나라의 거문고도 다루었다. 주지하듯이 거문고는 조선 문인들의 교양 필수 악기로서의 위상을 지니고 있으며 우리나라에서는 백악지장(百樂之丈), 즉 여러 악기의 으뜸으로 여겨진다. 또한 삿된 마음을 금하고 자신을 이기는 방법으로 거문고를 연주하는 것만한 것이 없다고 간주되어 선비라면 특별한 연고가 없는 한 곁에 두는 악기였다. 서유구는 이런 거문고를 중국의 금과 같이 다루고 있다. 거문고에 대한 서유구의 다음 설명을 보자.

『삼국사기』에 거문고는 중국 아부(雅部)[56]의 금(琴)을 본떠서 만들었다고 하였다. 『신라고기』에서 말하였다. 처음에 진나라 사람이 칠현금을 고구려에 보냈는데, 당시 제2상인 왕산악이 그 법제를 고쳐서 만들었다. 겸하여 곡을 만들어 연주했다. 그때 검은 학이 날아와 춤을 추자 드디어 '현학금(玄鶴琴)'이라 했다가 후에 다만 '현금(玄琴)'이라 했다. 만드는 법을 살펴보면, 앞판은 오동나무를, 뒷판은 밤나무를 쓴다. 괘는 회나무를 쓰는데 그다음으로는 종목을 쓴다. 장식은 화리, 철양, 오매, 산유자 등의 나무를 쓴다. 학슬은 청형을 쓰고 염미는 각색 진사, 혹은 푸른 물을 들인 무명실을 쓰며 귀루는 홍록색 진사를 쓴다…[57] 거문고에 대해서는 『악학궤범』과 『동국문헌비고』「악고」 두 문헌에서 주요 부분만을 압축적으로 가져와 설명하고 있다. 거문고의 유래와 역사, 제작에 관한 내용을 다루었다. 서유구가 중국 금의 제도를 설명하면서 우리나라의 거문고를 언급한 것은 중국의 금에 비견되는 악기가 현금이기 때문인 것으로 보인다.

'현금'에 이어서는 서양금인 '번금(蕃琴)'에 대해 설명한다. 구라철사금(歐邏鐵絲琴)을 우리나라에서는 서양금(西洋琴)이라 하는데, 서양인은 천금(天琴)이라 하고 중국인은 번금이라 부른다고 했다. 우리나라에는 어느 때 들어왔는지 알 수 없다고 했는데, 이미 북학파 학자들에 의해 유입된 시기의 고증이 대략 이루어졌지만 명확하게 밝혀지지 않았기 때문인 듯하다.

다음으로 금의 '구덕(九德)', 즉 아홉 가지 덕성을 논한 부분이 있다. 금의 구덕에 관한 논의는 『준생팔전』에서 인용했는데, 첫째 기(奇), 둘째 고(古), 셋째 투(透), 넷째 정(靜), 다섯째 윤(潤), 여섯째 원(圓), 일곱째 청(淸), 여덟째 균(匀), 아홉째 방(芳)이라 하였다.[58] 이들 아홉 가지 덕성은 모두 좋은 재목으로 만든 금이 갖출 수 있는 조건을 제시한 것이다.

또 금을 탈 때 꺼려야 할 내용도 몇 가지 소개하고 있는데, 금을 연주할 때 향(香)을 쓸 경우라면 맑고 연기가 적게 나는 것을 써야 한다고 했다. 또 금을 연주하지 않아야 할 시간, 장소, 날씨 등도 이야기하였다. 이는 거문고 탈 때 꺼려야 할 조건을 제시한 조선의 여러 악보의 내용과 비교된다. 그 밖에 금의 받침대나 금을 보관하는 갑, 금을 넣을 주머니 등도 소개하고 있다. 「이운지」에서는 그 외에도 생황, 피리, 종, 경 등에 대해 악기 이름이 지닌 뜻과 제작법 등에 대해 설명하여 백과사전적 지식이라는 측면에서 악기를 접하는 대목도 보인다.

이처럼 서유구는 「이운지」에서 중국의 금과 관련된 다양한 내용을 소개하고 있다. 당시 조선의 문인들은 대부분 거문고에 취미가 있었고 금에 관하여는 문헌에서 접하는 정도의 지식을 가지고 있었다. 서유구가 「이운지」에 금에 관한 내용을 인용한 문헌은 대부분 송대나 명대의 저술들로 문인들의 취미 생활을 기록한 책들이다. 명대의 『준생팔전』, 송대의

『동천청록』이 대표적이며 그 외에도 『계신잡지(癸辛雜識)』와 같은 문헌도 참고한 것으로 보인다.

우리나라의 문헌으로는 성종 대의 악서인 『악학궤범』, 영조 대에 국가적 규모로 편찬한 『동국문헌비고』 「악고」, 중국에서 들여온 악서 『율려정의』, 그리고 서유구 자신의 저술인 『금화경독기』[59] 등이 있다.

서유구는 음악에 대해 이전 세대의 사람들에 비해 유연한 사고를 가졌던 것으로 보인다. 「유예지」나 「이운지」에서 '예악사상'과 같은 묵직한 주제를 다루지 않은 것은 서유구 자신의 그러한 사고가 반영된 것이리라. 서유구는 임종 무렵에 자신의 곁에서 거문고를 타도록 하였다. 그리고 연주가 끝나자 숨을 거두었다. 살아서 실용적인, 그리고 현실적인 음악 향유의 모습이 임종 때까지 이어진 것이다. 서유구의 음악에 대한 태도를 잘 알려주는 대목이다. 살아서 즐기던 음악을 죽을 때에도 곁에 두고 싶은 열망을 보여주는 것이라 할 것이다.

이상에서 살펴본 바와 같이 서유구는 『임원경제지』의 「이운지」에서 '금(琴)'이라는 악기를 통해 사대부의 멋스러운 삶의 면모를 드러내었다. 이는 금이라는 악기에 방점이 찍힌 것이라기보다는 금을 통해 누리고자 한 풍류적 삶의 면모를 중시하는 태도의 발현일 것이다. 서유구는 이처럼 「이운지」에서 음악 관련 내용 가운데서도 비교적 실용적인 것만을 다루었는데, 이러한 태도는 19세기 문인 일부에서 드러나는 '전문화'되어 가는 태도와 한편 일치하는 것이기도 하다.

서유구가 「이운지」 서문에서 밝힌 것처럼 그의 말년의 꿈은 소박하였다. 글은 이름을 기록할 정도면 되고, 생산은 입을 것과 먹을 것을 자급할 정도면 되지 다른 바람이 없고 오직 임원(林園)에서 아취를 키우며 세상에 대한 욕심 없이 일생을 마치기를 바랐다.[60] 향촌에서 살아가는 문인 서유구의 음악생활도 이러한 생각에 기반한 것이다.

18세기에서 19세기로 이어지는 음악의 멋 추구

한국음악사에서 18세기는 매우 중요한 의미를 지닌다. 현재 가장 많이 연주되는 전통음악이 18세기에 난만한 발전을 보인 음악들이기 때문이다. 17세기에 발생하여 18세기에 큰 발전을 보인 판소리, 문인 지식층에 의해 문화활동의 하나로 전개되어 18세기에 큰 발전을 보인 영산회상, 그리고 중인층이 중심이 되어 발달한 가곡과 같은 음악이 그러한 예에 속한다. 이러한 음악들은 18세기에만 인기를 구가한 것이 아니라 지금 이 시대의 음악인들도 애호하는 음악으로 연주되고 있다. 특히 판소리와 같은 장르는 이미 대중성을 확보하였고 영산회상은 모든 음악인들이 가장 애호하는 음악이 되었으며 가곡은 소수이지만 마니아들이 아끼는 음악이다.

이러한 음악들이 지금의 위상을 확보한 것은 18세기 음악 현장의 역동성이 있었기에 가능했던 것이다. 특히 영산회상, 가곡과 같은 음악은 전적으로 18세기 서울의 도시적 성장과 큰 관련이 있다. 서울의 풍요는 대규모 음악 수요를 수반하였고 서울의 문화적 분위기는 음악애호가층을 확산하였다. 나아가서는 음악 마니아층까지 양산하게 되었다.

18세기에 이러한 변화가 가능했던 요인 중 가장 두드러지는 것은 음악이 일정한 기능 또는 목적에서 독립하여 순수한 의미에서 감상을 위한 음악에서 드러나는 '음악 자율성'에 대한 인식의 확산이다. 이러한 인

맛·멋·흥·취·통

식은 당시 새로운 음악취향을 용인하여 외래 악기인 '양금'의 수용을 가능하게 했고, 언어를 포함한 음악 외적 요소에서조차 독립하고자 하는 움직임의 일환으로 줄풍류 기악음악을 통해 참여하는 음악, 혹은 감상음악의 전형을 제시하게 되었다. 아울러 순수 감상용 음악을 청취하고자 하는 태도도 또 하나의 분위기이다. 감상용 음악의 출현은 음악의 전문성 강화와 맞닿아 있어 18세기 한국 음악을 한 단계 진보시키는 기제로 작용하였다.

이와 같은 경향은 19세기로 이어져 향촌에서 생활하고자 하는 사람들을 위한 저술『임원경제지』와 같은 책에서 더욱 전문화되는 경향을 보인다. 서유구는『임원경제지』중의「이운지」를 통해 향촌 생활을 추구하는 사람들의 '금(琴)' 즐기기의 다양한 면모를 소개함으로써 18세기에서 19세기로 이어지는 문인들의 음악의 멋 추구 향방을 여실히 보여주었다. 이러한 움직임은 추후 조선 후기 예술사적 관점에서 새롭게 읽어내야 할 '문화코드'가 될 것이다.

興 ——————————————

제3장

18세기 문인들의 야연夜宴과
1박 2일의 현장

김동준 | 이화여자대학교 국문학과

18세기 문인들의 야연을 향하며

이 글에서는 18세기 조선 문인들의 야연(夜宴) 현장을 조명하여 그들의 흥취와 예술을 음미하려 한다. 1732년과 1737년에 동대문 바깥 월곡(月谷) 오원(吳瑗)의 저택에서 이루어진 일명 종암문회(鍾巖文會), 1739년 서대문 바깥 연지(蓮池)의 이윤영(李胤永) 집에서 벌어진 일명 서지문회(西池文會), 1753년 안산 단원(檀園)의 이재덕(李載德) 집에서 열린 단원아집(檀園雅集), 그리고 1772년 전후 서울 남산 유춘오(留春塢) 일대에서 홍대용(洪大容)·박지원(朴趾源) 등이 참여한 운치 넘치는 모임이 탐방의 대상이 될 것이다. 아쉽지만 인왕산 아래 송석원(松石園)에서 벌어진 중인들의 시회나 서민들이 좋아했던 봄철의 화전놀이 등은 여기에서 미처 다루지 못한다.

김홍도, 송석원시사야연도(松石園詩社夜宴圖)

송석원은 인왕산 부근 천수경(千壽慶)의 집 울타리 안에 있는 언덕이다.
1791년 음력 유월 보름날 야간 모임을 그렸다.

(한독의약박물관 소장)

18세기의 흥(興)을 찾아가며 문인 야연으로 범위를 좁힌 데는 얼마간의 사정을 고려해서이다. 우선 '야연'에 주목하는 이유이다. 야연은 밤과 어둠을 물리적 조건으로 삼는다. 어둠 속의 빛은 일행을 한곳으로 모으고 묶어준다. 어둠과 빛의 대조 속에서 구성원들은 그날 밤을 무한한 시간 속에 찍힌 하나의 빛나는 지점으로 기억할 가능성이 크며, 어쩌면 정신의 고양과 탈주, 육체적 격정과 광태까지를 하룻밤의 커튼이 받아줄 수도 있으리라는 기대를 낳는다.

다른 계층이 아닌 하필 '문인(文人)'층에 주의하는 이유는 이들이 학술과 예술을 생산할 수 있는 대표적인 그룹이기 때문이다. 그들은 지적 교감과 토론, 시서화(詩書畵)를 포함한 음악과 놀이를 동일 공간에서 즐길 수 있는 유력한 집단이다. 야연이란 또한 하룻밤의 공간, 조명, 음식 등이 뒷바라지되는 다분히 호사스러운 산물이기도 하다. 예술 생산의 과정과 현장을 두루 살피자면 아무래도 문인 야연의 마당이 적절한 셈이다.

시기상 '18세기'를 부각하는 이유도 있다. 거시적으로 보자면 과거제가 시행된 9세기 이후부터 한국사는 문인관료 사회를 지속시켰다. 문인 문화의 단층과 자취가 무척 길고 깊은 것이다. 그중에서도 18세기는 야연 향유와 연관된 집단의 역량, 예술적 성과, 증명 자료가 상대적으로 넉넉한 편이라 현장의 분위기를 살피기에 수월하다.

야연과 관련하여 음미할 만한 연구가 적지 않다고 본다. 미술사 분야의 조선 후기 아회도(雅會圖) 연구, 조경학 분야의 원림과 정원에 대한 연구, 문화사 관점에서 본 누정과 저택 등의 문화 공간 탐구, 문학사에 접근한 시회 연구, 풍속사 분야의 놀이 연구 등이 이 글과 나란한 방향성을 보인다. 하지만 문인 야연을 미시적으로 살펴 야연의 공간, 구성원, 활동, 지향 등을 설명한 시도는 찾아보기 어렵다. 18세기 문인 문화 연구의 한

가닥으로 이 글이 조금이나마 도움이 될 수 있기를 바라는 마음은 이런 연유에서 출발한 것이다.

야연 스케치,
야연의 조건들

조선 문인들에게 기억되는 야연의 역사를 찾아가면 중국 문인들의 시문을 만나게 된다. 이백의 「봄날 복사꽃 정원에서의 야연에 부친 글(春夜宴桃李園序)」, 두보의 「좌씨 별장에서의 야연(夜宴左氏莊)」, 왕발의 「산정에서의 야연(山亭夜宴)」 등이 그 예이다. 부여가 국중대회(國中大會)인 영고(迎鼓) 행사에서 '연일 음식과 가무를 즐겼'고 한 기록에서 보듯이 한국사도 야연의 흥을 간직하고 있다. 하지만 문인 야연의 맥락에서 보자면 당나라 문인들의 야연이 보다 실질적인 관련을 지닌다. 야연을 그린 그림도 야연 문화에 대한 기억과 선망을 조성하는 데 일조했다고 본다. 「당현종야연도(唐玄宗夜宴圖)」, 「선우야연도(單于夜宴圖)」, 「십팔학사야연도(十八學士夜宴圖)」, 「오왕야연도(吳王夜宴圖)」, 「희우정야연도(喜雨亭夜宴圖)」 등이 조선 문인의 시선에 점 찍힌 야연의 그림들이다. 범위를 더 넓히자면 소설에서도 이따금 야연이 서사의 배경으로 등장한다. 180권의 대장편 『완월회맹연(玩月會盟宴)』은 제목에서부터 달밤의 맹약과 연회를 부각한 소설이다. 이 중에서 앞으로 살필 문인 야연의 전형을 미리 보여주는 명작이 「봄날 복사꽃 정원에서의 야연에 부친 글(春夜宴桃李園序)」이다. 이백의 글 솜씨와 마음을 따라가 본다.

맛·멋·흥·취·통

춘야연도리원도(春夜宴桃李園圖)

명대(明代) 화가 구영(仇英)의 작품이다.

대저 천지는 만물의 여관이요 광음(光陰, 시간)은 영원한 나그네로다. 부평초 같은 인생은 꿈같이 덧없고 짧으니 즐거움을 누린다고 한들 몇 번이나 되겠는가? 옛사람들이 촛불을 들고 밤중에 놀았던 데는 진실로 그럴 만한 까닭이 있으리라. 더욱이 화창한 봄날이 곱디고운 경치로 우리를 초대하고 천지가 우리에게 문장 짓는 능력을 빌려주었음에랴!

복사꽃 피어난 동산에 모여 형제들이 즐거운 놀이를 펼치나니, 빼어난 젊은이들은 모두 사혜련(謝惠連)같이 출중한데, 나의 시와 노래만이 사령운(謝靈運)에게 부끄럽구나. 그윽이 경치를 완상함이 아직 끝나지 않았고 고상한 대화가 갈수록 맑아지니, 고운 자리를 깔아 꽃밭에 앉고 깃 같은 술잔을 사뿐히 건네며 달빛 속에 취한다. 이런 때에 멋진 시를 짓지 않는다면 어떻게 아치 있는 마음을 펴낼 수 있으리오? 만약 시를 짓지 못한다면 금곡원(金谷園)의 규칙을 따라 벌주를 내릴지어다.

『고문진보(古文眞寶)』에도 실려 있는 이 명작은 일족이 모여 향유한 봄날의 야연을 기록한 것이다. 천지와 광음의 무한한 시공간에 비하면 이날 하룻밤은 지극히 찰나적인 것이련만 그렇기에 무한성에 저항하는 순간의 유한성이 극명한 대조를 이룬다. 꿈처럼 뜬구름처럼 사라져버릴 수 있는 것이 인간에게 주어진 물리적 시간이지만 그럴수록 강렬하고 특별한 순간이 더더욱 소중하다는 취지로 서두를 열었다. 무한의 시공간 속에 점지된 하룻밤은 꽃이 피는 어느 봄날을 배경으로 삼았으며 이어 모임의 구성원으로 행문이 옮겨가고 있다.

조카 사혜련과 함께 놀았던 사령운처럼 이들은 다행히 하늘이 내린 문장의 솜씨를 지닌 자들 곧 문인이다. 자신의 체험과 감성을 시문으로 표현할 수 있어야 비로소 연회에 걸맞은 자격을 얻을 수 있다는 의미가

맛·멋·흥·취·통

깃들어 있다. 연회의 진행과 활동도 눈에 띈다. 완상과 흥이 그치지 않고 고조되면서 일행은 고담과 술잔을 나누다가 마침내 좋을 글을 지어야 하는 임무를 부여받게 된다. 벌주가 강제하는 힘과 맞물려 시문으로써 연회를 마무리하도록 되어 있는 것이다. 금곡원은 옛날 진(晉)나라의 대부호였던 석숭(石崇)의 정원 이름이다. 그는 이곳에서 빈객과 미녀를 모아두고 성대한 주연을 베풀곤 했는데 시를 쓰지 못하는 자에게는 벌주를 먹였다고 한다.

하룻밤의 야연이 우주적 시공간의 어느 위치에 놓이는지, 참여자들은 어떠해야 적합한지, 고조되어 가는 흥을 따라 무엇을 해야 하는지, 어찌해야 이날의 기억을 소멸되지 않게 할 수 있는지를 골고루 포착한 이백의 이 글은 후대의 야연의 원형에 해당하는 짜임새를 지니고 있다. 그러기에 이백의 춘야연(春夜宴)을 단서 삼아 야연의 몇 가지 주요 조건을 생각해 본다.

먼저 떠올릴 수 있는 것은 모임의 계기이다. 위의 잔치는 일족의 친목이 그 동기이다. 이때는 유대감과 친밀감을 지닌 집단이 야연의 참여자가 된다. 야연의 계기는 물론 사정에 따라 다양한 차이를 보인다. 두보의 「좌씨 별장에서의 야연」은 퇴역 무관이 베푼 별장 야연에 초대되어 과거를 회상하는 분위기를 풍기고 있고, 왕발의 「산정에서의 야연」은 가을밤 야연이 주는 맑은 흥취와 즉흥(卽興)을 표현하였다.

한국한문학사에 흔적을 남긴 야연도 그 동기는 크게 다르지 않다. 지인의 초청에 응했거나, 관료들 사이에 친목을 다지기 위해, 혹은 사행이나 기행 중에 일행의 회포를 풀기 위해 잔치가 벌어진다. 탕아의 방탕한 야연도 무수히 존재했을 것이나 탈선의 흔적은 대체로 지워져 있다. 야연은 이따금 관변 풍류 혹은 기방 풍류와 접속된다. 「평양감사환영도」

김홍도, 월야선유도

「평양감사환영도(平壤監司歡迎圖)」 가운데 「월야선유도(月夜船遊圖)」.
(국립중앙박물관 소장)

에서처럼 성대한 부임잔치가 밤까지 이어지면 왁자한 풍악과 질탕한 분위기, 농염한 수작에 물들어갈 수도 있다.

모임의 계기 다음으로 야연의 시공간을 생각해 볼 만하다. 장소부터 살피자면 그곳은 대체로 기분 좋은 정원이거나 아름다운 저택이다. 밤이라는 시간, 그리고 잔치에 소용되는 음식과 기물들을 고려해야 하기 때문이다. 궁정, 관아, 누정, 저택, 정원이 야연의 공간 배경을 이루기 쉽다. 「송석원시사야연도(松石園詩社夜宴圖)」처럼 달빛 비치는 수려한 야외도 이따금 배경이 될 수 있다. 인공 건축물과 어울리는 자연적 경관도 중요한 요소이다. 야연 시문이 묘사하는 배경 속에는 인물과 그들을 감싼 정경이 그야말로 정(情)과 경(景)의 융합 형태로 제시되곤 한다. 이백의 춘야연이 그 점을 단적으로 보여주고 있다.

야연 현장에는 맛난 음식과 여러 기물이 등장한다. 야연은 대체로 모처럼의 성대한 잔치를 전제한다. 거문고, 바둑, 서첩, 화첩 등을 위시하여 여러 음식물이 대령한다. 촛불과 등불 그리고 달빛이 점묘되는 경우도 흔하다. 불빛은 스포트라이트처럼 일행을 위해 존재한다. 무엇보다 빠뜨릴 수 없는 것은 현장의 흥을 돋우기 위한 재료, 곧 술이다. 이완으로부터 격정까지를 보장하는 사물이 술인지라 청주든 탁주든 술이 없고서는 야연의 흥을 말하기가 어렵다. 조선 시인 윤현(尹鉉, 1514~1578)의 「산정에서의 야연」을 본다.

돌아보건대 친구들끼리의 노님이라	眷言同志游
다시 이렇게 한적한 밤이 길어지네.	復此閑宵永
달빛은 술잔에 들어와 시원하고	月入酒杯涼
주변은 심경과 어울려 고요하네.	地俱心境靜

바람 이는 연꽃은 먼 데까지 향을 보내오고	風荷散遠香
이슬 맺힌 나뭇잎은 맑은 그림자를 나부끼네.	露葉翻清影
번잡한 회포를 단번에 써젖히고	一寫倦煩懷
곧장 시원스러운 광경을 보고 싶어라.	直將看曠景

마음에 맞는 벗, 가을 밤, 은은한 연꽃 등이 야연의 주요 모티브를 이루고 있지만 만약 이 속에서 달빛을 담은 술잔이 빠진다면 정취가 금 방 식어버릴 것 같다.

마지막으로, 야연의 시간은 계절적으로 보자면 봄과 가을의 빈도가 높다. 겨울 추위가 물러나고 봄 햇살이 어루만져 주는 봄철이나 무더위와 뙤약볕이 잦아들고 선선한 기운이 감도는 초가을이라야 철야 야연에 제 격이다. 한 달 중에서는 보름 전후의 달빛 환한 밤이 좋고 궂은 날보다는 맑은 날이 선호된다. 권상신의 「은암아집도에 부친 글(隱巖雅集圖贊)」을 참조해 보자.

「은암아집도」는 1788년 삼월 삼짇날 대은암 모임을 그린 그림이다. 권상신이 여기서 각별하게 기술한 것처럼, 모임이란 모름지기 일 년 동안 놀아서 안 될 날 따로 없고 함께 놀아서 안 될 사람도 없지만 날을 고르 자면 좋은 때를 골라야 하고 기왕이면 마음에 맞는 사람을 구해야 하며, 날짜를 잡고 나면 반드시 놀 만한 장소를 가려서 골라야 한다. 실제로 그들은 '참되고 꾸밈없는 시인과 문인들'을 모아 봄 햇살이 좋은 삼월 삼짇 날을 골랐고, 무성한 숲과 맑은 물이 어울린 북악산 자락 대은암의 저택 에서 달빛을 등에 지고 돌아오기까지 즐거운 하루를 함께했다. 그러고는 성대한 모임을 길이 기념하기 위해 김홍도에게 「은암아집도」를 그리게 하였다고 한다. 그럴진대 하룻밤을 함께 지새워야 하는 철야 야연의 경우, 권상신의 야연보다도 더 깊은 고려가 필요하지 않았을까?

동대문 밖 월곡月谷의 종암문회鍾巖文會: 영조 대 사가四家의 열정과 의기투합

1732년과 1737년에 월곡 오원(吳瑗, 1700~1740)의 종암(鍾巖) 별장 청령각(淸泠閣)에 네 사람이 모인다. 오원을 방문한 사람은 남유용(南有容, 1698~1773), 이천보(李天輔, 1698~1761), 황경원(黃景源, 1709~1787)이다. 이들은 장차 모두가 문교의 수장 격인 대제학(大提學)을 지내며 영조 시대의 사가로 불릴 인물들인데, 이즈음에는 도암(陶庵) 이재(李縡)의 문인이라는 공통점이 있었다. 야연이 열린 장소는 오늘날의 고려대학교에 위치한 오원의 종암동 별서로, 오원의 양부[생부는 오진주(吳晉周)]이자 현종의 부마였던 오태주(吳泰周)가 소유했던 곳으로 추정된다. 말하자면 오원은 양부의 유산을 물려받아 때마침 이곳에 머물던 차이다.

    때는 1732년 봄철 어느 날, 일행은 동대문 바깥 10리쯤 거리의 종암 별장에서 하룻밤을 보낸다. 황경원은 「꽃다운 수풀로 걸어 들며 오원의 시에 화답하다(步入花林 酬伯玉)」를 통해 그날의 정황을 이렇게 묘사했다.[1]

굽어 도는 연못에 맑은 물 흘러들고	廻塘注渌水
한가한 서재엔 새벽 비 주르륵 내리네.	閒齋曉雨多
꽃 핀 나무들 호젓한 돌계단까지 이어지고	榮木延幽磴
무성한 풀은 언덕 깊이 뒤덮었네.	豐草被中阿

어제 동쪽 성문[동대문]을 나왔을 때는	昨出東郭門
따스한 햇살 아래 산하가 아름다웠지.	暄景麗山河
줄지어 말 타고 붉은 절벽 올랐고	連騎躋丹崖
평상 마주해 푸른 담쟁이 속에서 묵었네.	對榻眠靑蘿
오원, 그대는 온유하고도 후덕하니	吳子溫且厚
즐거운 잔치가 밤에는 어떠했던가!	良宴夜如何
진탕 술 마시고 함께 거나해져서	縱酒俱淋漓
시를 짓고 같이 노래도 불렀지.	賦詩偕詠歌
꽃다운 정원 어느새 새벽 되어	芳園忽已晨
꽃 아래로 그대와 같이 지나가네.	花下與子過
지초와 난초 향기 물씬 풍기고	馥馥芝蘭馨
온갖 악기 조화롭게 울리는 듯하네.	鏘鏘金石和
날 밝으면 조계동으로 들어갈 테니	明日入曹谿
애오라지 장차 함께 거닐게 되리.	聊且共婆娑
시종 그리운 건, 샘물 위의 누각으로	終憶泉上閣
저 멀리 솟아 있을 백운대려니.	白雲迥嵯峨

오원에게 수창한 황경원의 이 시는 하룻밤의 연회를 마치고 다음 날 아침에 지은 것이다. 봄비가 연못으로 흘러들고 언덕의 초목이 푸르러지는 새벽이다. 전날에 일행은 동대문을 나와 나란히 말을 타고 봄철의 산하를 구경하며 이곳에 당도했다. 주인인 오원은 술과 지필묵을 준비하여 하룻밤의 잔치를 마련했고 다음 날 새벽이 되기까지 술을 나누고 함께 시를 지었다. 봄꽃이 핀 고운 정원에서 나눈 야연의 흥이 채 가시지 않았던지 일행은 다음 날 정릉을 거쳐 북한산 백운대를 등람하고 다시 청령

맛·멋·흥·취·통

각으로 돌아와 하룻밤을 더 묵는다.

이날의 청령각 야연에 대한 정보는 황경원의 문집에만 집중적으로 수록되어 있다. 이 시기를 기준으로 볼 때 33세의 오원은 5년 전(1728)에 문과에 합격하였으되 영조의 탕평책을 비판하다가 한때 삭직을 겪기도 했다. 어머니가 김창협의 딸이었던 그로서는 신임옥사(辛壬獄事)의 참담한 기억을 지우기가 어려웠을 것이다. 이에 비하면 37세였던 남유용과 이천보는 각각 진사시(남유용 1721)와 생원시(이천보 1725)에 합격했으나 문과는 통과하지 못한 처지였고, 가장 어린 24세의 황경원 역시 1727년에 생원시에만 입격한 상황이었다. 이 무렵 그들은 노론계 학자였던 도암이재와 사제의 연을 맺어 동문으로 결속되어 있었으며, 그렇기에 이재의 처조카이기도 한 오원을 구심점으로 간주하고 있을 형세였다. 탕평책에 대한 불만과 강경한 정치적 감각이 그들을 동지적 관계로 결속시켰다는 점 또한 간과할 수 없는 사실이다.

명가의 후손이자 뜻을 같이한 선배들과의 만남을 가장 인상 깊게 느낀 이는 황경원이었던 것 같다. 그의 문집 『강한집(江漢集)』에 전하는 「이천보, 남유용과 함께 오원의 청령각에서 잔치를 열고 짓다(與李宜叔天輔 南德哉有容 燕吳伯玉瑗 淸泠閣作 壬子)」, 「청령각에서 잔을 띄워 밤에 술을 마시다 달이 밝아지길 기다려 취한 채 시냇가로 걸어가다(淸泠閣流觴夜飮 候月明 醉步谿上)」, 「정릉 골짝 어귀를 거쳐서 청령각으로 돌아오다(經貞陵 谷口還淸泠閣)」는 모두 당시의 모임을 기록한 것이다. 이에 따르면 그들은 달 뜨기를 기다려 청령각에서 '유상야음(流觴夜飮)'을 펼쳤으며 '휘영청 밝은 달이 기울기 전까지' 연회를 멈추지 않았다. 다음 날 밤에도 이 연회는 계속되었고 '여기에 마음 맞는 벗이 있어, 문장도 지금 이 시대에 최고라네. 아름다운 시 몇 차례 오가는 사이, 빈 골짝에 저녁 바람 소리 생겨난다.'고 읊었다. 5년 후에 오원은 이때의 일을 회상하여 '며칠을 묵으면서 술잔을 돌리고 시를 읊었는데 마음에 쏙 들었다'고 회상했다. 주인 오원에게도 특별하게 기억되는 모임이었던 것이다.

1732년 봄날의 청령각 야연은 경화의 화려한 잔치라기보다는 장년기의 마음에 꼭 맞는 벗[同心友]끼리 모인 비교적 단출한 규모였을 것이다. 고동서화(古董書畵), 품다(品茶), 악기와 노래 등 난만한 향연의 요소들은 언급되지 않는 대신, 술과 시문만이 뚜렷한 활동으로 묘사되어 있어서이다. 번화함보다 단출함을 택한 사가의 모임은 그래서 야연의 기본형을 연상시킨다. 그리고 이런 형태적 양상은 5년 뒤에 열린 1737년 정사년 가을의 야연에서도 비슷하게 나타난다. 하지만 정사년 가을 야연은 그들 스스로가 아끼고 그들 자신을 결속시키는 계기가 되는 만큼 그들만의 예술적 분위기를 선명하게 보여준다. 850자에 이르는 장편 연구(聯句)를 합작하면서 공동의 정신적 노선을 선언적으로 각인하게 되기 때문이다.

정사년 월곡 야연의 정점을 이루는 자료는 4인이 의기투합한 「계정에서 지은 연구(溪亭聯句)」다. 네 사람 모두 이를 소중하게 여겼음인지 남유용의 『뇌연집(雷淵集)』, 이천보의 『진암집(晉菴集)』, 오원의 『월곡집(月谷集)』과 황경원의 『강한집』에 동일 작품이 수록되어 있다. 오원의 제목 주에 따르면 "10월 초순 후에 내가 (종암의) 시냇가에 머물고 있었는데 은혜롭게도 세 군자가 찾아왔다. 얼음 어는 샘물과 달 뜨는 숲 사이에서 술잔을 돌리며 시를 읊었으며 이틀을 함께 자면서 돌아갈 생각을 잊었다. 서로 더불어 노두(老杜)의 「영회(詠懷)」시와 「북정(北征)」시를 암송하다가 이윽고 그 운을 따라 차운하였다. 이 또한 흥을 따른 것으로서 글자를 꼼꼼히 교정하여 쓴 것은 아니다."라고 적어두었다.

5년 전의 모임에 비하면 이때는 남유용과 이천보가 42세, 오원이 40세, 황경원이 29세로 어느덧 장년을 넘어 중년에 접어든 시기였다. 오원을 제외한 나머지 3인은 여전히 문과 급제 이전이었으나 남유용과 이천보는 이미 중앙부처에서 근무하는 중이었다. 나름대로의 정견과 철학이 형성되었을 시기의 모임이었고 아울러 노론계 명가의 자제들이 결합한 자리였다. 남용익 – 남정중 – 남한기를 이은 의령 남문의 남용익, 월사 이정귀(李廷龜)의 후손이자 모친이 김만기의 딸인 연안 이문의 이천보, 황희와 황정욱을 배출한 장수 황문의 황경원 그리고 이재(李縡)의 처질이자 김창협의 외손인 해주 오문의 오원, 이들의 만남은 단순히 개인적 친분을 넘어서는 사연이 없을 수 없었다.

　　850자 85연(2구 1연)으로 구성된 「계정에서 지은 연구」는 이천보, 남유용, 오원, 황경원의 순서를 끝까지 지킨다. 연장자 이천보가 마지막 연을 마무리하는 까닭에 22연을 맡고 나머지 3인은 21연을 분담하고 있다. 『강한집』을 기준으로 삼아, 첫 단락을 본다.

위대하구나 이 천지간에　　　　　　　　　偉哉乾坤內
우리 도는 어찌 한결같이 졸박한가!　　　　吾道一何拙(宜淑, 이천보)

글 읽은 지 사십 년 동안　　　　　　　　　讀書四十年
고상한 뜻은 큰 신하가 되는 데 두었다네.　雅志在虁契(德哉, 남유용)

천리마 방울 소리 맑게 울리며　　　　　　良驥鑾和淸
왕명의 큰길을 치달리고자 하였지.　　　　周道步趨濶(伯玉, 오원)

마음으로는 치란의 이치 세밀히 연구하고   心究理亂細

눈으로는 왕도와 패도를 궁구하려 하였네.   眼窮帝霸豁(大卿, 황경원)

유가(儒家)의 오도(吾道)를 공동의 화두로 꺼낸 다음(이천보), 현명한 군주를 보좌하고 싶은 소망(남유용, 오원)과 치란을 궁구하여 왕도에 이바지하자는 제안(황경원)이 이어지고 있다. 일행은 지금 연석의 풍류보다는 치국의 소임을 다짐하는 자리에 자신들을 위치시키고 있다. 다음 소절은 뜻을 펼칠 수 없는 현실에 대한 답답함과 차라리 신선처럼 살고 싶은 심정, 그러나 뜻과 업[志業]을 이루지 못하는 신선이란 결국 허무한 것이라는 반성, 올빼미처럼 세상의 명리를 구하는 자들의 경박한 세태로 시상을 진행시킨 뒤 다음 장면에 이른다.

남아는 사귐의 의리를 중시하니   男兒重交義

그 의기는 쇠와 돌을 깰 정도라네.   意氣金石裂(이천보)

현인과 호걸이 함께 모이니   賢豪得合並

마음속 운율이 번갈아 나오는구나.   襟韻迭鼓發(남유용)

문장은 당우(唐虞)의 성대로 거슬러 오르고   文章溯灝噩

오묘한 이치는 엉기고 맺힌 것을 풀어냈네.   理妙析膠結(오원)

육경으로 깊고 넓은 곳에 통하고   六經窺泓博

제자백가로 깎아지른 산에 올라탔네.   百子駕巀嶭(황경원)

이천보는 자신들의 모임이 의기(義氣)와 의리(義理)로 맺어졌음을 천명하고 있으며, 남유용은 모인 이들이 심금을 나누는 호걸과 현인이라 자부한다. 이어 오원이 일행의 명철함과 문장력을 부각하자 황경원은 육경과 제자백가를 연마하는 모습으로 이어받았다. 이 대목은 완연히 동지적 지향과 학문적 자세를 함께 맹세하는 분위기를 띤다. 어조가 진중하고 무거운 만큼 감성적 탈주나 해학적 어투는 끼어들 여지가 없다. 그렇기에 풍류나 낭만을 대신하여 이후의 시상 역시 학자적인 자세를 다짐하는 호흡이 한동안 계속된다. 이어 일행이 함께 지낸 그날의 정경에 대한 묘사가 이완된 장면을 이루다가 다시 강개(慷慨)한 심회를 토하는 장면으로 나아간다.

서쪽을 보니 바로 중국의 등주와 내주라	西眺直登萊
중원의 일에 슬픈 마음이 미어지네.	中原事悲咽(황경원)
북쪽을 바라보니 (청나라에는)	
조정다운 조정이 없고	北控無朝廷
동쪽을 돌아보니 (일본 쪽으로)	
왜구 정벌만 생각나네.	東顧憶征伐(이천보)
애절한 노래로 격렬한 마음 쏟아내는데	哀歌寫感激
매서운 바람이 처량하게 불어오네.	烈風來蕭屑(남유용)
현명한 임금 못 뵈어 외로운 심정	孤懷隔苓霤
벼랑에 핀 국화꽃 따며 (도연명처럼)	

살아가리.   幽事崖菊撥(오원)

　청에 대한 적개감과 왜구에 대한 분노, 비분과 강개, 그럼에도 마음
에 들지 않는 조선의 현실이 일행의 정서를 관통하고 있다.『춘추(春秋)』
의 대의가 상실된 시대이므로 지사(志士)처럼 은거하고 싶다는 심회가 이
들을 감싸고 있다. 이후의 시상은 다시 해 질 녘 풍경과 밤중의 연회로 옮
겨지고 시와 술로써 마음을 푸는 단계를 거쳐 학문과 문장 그리고 세상
에 처하는 자세를 오랫동안 환기시킨 후에 이렇게 매듭짓는다.

세상에 처할 때는 진퇴를 알맞게 하고   觀世用舒卷
기심(機心)을 물리칠 땐 사활을 잊어야 하네.   屛機忘活殺(이천보)

쑥 먹는 사슴은 서로 화답하며 울고   莘鹿鳴相和
난초는 절로 남다른 향기를 내네.   室蘭臭自別(남유용)

보이지 않는 방에서도 이 마음으로 임하세   屋漏臨此心
책 속에 성현들이 엄연히 계시니.   籤簡儼昔哲(오원)

이제 조식(曹植) 유정(劉楨) 같은
　문인의 담장일랑 밀치고   且排曹劉墻
함께 주자와 정자와 같은 학문의 문으로 나아가세. 共造周程闈(황경원)

성인의 길은 끝이 없으니   聖路無窮極
독실하게 날로 나아가길 힘써야 하리.   愷愷勉日達(이천보)

네 사람이 다짐한 의기투합의 현장은 마침내 문학의 담장을 밀치고 정자와 주자가 나아갔던 성인의 문로(門路)로 힘써 나아가자는 권면으로 끝맺음되어 있다. 훌륭한 군주를 만나 군신이 화합하고 벗들이 지란지교를 나눌 수 있기를 바라지만 미흡하게 돌아가는 세상에 임해 기심을 버리는 편이 낫겠다는 제안도 섞여 있다.

850자의 장편 「계정에서 지은 연구」는 40대 전후의 장년기에 들어선 4인이 정신적 공조를 확인하며 공동의 신념을 선언한 결과물이다. 신념을 명시화한 만큼 이 작품은 사가 야연이 풍기는 독특한 분위기, 곧 이념적 결사의 성격이 도드라진다. 야연의 흥취가 오락적 쾌감으로 향하는 것이 아니라 의기투합의 열정으로 나아갈 수 있음을 사가의 야연이 대변하고 있다.

서대문 밖 담화재澹華齋의 서지문회西池文會: 이윤영·이인상 그룹의 묵희墨戲와 예술 감각

「계정에서 지은 연구」에서 오원이 말한 '적흥(適興, 흥에 따라감)'은 신념의 공유를 조성하는 방향으로 흘러갔다. 감각적이고 쾌락적인 야연과는 매우 다른 성향을 보여준 것이다. 이성적 경향이 짙었던 까닭에 시간에 따른 심리적 변화, 야연에 제공된 사물들, 그리고 흥감의 고저가 좌중의 이념적 열정을 흔들거나 대체할 수 없었다. 그에 비하면 1739년, 한양 서부 반송방(盤松坊) 서지(西池) 주변에서 펼쳐진 이윤영과 이인상 그룹의 1박 2일 야연은 서정과 감성의 예술적 분위기를 두루 감촉게 하는 현장이다.

당시 서지는 돈의문(서대문)을 나와 월암(月巖, 둥그재 바위)을 향하는 길목에 있는 연꽃 공원이었다. 서지문회의 주인 이윤영(李胤永, 1714~1759)은 이곳의 풍경과 연꽃을 매우 사랑하여 근처에 집을 구입하였다. 그는 부친 이기중(李箕重)이 노론의 준론(峻論)을 견지하며 환로에서 겪는 어려움을 지켜보았던 까닭에 일찌감치 벼슬에 대한 미련을 접었다. 한산 이씨 목은 이색(李穡)의 후손으로서 명가의 자부심을 지니고 있었고 타인들 또한 그에 대한 기대가 적지 않았건만, 국왕 영조가 선택한 조제탕평(調劑蕩平)의 정책에 동의하지 않음으로써 저항적이고 비타협적인 인생을 살았다. 사람들은 그런 삶에 대해 청류처사(淸流處士)라 칭송하였고 그 역시 자신이 염려한 시대의 탁류와 어울리려 하지 않았다. 그 대신 맑고 깨끗한 산수를 벗하며 도성 안에서는 시은(市隱, 도성 안에 은거한 사람)으로 도성 바깥 단양에서는 물외의 산림지사(山林志士)로 생애를 시종하였다.

춘추대의(春秋大義)와 신임의리(辛壬義理)를 사상적 기축으로 삼았던 그는 노론 내의 비타협적 청류 문인들과 자주 어울렸다. 실제로 그의 동선에는 동류 문인들과의 잦은 회합과 시회가 아로새겨져 있다. 이규상(李圭象)이 『병세재언록(幷世才彦錄)』에서 언급한 바가 단적인 예이다.

이윤영의 집은 서울 서부 반송지(盤松池)가에 있었는데, 연못 가까이 정자를 세우고 선비 오찬, 김상묵, 이인상 등 7~8인과 더불어 문회(文會)를 만들었다. 겨울밤에는 얼음덩이를 잘라내어 그 속에 촛불을 두고 이름 짓기를 '빙등조빈연(氷燈照賓筵)'이라 하였고, 여름에는 연꽃을 병에 꽂아두고 벗들을 초대하여 놀았다.

서지(반송지)가에 정자를 짓고 마음 통하는 문인들을 자주 초대했다는 사실과 겨울철의 빙등조빈연(氷燈照賓筵, 얼음덩이 안에 촛불을 켜고 손님을 비추는 놀이), 여름철의 병련(瓶蓮, 화병에 꽂은 연꽃) 모임을 꼽고 있는 대목이다. 이 중 '빙등조빈연'은 1749년 겨울, 오찬(吳瓚, 오원의 아우)의 산천재(山天齋)에서 매화를 감상한 놀이를 착각하여 적은 것일 수 있다. 오찬, 이윤영, 이인상, 김상묵 등이 한밤중 백자 그릇 안에 얼음을 얼려 구멍을 뚫고 그 안에 촛불을 놓아두며 완상했다는 기록이 따로 남아 있어서이다. 이 역시 야연의 일종이라 할 수 있지만 여기서는 이들이 불빛과 밝음, 그리고 투명한 사물에 남달리 매료되어 있었음을 눈여겨보기로 한다. 이는 1739년의 서지문회의 감수성과 직결되는 요소이다.

서지 근처 이윤영의 담화재(澹華齋)는 그야말로 살롱을 연상시키는 활발한 모임의 공간이었다. 담화재의 뜻을 문자 그대로 풀면 담담한 꽃, 그래서 속기를 느낄 수 없는 꽃들이 연이어 피는 서재가 된다. 이윤영의 아우 이운영(李運永), 이운영의 처남이었던 임매(任邁)와 그의 아우 임과(任邁), 그리고 이인상, 이민보, 김무택, 김순택 등이 주로 초청된 손님이었는데 주인의 환대 속에서 이들은 마음껏 묵희(墨戲)를 즐길 수 있었다.

평생의 지기였던 이인상은 이곳에서 이따금 "세상을 놀라게 하는 묵희가 벌어졌다"고 했으며, 이와 더불어 그곳에 비치된 서화와 중국의 옛 골동 기물을 떠올리곤 했다. 이인상의 증언을 확장하면 담화재는 연회에 안성맞춤인 공간으로 조성되었던 듯하다. 훗날 이윤영의 삶을 회고한 이인상의 「감회를 적어 이윤영의 시에 화답하다(感懷 和李胤之)」(16수)에 따르면, 건물 사방으로 창문을 내고 뜰에는 화초와 수목을 안배하여 심었으며, 여름에는 연꽃, 가을에는 국화, 겨울에는 매화를 즐겼으며, 꽃을 볼 수 없는 초봄에는 잡초 덩굴 속에 묻힌 난초를 애달파했다고 한다. 이 중 서지(반송지)에서의 삶에 초점을 맞춘 제14수를 본다.

서지는 애초 명성이 없었는데	盤池初無名
이윤영이 비로소 집터를 골랐네.	李子始卜居
벼랑을 깎아 하얀 돌길을 열고	削崖開素石
넝쿨을 거두어 초가집을 덮었네.	引蔓陰茅廬
출렁출렁 맑은 연못에 임한 곳	汗漫依空潭
만 그루 연꽃이 피어올랐네.	萬朶開芙蕖
우러르면 백악산이 훤한데	仰睇華嶽明
떠가는 구름이 오롯한 책상을 비추었다네.	高雲照丌書
이곳에서 가슴속을 즐겁게 하니	卽此怡我情
그 누가 헐뜯을 수 있었으랴!	誰能徇毁譽
맑고 참됨은 천박한 시속을 눌렀고	淸眞鎭薄俗
그윽하고 곧음은 태고 시절로 돌아갔네.	幽貞返古初
지게문과 뜰 안까지 깨끗이 쓸어	灑掃及戶庭
티끌이 옷자락을 침범치 못하게 했네.	莫敎塵侵裾
꽃 한 떨기도 향기를 머금었거늘	片花猶含芬
풀 한 포기인들 누가 감히 손대랴?	一草誰敢鋤
말을 하면 저절로 자기 뜻에 맞았으되	立言自適意
현허(玄虛)한 데로는 빠져들지 않았다네.	而不涉玄虛

장차 서지의 이름을 널리 알릴 사람이 이윤영이라는 점을 암시하며, 그가 서지의 시은(市隱)으로서 가졌던 고결한 인품과 연꽃을 벗하며 티끌

없는 삶을 살려고 했던 행적을 회고한 시이다. 이는 서지 시절의 이윤영이 이인상의 기억 속에 강렬하게 찍혀 있음을 알려주는 흔적이자 동시에 그들이 함께했던 시절에 대한 그리운 회상이기도 할 것이다.

그러나 무엇보다 이인상과 이윤영 그룹의 서지문회에서 절정을 이룬 하룻밤은 1739년, 더위가 물러가고 가을 기운이 찾아온 보름밤이었을 것이다. 아우 이운영의 『옥국재유고(玉局齋遺稿)』 부록을 보면 '7월에 서지에서 연꽃을 구경하였다'는 구절을 특기한 다음, 이날 밤이 새도록 달밤에 즐겼던 놀이를 명시하고 있다. 일행에게 특별한 기억으로 남아 있는 바로 이날, 이들은 도대체 어떤 분위기에서 어떻게 놀았을까? 그에 대한 궁금함을 해갈시킬 수 있는 자료가 이윤영 자신이 남긴 「서지상하기(西池賞荷記)」이다.

'서지에서의 연꽃 구경'으로 풀이되는 「서지상하기」는 전체를 8단락으로 나누어볼 수 있는, 서정적 유기(遊記)의 필치가 돋보이는 글이다. 때는 1739년 음력 7월 보름날, 이윤영과 이운영이 마련한 집으로 초대받은 이인상, 임매, 임과가 차례로 도착한다. 도입부의 두 단락을 든다.

[1] 한성의 서쪽 성곽 밖에 사방 둘레가 50~60무(畝) 정도 되는 연못이 있다. 연못을 둘러싼 것은 대부분이 수양버들인데 사이사이에 복숭아나무와 살구나무를 심어놓았다. 서쪽 언덕에 심은 것이 가장 무성하고 동쪽 언덕에는 몇 그루의 버드나무만이 큰길가에 서 있다. 달구경하기가 좋은 곳이므로 꽃과 버들 속에 인가가 많다. 주렴, 기둥, 대청, 난간이 물에 거꾸로 비쳐 출렁이니 마치 거울 속에 비친 풍경 같다. 연못 안의 작은 언덕에는 소나무와 버드나무를 심어두었다. 요염하고 늘씬하게 그 사이로 너울너울 비치며 아취(雅趣)를 불러일으킨다. 연못의 물은 맑으

며 물에는 온통 연꽃이다. 그래서 연꽃이 필 때면 도성의 사람들이 자주 찾아와서 이곳에서 노닌다.

[2] 기미년(1739)에 나랑 내 아우 이운영이 연못 남쪽 거리에 집을 마련하고, 친구인 이인상, 임매, 임과와 더불어 좋은 밤을 골라 연못가에서 노닐기로 약속하였다. 때는 7월 보름, 이인상이 먼저 와서 종이를 펼치더니 '청서도(淸暑圖, 시원한 여름날의 모임을 소재로 삼은 그림)'를 그렸다. 그림이 절반쯤 그려졌을 때 임매가 와서 제화시(題畵詩) 절구를 썼고, 나도 '병련시(甁蓮詩, 화병에 꽂은 연꽃을 읊은 시)'를 지었다. 술이 이윽고 몇 잔씩 돌았을 무렵, 임과가 도착하여서는 소매에서 몇 폭의 비단을 꺼내 그림의 재료로 제공하고, 임매 및 이인상과 더불어 각각 화병의 연꽃을 읊은 나의 시에 차운(次韻)하였다. 서로 더불어 한껏 담소를 나누며 밤을 새우게 되었다.

날을 잡아 서지에서 노닐자는 약속대로 일행이 차근차근 도착하기까지의 과정이다. [1]은 서지의 규모와 풍경을 묘사하고 있다. 설명을 덧댈 필요 없는 미려한 경관과 그에 상응하는 묘사이다. 온통 연꽃이 가득한 서지의 아취가 도성 사람들을 사로잡은 그날, [2]에서처럼 약속된 날짜에 맞추어 속속 손님들이 찾아온다. 준비된 지필묵을 이용하여 제일 먼저 도착한 이인상이 청서도 한 폭을 그린다. '선선한 가을 기운이 낮잠을 깨울 듯한 기분 좋은' 날에 딱 호응하는 그림을 의도하여 그린 셈이다. 그림이 미처 끝나기 전에 막 도착한 임매가 이 그림에 제화시를 지어 흥을 고조시킨다. 그림 안에 적었는지는 알 수 없다.

그사이 주인 이윤영은 화병에 꽂아놓은 연꽃을 완상하면서 병련시 10수를 짓는다. 주객 모두가 시와 그림에 도취된 문인 모임의 정경이다.

강세황, 벽오청서도(碧梧淸暑圖)

한 쌍의 벽오동나무 그늘 아래서 더위를 식히고 있는
선비를 주제로 다루는 벽오청서(碧梧淸暑)는
중국이나 우리나라에서 종종 그려졌다. (개인 소장)

이후 몇 순배 술을 돌리며 임과를 기다리는데 당도한 임과 역시 소매 안에서 불쑥 비단을 꺼내 그림의 재료로 삼자 한다. 그 역시 고대하던 시화(詩畵) 겸비의 아회였음을 시사한다. 그리고 이윤영의 병련시에 맞추어 임매와 이인상이 차운시를 짓고 담소를 나누는 사이 어느덧 해가 저물고 있다. 요컨대 [2]는 문인 아회 현장의 예술 활동을 생생하게 묘사한 것이다. 아쉽게도 이날 그린 청서도의 행방은 알 수 없으나 병련시라면 이윤영의 10수, 이인상의 8수가 현전한다. 시, 서예, 그림이 한데 어울린, 전형적인 시서화의 문인 모임을 선보이고 있다.

　[3]단락은 달이 뜨고 인적이 드물어지자 일행이 서지로 산책을 나가는 장면이다. '모래사장은 눈빛처럼 하얗고 나무 그림자는 산들산들하였으며, 수만 개의 연꽃 봉오리가 달빛을 얻어 고운 빛을 발하는데 꽃잎마다 이슬이 옥구슬처럼 맺혀 영롱하고 향기롭기 그지없다(沙岸如雪, 樹影裊裊, 荷花萬餘柄, 得月發彩, 而露泫珠凝, 玲瓏芬郁)'고 하였다. 인적이 한산해지는 시간을 선택한 것은 그만큼 서지의 정경에 몰입하고자 해서이다.

　[4]단락은 일행의 대화로 이루어진다. 감탄이 연발하는 중에 이인상이 '누대와 꽃나무가 점 찍은 듯 어울린 풍경이 마치 중국 강남의 수려한 분위기를 내니 이곳으로 이사하고 싶은 마음이 절로 생긴다'고 하자, 이윤영이 '연못 속의 언덕에다 작은 정자 하나 세워 작은 배로 오고 가며, 버드나무 사이에는 예쁜 꽃들을 두루 가꾸어 중국의 서호(西湖)처럼 꾸미고 싶다'고 호응한다. 반송방 서지에 중국 서호의 경관을 투사하고 있는 상태이다. 연못 속의 섬과 정자에서 중국 서호의 호심정(湖心亭) 풍경을 떠올렸을 듯하다.

　일행이 연못을 따라 돌며 산책을 하는 동안 한밤중이 되었다. 돌다리에 앉아 몇 잔씩을 마시고 이윤영의 집으로 돌아온 그들은 [5]단락에서 보듯 색다른 놀이를 펼친다. 임과가 따온 큰 연잎에 가득히 샘물을 붓고 난 다음 대목이다.

[5] 한밤중이 되었다. 우리는 돌다리에 앉아서 각자 한 잔씩 마셨다. 임매는 손수 큰 연꽃잎을 따서 들고 이슬을 가리며 돌아왔는데 집 앞에 와서는 돌샘의 물을 가져다가 연잎 가운데에 쏟아부었다. 이인상이 자꾸자꾸 굽어보더니만 나를 향해 돌아보고 미소를 지어 보였다. 나는 막 피려는 연꽃을 꺾어서 연잎에 고인 물에 띄우고는, 임매를 시켜 연꽃 한가운데다 유리잔을 놓으라 하고, 이인상에게는 유리잔의 가운데에다 불을 붙이게 하였다. 그랬더니 불빛은 유리잔에 스미고 유리잔은 연꽃 속에 스며들었으며, 꽃빛과 물빛이 또한 연잎으로 스며들었다. 겉은 연잎 따라 푸르스름한데 안쪽이 붉어지며 환한 빛이 안팎으로 서로 통했다. 옛날에 어느 현인이 '밝고 분명하게 드러난 모습이 마치 은잔(銀盞) 가운데 맑은 물을 부은 것 같다. 은잔 바닥에 새긴 꽃이 저절로 투명하게 보이니 마치 애초에 물을 채우지 않은 것 같다.'고 하셨던 말씀이 참으로 잘된 비유라 하겠다.

연꽃과 연잎, 유리잔과 물을 이용한 이색적인 연출이 돋보인다. 일반적으로 다른 문인들이 즐겨 이용했던 거문고와 바둑이 아니라, 청결과 투명을 환기시키는 도구들이 집중적으로 활용되는 점도 주의할 만한 특색이다. 이 도구들은 그저 사치스러운 물건이라기보다는 그들의 청결성(淸潔性) 지향을 상징하는 사물들이다. 위의 '옛 현인의 말'은 송나라의 성리학자인 진순(陳淳)이 공자(孔子)와 안회(顔回)의 인격을 비유적으로 설명한 부분에서 인용한 것이다. '공자와 안회처럼 순수한 천성을 타고난 사람은 맑은 물이 담긴 은잔처럼 투명하게 그 고결함을 드러내는 법'이 라 말하고 있는 것이다.

흥미롭게도, 청결성을 지향하는 이들의 놀이는 도성의 다른 문인들에게도 널리 알려져 있었던 것 같다. 동시대의 이규상이 쓴 책『병세재언록』을 보면, 서지에서의 모임을 증언하면서 '7~8인이 서지의 저택에 모여 모임을 즐겼다. 겨울밤에는 얼음덩이를 잘라내어 그 속에 촛불을 놓아두고 놀았으며, 여름에는 연꽃을 병에 꽂아두고 벗들을 초대하여 놀았다.'고 하였다. 겨울밤의 놀이에 대해 읊은 이윤영의 시에서는 '백자(白磁) 그릇 안에 얼음을 얼려 구멍을 뚫고 그 안에 촛불을 놓아두며 완상했다' 고 하였다. 연꽃, 연잎, 유리잔, 촛불을 이용한 여름밤의 놀이든 백자, 얼음, 촛불을 이용한 겨울밤의 놀이든, 이들은 밤의 어둠과 대비되는 밝음과 청결성을 추구했던 것이라 추측된다.

[6]단락은 환한 달빛이 서쪽 들창문으로 들어오는 심야의 시간으로 이동한다. 일행의 흥감은 더욱 고조되어 이번에는 연꽃 줄기를 이용한 술마시기가 등장한다. 진각(鄭慤)이란 인물의 벽통음(碧筒飮, 연꽃 줄기를 통해 술 마시는 법)을 따라 연잎에 술을 부어 줄기와 통하게 한 다음 술을 마시고는 모두가 가세하여 새벽닭이 울 때까지 다시 시를 짓는다. 오직 임과만이 술에 취해 졸고 있을 뿐이라 하여 살짝 해학을 가미하고 있다. 이 자리에서 지은 시는 현재 확인되지 않는다.

[7]은 「서지상하기」의 실질적 결론부에 해당한다. [8]은 매화와 국화보다 연꽃의 미덕이 더 우세하다는 논조를 담아 글을 끝맺고 있다. 중화(中和)와 고결(高潔)의 덕을 갖추고 있다는 점을 부각시켜, 연꽃에 대한 염모가 꽃에 대한 탐미가 아니라 연꽃에 내재된 덕성을 사모해서라는 뜻

을 명시한 것이다. 다만 야연의 마무리에 주의하자면 아래의 [7]이 훨씬 주목되는 부면이다.

[7] 해가 높이 떠올랐을 즈음에 일어나서 술을 한 잔씩 또 돌렸다. 이인상은 큰 폭의 종이에다 금강산의 구룡연(九龍淵)을 그리고 임매의 종이를 꺼내어 삼일포(三日浦)를 그렸다. 나는 또한 임과를 위해 못가의 밤놀이 풍경을 그려주니 임과 또한 차운하고 담소를 나누었다. 정오가 되었다. 임과는 소매 속에 두 그림을 넣고 먼저 돌아가며, 연잎을 어린 종의 머리에 쓰게 하고 자기는 꽃 한 송이를 들고 떠나갔다. 이인상과 임매 그리고 우리 형제는 다시 연못가로 걸어가 아침 연꽃을 구경하였다. 돌아와서는 작은 도자기 화병에 꽃 세 송이와 연잎 두 줄기를 꽂아서 여종으로 하여금 머리에 이고 이인상의 말 뒤를 따르게 하였다. 어스름이 될 무렵에는 다시 남은 연꽃을 임과의 소맷자락에 넣어주며 전송하였다. 그러니 이번에 함께한 놀이는 연꽃으로 만나서 또한 연꽃으로 파하게 된 셈이다.

다음 날 새벽잠에서 깬 일행의 풍경이다. 느지막이 깨어 해장술을 돌렸으나 전날의 흥취가 지워지지 않는다. 이인상은 마치 금강산으로 떠나고 싶다는 듯 구룡연과 삼일포를 그리고, 이인상은 어젯밤의 인상을 남기기 위해 서지의 밤놀이 풍경을 그렸으며, 이윤영의 그림에 화답하여 임매가 차운시를 쓰고 있다. 예술적 감흥이 연달아 시서화의 예술을 만개시키는 상황이다. 그리고 그에 걸맞게 운치 있는 송별이 뒤따른다. 손님을 보내는 이윤영의 이별 방식은 송별의 행위 자체를 예술적 감성으로 변환시킨 듯 보인다.

「서지상하기」는 그것 하나만으로 기념할 만한 1박 2일 야연의 정경을 담고 있다. 섬세하고 감성적인 감각, 문인 연회의 고유한 색깔, 시간적 흐름에 따른 정서적 변화, 예술 활동과 미의식을 골고루 포함하고 있기 때문이다. 특히 투명한 유리, 맑은 물, 밝은 불빛, 깨끗한 연꽃, 시원한 그림(청서도, 구룡연도 등)이 곳곳에 점철됨으로써 그들 모임과 분위기가 투명성과 청결함을 향하도록 하였다. 지사적 개결(介潔)함을 청결성으로 착색한 이런 양상은 이들 야연의 현장이 지닌 독특한 분위기이다.

서지 야연이 많은 작품을 탄생시켰다는 점도 유념할 만하다. 위에서 언급한 실제의 그림들은 대부분 확인되지 않으나 그날의 감흥을 고스란히 담은 일부의 시 작품이 현전하고 있다. 이윤영의 문집 『단릉유고(丹陵遺稿)』에는 「연화시(蓮花詩)」 10수를 비롯하여 이들과 이날 밤에 지은 작품이 수록되어 있다. 이인상의 『능호집(凌壺集)』에도 10여 수, 이운영의 『옥국재유고』에도 관련 시편들이 남아 있어서 이날의 정취를 살피는 데 도움을 준다. 이윤영의 시를 참조하면 유리잔 촛불놀이의 현장에서 이인상이 연잎에 글씨를 썼다는 것까지를 알 수 있고, 이윤영이 1년 뒤에 「서지하화축(西池荷花軸)」을 만들어 이인상에게 시문을 청하였음을 알 수 있다.

서지의 모임은 당사자들이 그들의 야연 체험을 일회적으로 소비하는 것이 아니라 상호 간의 정서적 연대, 그리고 이를 뒷받침하는 예술 생산의 자산으로 삼았음을 알려준다. 그날의 현장에서는 시문, 회화, 놀이를 배합하여 묵희(墨戲)의 즐거움을 마음껏 표현했다. 그리고 이에 못지않게 중요한 면은 일정한 지향을 따라 놀이와 정신을 융해시키려 한 현상이다. 더러움에 오염되지 않고 속기(俗氣)를 털어내면서, 청결하고 고결한 정신성과 이에 상응하는 예술의 경지에서 노니는 모습, 이것이야말로 이들 집단이 보여준 특유의 분위기이자 흥취였다고 할 수 있다.

경기도 안산 성고^{聲皐}의 단원아집^{檀園雅集}: 이재덕·강세황 그룹의 심금^{心琴}과 즉흥^{即興}

1753년 음력 7월, 안산의 단원에서 야연이 될 뻔했던, 그러나 결국은 야연을 완성하지 못한 아회가 벌어진다. 10무에 걸쳐 박달나무가 숲을 이룬 단원의 원림을 넘어 성고라는 언덕에 이재덕의 집이 있었다.

남쪽 5리쯤에는 학산(鶴山)을 지나 성호 이익(李瀷)의 성호장(星湖莊)이, 그리고 북쪽 10리쯤 안산 읍내에는 표암 강세황(姜世晃)의 집이 있었다. 성고의 앞쪽 평야를 동심원으로 삼아 부근에는 여주 이씨 일문의 여러 자제들이 운집해서 성씨 촌을 이룬 곳이자 서쪽 단원의 왼편으로는 서해가 호수처럼 펼쳐진 곳이었다. 소래포와 초지도가 감싼 옴폭한 이곳을 그들은 바다[海]보다는 호수[湖]로 부르기를 좋아했으며, 이곳 포구와 인근 평야에서 제공되는 풍부한 음식을 누릴 수 있었다.

문인의 초대를 즐겼던 이재덕(李載德, 1711~1768)은 이날도 이현환(李玄煥, 1713~1772), 이창환, 이광환, 이경환 등 여러 친족들과 이웃의 존장 이용징, 인척 권매, 친구 강세황 등을 자기 집에 초대하였다. 언덕에 놓인 이재덕의 집에서 남동쪽으로는 야산 건너 서해의 잔잔한 바다와 섬, 오가는 배들이 바라보였다. 15년 시회의 수창을 모은 『성고추재수창록(聲皐楸齋酬唱錄)』과 당시 아회의 기념 시첩인 『단원아집(檀園雅集)』 등을 근거로 삼아 그날의 모임을 재구성하면, 흥미진진한 정경을 구경할 수 있다.

이철환, 아회도(雅會圖)

조선 후기에 그려진 많은 아회도는 도시의 문인들이 누린
풍류를 담고 있다. (개인 소장)

음력 7월, 오랜 장마가 막 가시고 모처럼 날이 약간 갠 오후다. 추정컨대 초청을 받은 이들이 성촌(聲村) 조귀리(早歸里) 이재덕의 집으로 하나둘씩 찾아온다. 이익의 족손인 주인 이재덕은 원래 서울 출신인데 자신이 속한 남인 계열이 정치적 위기에 처하고 가문의 입지가 불리해지자 1750년경에 이곳으로 낙향하였다. 두 살 아래의 친족이자 평생의 단짝인 이현환은 서울에서부터 같이 나고 자랐으며 안산으로 이주한 이후로도 늘 형제처럼 이웃에서 살았다. 이현환과 동갑인 강세황도 가문이 처한 정치적 좌절감을 안고 1744년에 안산으로 이주한 상태였는데 아마도 서울의 성균관 수학 시절에 이현환 등과 친교가 깊었던 듯하다. 이재덕의 종친 어른인 이경환, 이창환, 이광환과, 같은 항렬의 아우들인 이재억, 이재의가 모임으로써 이날 아회의 구성원이 짜여졌다. 모임의 주축은 43세의 이재덕, 41세의 이현환과 강세황이었으며, 52세의 이광환과 55세의 이창환이 보조하는 모양이었다.

이재덕의 집에서 만나 솔숲으로 자리를 옮긴 그들은 소식(蘇軾)의 「십팔대아라한송(十八大阿羅漢頌)」에 나오는 구절인 '공산무인수류화개(空山無人水流花開, 텅 빈 산에 사람은 없고, 물 흐르고 꽃은 피어 있네)'의 글자를 나누어 뽑아 시를 짓는다. '인(人)'이라는 글자를 얻은 강세황은 이렇게 모임을 묘사했다.

이런 좋은 모임이 어디 있으랴	無如此會佳
친인척이 아니면 옛 벗들일세.	非族卽故人
술동이는 가득 채울 필요 없으니	盃樽不必盛
담소하는 말들이 모두가 진솔하네.	談笑無非眞
하얀 밥에 개장국 차려두고	白飯狗肉羹

소주를 다시 몇 순배 돌리네.	燒酒復數巡
저녁 되어 다시 자리를 옮겨	晩來更移席
드넓은 저 바다를 내려다보네.	俯臨大海濱
지는 햇살은 창파에 반사되고	返照射滄波
일만 이랑 바닷물은 은을 녹인 듯.	萬頃如鎔銀
때마침 오랜 장마 그친 터라	是時積雨霽
높은 나무에서 매미가 울어대네.	高樹鳴蜩新
야트막한 산이 먼 포구를 감쌌는데	淺山達遙浦
산뜻하고 깨끗하여 티끌이 전혀 없네.	瑩淨無纖塵
연이은 종이에다 각각 운을 뽑아	聯牋各拈韻
시 읊는 소리가 다투어 이어지네.	吟咏爭紛繽
그런데 어찌할꼬! 학서자(鶴西子, 이현환)께선	如何鶴西子
취해서 비틀비틀 갓이 땅에 떨어지니.	醉倒墮冠巾

강세황이 도착해 보니 친척과 벗이 모여 쌀밥에 개장국 그리고 소주로 즐거움을 나누고 있었다는 것이다. 명시되어 있지는 않지만 장소는 이재덕의 집으로 보인다. 오후가 되자 일행은 바닷가 솔숲으로 자리를 옮겼고 바야흐로 이제 운자(韻字)를 뽑아 시를 수창하는 중이다. 장마가 그치고 매미가 노래하는 분위기에서 일행은 각자 시를 읊어보느라 분분한데, 특히 흥에 겨운 이현환은 벌써 술에 취해 갓이 삐딱하다. 다음은 수(水)자를 뽑은 이현환의 흥겨운 심회이다. 후반부를 본다.

광지(光之, 강세황)가 기다려도 오지를 않아	光之期不至
풀 죽어 바라보며 우두커니 기다렸네.	悵望空竚企

짬을 낸다면야 어찌 겨를이 없으랴	偸間豈無隙
말을 보내 맞이해서 동행이 되었네.	許馬同遠邇
박달나무 아래에다 자리 하나 펴고	檀下鋪一席
넘실대는 바다 물결을 굽어보네.	俯臨滄海水
술동이에는 술지게미가 푸르고	樽酒蟻新綠
소반에는 게가 불그스름하여라.	盤肴蟹欲紫
운을 나누어 제각각 시를 지으니	分韻各賦之
호탕하여라 시가 벌써 여러 장.	浩蕩詩數紙
인생이란 날리는 먼지 같은 것	人生若颮塵
어찌 이런 즐거움을 길이 누리랴.	安得長如此
멋진 모임은 다시 얻기 어렵나니	嘉會再難得
마시지 않고서 무엇을 기다리리.	不飮復何俟
잔뜩 취하고 취하면 곧 고꾸라져	沈醉醉卽倒
드르렁드르렁 일어날 줄 모르네.	齁齁睡不起
동자 녀석이 내 옷깃 잡아끄는데	稚子攬我衣
소나무 그림자가 햇살 따라 옮아가네.	松影移日晷
즐겁고 기분 좋아 수심을 털고 보니	懽姸撥愁端
나의 회포는 더더욱 끝나지 않네.	我懷殊未已
내일 아침, 그대여 거문고 안고 오라	明朝抱琴來
나는 노래하리, 상(商)조와	
변치(變徵)의 강개한 곡조를.	我歌商變徵
서글픔이 일어 한 곡 연주할 양이면	悲來奏一曲
누구라 와서 귀 기울이지 않으리오.	孰不來側耳
귀찮다 말고 그대여, 그림 한 폭 그려주오	煩君畵一幅

남겨놓아 뒷사람들 살펴보게 함이니.　　　　　留興後人視

　　말을 딸려 보내고서야 고대하던 벗 강세황을 초청하여 박달나무 아
래에 자리를 폈다. 군침 도는 술이 익었고 소반에는 뽀오얀 게를 차렸다.
'이런 모임 다시 얻기 힘들고 인생이란 날리는 먼지처럼 허망하니 마시
지 않고 어찌하냐'는 것이 이현환의 이날 심정이다. 이유는 알 수 없으나
이현환의 가슴속은 근심과 슬픔이 가득했고 이를 풀기 위해 그는 취하기
를 마다 않는다. 강세황에게 모임을 그려달라 조르고, 다음 날에 와서 거
문고를 연주해 주면 자신은 비감 어린 노래를 부르겠다고 한다. 거리감을
지워버린 심금의 교환이 특히 동갑내기 강세황과 이현환 사이에 오가는
분위기다.

『단원아집(檀園雅集)』 표지와 이재덕의 시

『단원아집』(개인 소장)은 1753년 가을, 강세황이 안산의
노적봉 부근에 거주하던 여주 이씨 가문의 이재덕과 이현환 그리고
강세황 등이 단원에 모여서 읊은 시를 모은 시집이다.

　　　　　　　　　　　　　　　　　　　　　　맛·멋·흥·취·통

강세황과 이현환의 시를 합하여 보면 이때의 모임이 자못 풍성했음을 알 수 있다. 개장국과 게, 쌀밥과 소주 등 여러 음식을 준비했고, 수창을 예상하여 미리 충분한 지필묵을 마련했다. 현장에서 거문고를 연주하지는 않았으나 음악에 대한 기대가 섞였고, 귀한 현장을 그림으로 남기겠다는 욕구가 일었다. 아울러 이날 모임을 밤까지 이어가겠다고 했던 정황이 이재의의 '오늘 밤은 고운 달 뜨고 고매한 손님이 모이니, 넘실거리는 바닷물을 가져와 술잔에 따르고 싶다'는 구절에 드러나 있다. 또한 연이은 분운(分韻) '생애일편청산(生涯一片靑山, 한평생의 삶이 한 조각 푸른 산 속에 있다네)'을 참조하면, 이현환이 '그대가 그림으로 그리고자 한 것이, 막 갠 저 푸른 섬을 묘사하려 함이겠지(知君畵筆經營意, 欲寫新晴列島靑)'라고 한 구절을 통해 강세황이 현장에서 그림을 그렸으리라 추정할 수 있다. 강세황 자신도 '아름다운 경치는 시편 안에 실어오기 어려워, 그림붓으로 하나하나 그려내려 한다네(佳景難將短什輸, 畵筆還須摹一一)'라고 응수했다. 둘 사이의 호흡이 유독 척척 맞는 느낌이다.

그런데 기대했던 것과는 달리 날씨가 점점 궂어갔다. '단운함우입고촌(斷雲含雨入孤邨, 조각구름은 비를 머금고 외딴 마을로 들어간다)'으로 운을 나누는 시각에 일행은 이재덕의 집으로 돌아와 있었을 것이다. 기분 좋은 이현환은 살짝 취한 채 술을 사오고 있으며 주인 이재덕은 급히 초가집을 치우고 술을 마련한다. 권매의 감각으로 보자면 '고운 종이 열 폭에 읊조린 시들이 남아 있으니, 번뇌에 병든 평생의 폐부를 한바탕 씻을 만하다'고 하였다. 벌써 시지(詩紙) 열 폭이 작성된 셈이다. 눈에 띄는 한 가지 모습은, 즐거운 분위기와 더불어 일행이 슬픔과 시름 등의 감정을 공유하고 있다는 점이다. 이는 개인적 사연보다 이 집단이 그 무렵에 처한 정치적 처지를 반영한 것이라 생각된다.

저녁이 다가오자 하나둘 자리를 뜨고, 마침내 '고림양선명(高林凉蟬鳴, 울창한 숲에서 매미가 시원스레 운다)'으로 분운한 강세황, 이현환, 이재덕, 이광환, 이창환만이 남게 된 듯하다. 강세황이 읊은 구절 '해물 안주 녹각 채에, 중국 붓과 토끼털 붓. 시 쓰라는 명령이 점점 엄해지자, 누구는 시 짓다 도망가네.'를 보면 일행 중 누군가는 벌써 귀가했다. 해학적인 표현에 주목되거니와, 짐작건대 연장자인 이경환과 이용징, 연소자인 이재억과 이재의가 자리를 피해준 것이 아닌가 싶다. 이 자리에서 이현환은 '미친 듯한 노래를 부르며 낮을 보냈으니, 몸 밖의 일일랑 모두 털어버렸다' 하고, 이광환은 '그대들과 온종일 취했으니, 속세 근심을 이미 잊었다'고 술회했으며, 이창환은 '(작성한) 시권을 부디 아끼시게, 훗날 천금을 쓸어낼 만큼 귀하게 될 줄 누가 알겠는가?'라고 당부했다. 해학이 오가고 취기가 오르며 숨겨둔 내상(內傷)을 기꺼이 쏟아내는, 자못 고양된 즉흥의 상태에서 모임이 계속 진행되는 듯했다.

하지만 갑자기 예상치 못한 일이 벌어진다. '풍(風) 공(空) 중(中) 봉(封)'의 네 글자를 운자로 삼은 칠언율시 시리즈에 밤사이의 해프닝이 녹아 있다. 『성고수창록』에 수록된 「관음 이창환과 동애 이광환이 살풋 성촌에 갔다가 비에 막혀 돌아오지 못했다. 부처 보내고 화답을 구한다(觀音東厓 乍往星村 關雨未還 寄呈求)」를 보건대, 모임의 진행 중에 문득 이창환과 이광환이 아랫마을 성촌에 다녀오겠다며 자리를 뜬 것이다. 남아 있는 사람은 이제 셋, 이재덕·강세황·이현환인데, 이 셋이 두 사람을 계속 기다렸던 듯하다.

비는 쏟아지고, 기다리는 마음에 조급해진 이현환은 '학산(鶴山)을 넘어 나란히 가신 두 분께서는 강세황이 근심스레 기다리고 있으니 얼른 오시라'는 시를 쓰고, 강세황도 덩달아 '비바람이 부니 내일 아침까지 어떻게 기다리느냐', '홀로 술을 마시자니 넋이 나갈 듯한데, 거질의 시축에 연달아 쓰자는 계책은 이미 그른 것 아니냐'며 너스레를 섞은 시와, '턱 괴고 창 아래에서 시를 읊조리다가, 난질(亂帙) 속에서 베개를 벤 채 잡니다. 서글프게도 돌아오마 약속하고 오질 않으시니, 은근히 이 시 서찰을 봉해서 보냅니다.'라고 보채는 듯한 시를 편지 삼아 봉해서 보낸다.

그러나 그날 밤에 두 사람은 결국 합류하지 못했다. 이광환이 답한 시「잠시 성촌에 갔다가 비를 만나 머무르며 성고에서 함께 놀던 일을 그리워한다(暫往星村 値雨留宿 懷聲皐同遊)」에서는 '저녁에 다시 돌아오려 하였는데, 비에 막힐 줄 어찌 알았겠는가? 이 몸은 낙엽처럼 성촌에 엄류되었고, 다만 꿈속에서나 구름 따라 학산(鶴山)을 넘는다네.'라며 이창환과 같이 시름겨워하고 있다는 내용을 적었다.『단원아집』에만 남은 이창환과 이광환의 수답시도 운치가 돋보인다. 다음 날 아침에 적은 것으로 보이는 이창환의 시에서는 어제의 모임을 잊을 수 없다고 하면서 '문득 보내준 시 편지를 받으니, 마치 한 해 지나 본 것처럼 반갑다'고 하였고, 이광환 또한 '보내준 세 편의 시를 문득 보게 되니, 금방이라도 온갖 근심이 사라질 것 같다'면서 한편으로 '이별의 회포를 시편에 실어 보내니, 편지를 뜯어보면 이 마음을 알 것'이라 위로하고 있다. 예기치 않게 밤비가 갈라놓은 그 간극과 거리를, 정겨운 시 편지가 대신해서 메우고 있는 것이다.

이재덕과 이현환, 그리고 강세황이 그날 밤 셋이서 밤을 함께 지새웠는지는 확실하지 않다.『단원아집』만 가지고 보자면 이창환과 이광환에게 보낸 시 이후의 작품이 보이지 않는다. 사실상『단원아집』으로 묶일 수 있는 시 모임은 일행이 갈라진 한밤중에 정지되었을 가능성이 짙다. 비까지 내려 병촉야유(秉燭夜遊)의 행복한 야연은 완성되지 못했다.

그러나 학산이 가로막고 비바람이 서로를 분리시킨 그 여백에, 하룻밤을 넘어 그들이 채워 넣은 정취 어린 교감은 미완의 야연을 상상하게 만든다. 어쨌거나 그들의 미완 야연은, 시간의 경과와 상황의 변화를 따라 일행의 감성이 즉흥적으로 변화하는 모습을 여실히 보여주고 있으며, 환희와 비애에서 놀림과 능청맞음까지를 주고받는 현장의 분위기를 실감 나게 전해준다. 숨김없이 심금을 꺼내어 주거니 받거니 즉흥적으로 교감하는 과정과 그 양상이 두드러진다는 점에서 이들 모임이 지닌 핵심적인 분위기를 감촉할 수 있을 것이다.

남산 아래 유춘오留春塢·수표교水標橋의 음악회 : 홍대용·박지원 그룹의 예술 경지와 탐구열

1771~1773년 사이 전의감동(典醫監洞) 시절의 연암 박지원(朴趾源, 1737~1805)에게는 음악사에서 주목받는 흥미로운 악회(樂會)의 기록이 남아 있다. 남산 아래 담헌 홍대용(洪大容, 1731~1783)의 저택에서 있었던 '유춘오악회(留春塢樂會)'가 그것이다. 유춘오(留春塢)는 '봄이 머무는 언덕', 또는 '봄을 머물게 하는 언덕'이라는 뜻으로, 1765년에 연경에 다녀온 대학자 홍대용의 저택 안에 있었다. 과학자이자 실학자로 널리 알려진 홍대용은 각 방면에 박학다식하였는데 악률(樂律)에도 매우 능한 인물이었다.

바야흐로 홍대용이 유춘오에 머물던 시절, 이곳은 박지원을 비롯하여 한 세대 위의 인물인 김용겸(1702~1789), 퉁소의 명인 이한진, 가야금과 양금의 연주자 김억, 장악원의 악공인 연익성과 보안, 가수 유학중 등이 즐겨 노닐던 장소였다. 음악을 공통분모로 삼았던 이들의 모임은 당시에도 이미 선망을 받았던 것 같다. 성대중(成大中)이 남긴 「유춘오악회에 대한 기록(記留春塢樂會)」을 보면, 가야금의 홍대용, 거문고의 홍경성, 통소의 이한진, 양금의 김억, 생황의 보안, 유학중의 노래, 수준 높은 감상자 김용겸이 어울린 악회의 모습이 간결하게 기록되어 있다. 가수, 악공, 문인, 학자, 관료가 모였으니 그야말로 신분의 차이를 넘어선 화합의 모임이었다고 할 것이다.

성대중이 전한 유춘오악회를 곧장 야연이라 단정할 수는 없으나 야연이 벌어졌을 가능성은 충분하다. 실제로 박지원만 놓고 보면 이들이 벌였던 야연의 현장이 적어도 두 차례에 걸쳐 포착된다. 하나는 『연암집(燕巖集)』에 전하는 「한여름 밤의 연회(夏夜讌記)」이고 다른 하나는 박지원의 아들 박종채(朴宗采)가 쓴 『과정록(過庭錄)』의 한 단면이다. 1771년 이후 과거 시험 자체를 단념했던 30대 후반의 박지원은 그해 겨울부터 가족을 장인 이보천의 집으로 보내고 홀로 전의감동에 머무른다. 말하자면 홀아비와 같은 여유와 자유를 얻은 것이다.

박종채는 이 시절 박지원의 행적과 교유를 상세히 적었는데, 친밀하게 지냈던 인물로 홍대용, 정철조, 이서구, 이덕무, 박제가, 유득공, 김용겸 등을 꼽고 있다. 부친이 가장 가깝게 교유한 사람은 마찬가지로 과거를 폐한 홍대용이었다고 하면서 '이용후생(利用厚生)과 경제명물(經濟名物)'의 학문을 지론으로 삼아 토론을 했다고 기록했다. 각종 기계를 연구하고 있던 정철조, '시간 가는 줄 모르고 밤을 지새우며 토론과 고증을 즐겼던' 이덕무, 유득공, 박제가가 곁에 있었다. 당시 박지원이 교유한 인물들이 각자 진지한 학구열과 탐구심을 지니고 있었다는 점은 이들의 야연을 이해하는 데도 중요한 단서가 된다.

모임의 성원 중에 가장 연장자였던 김용겸이 특히 눈에 띈다. 김창 즙(金昌緝)의 아들인 그는 12세에 부친을 잃고 숙부인 김창흡(金昌翕)에게 시를 배웠으며, 신임옥사의 와중에 백부 김창집(金昌集)이 죽임을 당하자 한동안 출사의 뜻을 접은 채 이재(李縡)와 박필주(朴弼周)에게 가르침을 받았다. 그러나 1748년 이후에 벼슬길에 나아가 1767년 무렵에는 장악원 에서 복무했고 1772년에는 공조 참의, 1774년에는 한성부 부윤, 1776년 에는 형조 참판, 1778년에는 우승지를 역임한다. 후손 김매순의 증언을 참조하면, 그는 한 가지 기예라도 갖춘 이를 보면 그를 아껴 천거하기를 마다하지 않았고, 중년 이후로는 뜻이 맞는 사람과 귀천을 가리지 않고 사귀었다 한다. 또 매달 달이 환하게 뜨는 깊은 밤중이면 북악산 아래 저 택에서 광화문까지 산책을 나가 이 세상에 홀로 서 있는 것처럼 한참 동 안 무엇인가를 읊조리다가 돌아왔다고 한다.

짐작건대 김용겸의 이런 풍모가 그저 과장된 칭찬은 아니었던 듯하 다. 박종채 쪽에서 기록하기를, '매번 부친 박지원과 담헌 홍대용을 만나 면 풍류가 호탕하고 담론이 끊이지 않았다'고 하였으며, '늘상 농암(農巖) 중부(김창협), 삼연 숙부(김창흡)를 이야기하며 좌중의 분위기를 돋우었 는데 운치 있는 일을 만나면 곧장 초청해서 즐거움을 삼았다', '오래된 경 쇠[古磬] 하나를 늘 곁에 두고 연주하며 중국말로 『시경』의 「관저(關雎)」, 「녹명(鹿鳴)」 등을 노래하여 박지원에게 들려주었다'고 하였다. 유춘오 모임에서 화룡점정 역할을 하는 김용겸이 이 무렵에 장악원에 근무했고 협악(協樂)의 중요 악기인 경쇠의 악률을 탐구하고 있었다는 점, 그리고 중국어로 한시를 낭송할 수 있었다는 점이 이채롭다.

홍대용과 박지원 그룹의 야연 기록은 연회와 시화(詩畵)보다는 연회 와 음악의 결합이라는 점에서 앞서의 아회와는 성격이 다르다. 또한 이들의 모임이 도성 안에서 성립되고 있다는 점, 신분의 벽을 넘어서고 있다는 점, 음악이 이상적으로 추구하는 차이의 조화를 실현하고 있다는 점을 간과할 수 없다. 그런데 무엇보다도 연회에 참여한 이들의 몰입과 탐구적 자세가 보는 이의 눈길을 잡아끈다. 먼저 「한여름 밤의 연회」를 보자. 정확한 시기는 비정키 어려우나 박지원의 전의감동 시절에 이루어진 모임으로 추정되는 작품이다.[2]

[1] 22일, 국옹(麴翁)과 함께 걸어서 담헌(湛軒, 홍대용)의 집에 이르렀다. 풍무(風舞, 김억)가 밤에 왔다. 담헌이 가야금을 타니, 풍무는 거문고로 화답하고, 국옹은 맨상투 바람으로 노래를 불렀다. 밤이 깊어 떠도는 구름이 사방으로 얽히고 더운 기운이 잠깐 물러가자, 줄에서 나는 소리는 더욱 맑게 들렸다. 곁에 있는 사람들은 조용히 침묵하고 있어 마치 단가(丹家)가 장신(臟神)을 내관(內觀)하고 참선하는 승려가 전생(前生)을 돈오(頓悟)하는 것 같았다. 무릇 자신을 돌아보아 올바를 경우에는 삼군(三軍)이라도 반드시 가서 대적한다더니, 국옹은 한창 노래 부를 때는 옷을 훨훨 벗고 두 다리를 쭉 뻗고 앉은 품이 옆에 아무도 없는 듯이 여겼다.
[2] 매탕(梅宕, 이덕무)이 언젠가 처마 사이에서 왕거미가 거미줄 치는 모습을 보고 기뻐하며 나에게 말하기를, "절묘하군요! 때로 머뭇거리는 것은 마치 무슨 생각이 있는 것 같고, 때로 재빨리 움직이는 것은 마치 무언가를 깨달은 것 같으며, 파종한 보리를 발로 밟아주는 것과 같고, 거문고 줄을 손가락으로 누르는 것과도 같습니다." 하더니, 지금 담헌이 풍무와 어우러져 연주하는 것을 보고서 나는 왕거미의 행동을 깨우치게 되었다.
[3] 지난해 여름에 내가 담헌의 집에 간 적이 있는데, 그때 담헌은 한창

악사 연익성과 함께 거문고에 대해 논하는 중이었다. 때마침 비가 올 듯이 동쪽 하늘가의 구름이 먹빛과 같아, 천둥소리 한 번이면 용이 승천하여 비를 부를 수 있을 듯싶었다. 이윽고 긴 천둥소리가 하늘을 지나가자, 담헌이 연익성에게, "이것은 무슨 소리[聲]에 속하겠는가?" 하고서, 마침내 거문고를 당겨 천둥소리와 곡조를 맞추었다. 이에 나도 '천뢰조(天雷操)'를 지었다.

짧은 편폭임에도 세 개의 화소를 긴밀하게 엮은 작품이다. 작품 제목의 '연기(讌記, 연회의 기록)'도 무척 이례적이다. 이런 제목을 단 산문이 그전에 발견되지 않는다는 것이 의아스러울 정도이다. 밤이 무척 긴 한여름 밤, 통소를 잘 다루는 악사 이한진과 문장력이 빼어난 박지원이 청계천을 가로질러 남산의 홍대용 집을 찾는다. 밤중에 악사 김억이 합류한 것을 보면 미리 약속이 되어 있었던 듯하다.

일행이 모이고 각자가 좋아하는 악기를 골라 협주를 마치자 어느덧 적막할 만큼 고요한 심야이다. 천군만마를 홀로 상대하듯 윗옷을 풀어헤치고 노래한 이한진의 모습은 예술이 예절의 구속을 넘는 자유로운 경지에 위치함을 상징한다. 더 중요한 대목은 음악을 마치고 찾아온 그 고요 속에서 일행이 취한 자세이다. 묵상의 끝자락을 따라가 돈오를 이루고, 내장(內臟)과 정신을 응시하며 기의 움직임을 관찰하는 내단가(內丹家)처럼, 일행은 자신들이 연주한 곡의 여운을 느끼며 악률의 심오함에 대해 저마다 열중하고 있다. 고요와 집중이 팽팽한 긴장을 느끼게 하는 이 부분은 악률에 대한 몰입과 탐구의 정신을 표상한다.

[2]는 [1]의 보완 역할을 한다. 일찍이 이덕무는 『선귤당농소(蟬橘堂濃笑)』에서, 어느 여름날 저녁에 울타리가를 걷다가 거미의 움직임을 유

심히 관찰하고 '마치 오묘한 이치를 깨달은 부처와 같다'며 실을 짜는 거미의 모습을 섬세하게 묘사한 적이 있다. 그 글의 끝부분 '(실을 짜는 거미의 다리가) 꼭 거문고 줄을 다루는 손가락 같다(如按琴之指)'에서 연상되었던 것인지, 박지원은 이덕무의 기록을 대뜸 홍대용과 김억의 현 놀리는 경지에 잇대었다. 자신의 몸속에서 실을 뽑아내는 거미처럼, 자신들에게 잠재된 예술의 궁극을 이끌어내려는 혼신의 열정에 비유한 것이다. 이어진 [3]은 무한한 여운을 주는 글의 대미이다. 천지간에 존재하는 모든 소리를 악률과 교통시키고자 한 예인(藝人)의 갈망과 탐구정신이 돋보인다. 이 장면에서 홍대용과 김억, 박지원은 모두가 예(藝)와 악(樂)의 궁극을 추구해 나가는 탐험자로 형상화되어 있다.

「한여름 밤의 연회」는 박지원의 솜씨와 안목이 빚어낸, 그것 자체로 완성된 작품이다. 다만 이 작품은 야연의 경과와 활동을 살피는 데는 소략함을 지울 수 없다. 이에 비해 박종채가 쓴 『과정록』의 한 장면은 이들 야연의 독특한 정체와 분위기를 그림처럼 운치 있게 묘사해 내고 있다. 1771년 11월 겨울로 추정되는 어느 날 밤의 일이다.

[1] 선군(先君, 박지원)은 음률을 살피는 데 정밀하셨고 담헌(홍대용)은 더욱 악률에 밝았다. 하루는 선군이 담헌의 집에 계시다가 들보 위에 구라철사금(歐羅鐵絲琴) 몇 개가 걸려 있는 것을 보셨다. 대개 연경 사행 편에 해마다 우리나라로 들어왔으나 당시 사람들 중에는 탈 줄 아는 자가 없었다. 선군이 시중드는 사람에게 내려보라 하시자 담헌이 웃으며 "곡조를 알지도 못하는데 무엇 하시려는가?" 물었다. 선군은 시험 삼아 작은 나무판자로 타보며, "그대는 가야금을 가지고 오십시오. 현을 따라 맞추어보며 소리가 어울리는지 시험해 봅시다."고 하셨다. 몇 차례 현을 어

루만지더니 과연 곡조가 맞아서 어긋나지 않았다. 이로부터 철현금(鐵絃琴)이 비로소 세상에 성행하였다.

[2] 이때 금사 김억이 있었는데 풍무자(風舞子)라는 그의 호는 교교재(김용겸)가 붙여준 것이었다. 그는 새로 연주할 수 있게 된 철현금을 좋아하여 담헌의 집에 모였다. 때마침 밤은 고요한데 음악을 연주하자 교교공이 달밤에 약속도 없이 찾아오셨다가 생황과 철현금이 번갈아 연주되는 것을 듣고 몹시 즐거워하셨다. 그래서 덩달아 책상의 구리 소반을 두드리며 절조를 맞추고 『시경』, 「벌목(伐木)」 장을 외우니 그 흥취가 일렁일렁하였다. 연주가 끝난 뒤 이윽고 교교공이 일어나 문을 나가시더니 오래도록 돌아오지 않았다. 나가서 찾아보아도 공은 보이지 않았다. 담헌이 선군께 "우리가 아마도 실례를 해서 어른께서 돌아가셨나 봅니다" 하고, 마침내 다 함께 달빛을 타고 걸어서 교교공의 집을 향해 가다가 수표교에 이르렀다. 이때 큰 눈이 갓 개고 달빛은 더욱더 밝았다. 그런데 공이 무릎에 거문고를 비껴놓고 갓을 벗은 채 다리에 앉아 달을 바라보고 있는 것이 아닌가! 일행은 모두 놀랍기도 하고 기쁘기도 하여 술상과 악기를 옮겨가서 공을 모시고 놀다가 그 즐거움을 다하고 마쳤다.

[3] 선군은 일찍이 이 일을 말씀하시며, "교교공이 별세하신 뒤로는 다시는 이렇게 운치 있는 일[韻事]이 없었다"고 하셨다.[3]

이날의 야연이 잊히기 어려울 만큼 소중하고 특별한 일이었음은 [3]이 증명해 준다. 운사(韻事)의 추억과 기억이 박지원의 입을 통하여 박종채에게 전달되었음을 알 수 있다. [1]은 이들의 탐구정신을 극명하게 보여준다. 호기심과 탐구의 자세가 박지원과 홍대용을 하나로 연결시키고 있다. 비단 양금이 아니더라도 새로운 사물에 대한 호기심과 탐구는 그 대상을 가리지 않았을 것이다.

　[2]는 이 글의 중심부이다. 모두가 주인공이지만 돋보이는 인물은 당시 노년의 김용겸이다. 우연히 찾아왔다가 악회의 분위기를 화룡점정으로 이끌고, 홀연 사라졌다가 달밤 수표교의 야연을 우주와 교감하는 향연으로 상승시키기 때문이다. 하필 「벌목」 장을 노래한 까닭도 심상한 일이 아니다. '나무 찍는 소리 쩡쩡 울리고, 새들은 재잘재잘 즐겁게 노래하네. 깊은 골짝에서 훌쩍 날아서는, 아름드리나무 위로 옮겨 앉네. 재잘재잘 즐겁게 노래하는 새들이여, 서로가 벗을 구하는 소리로다(伐木丁丁, 鳥鳴嚶嚶. 出自幽谷, 遷于喬木. 嚶其鳴矣, 求其友聲).' 「벌목」의 노랫말은 곧 진정한 벗을 구하는 마음을 표현한 것이므로, 여기서는 이제야 이곳에서 참된 벗들을 만나게 되었다는 기쁨을 돌려 전한 것이나 다름없다. 나이와 신분의 차이를 넘어 진심으로 직통하는 순간에 대한 감회라 할 수 있다. 일행도 그 뜻을 응당 알았을 것이다. 김용겸의 이런 풍모는 사람을 가리지 않고 기예를 아끼며, 뜻이 맞는 사람과는 귀천을 가리지 않고 사귀었다는 증언을 실감 나게 만든다. 달 뜨는 밤이면 광화문까지 산책을 나오곤 했다는 그가, 이날 밤 음악 소리에 이끌려 우연히 이곳에 당도한 것인지, 아니면 홍대용을 찾아왔다가 회심의 순간을 맞이했는지는 알 수 없다.

　돌이켜보면 수표교 야연은 매우 우연한 그러면서도 자발적인 계기를 지닌 모임이었다. 야연의 공간도 야외에서 실내로 이동하는 것이 아니라 그 반대로 실내에서 실외로, 눈이 개고 달이 뜨면서 물결이 흐러가는 도성 한복판의 다리로 이동했다. 향연의 공간이 자연과 천지로 펼쳐져 나가며 형언할 수 없는 여운과 감동이 감도는 자리로 승화되었다.

18세기 문인 야연의 흥감과 그 여운

18세기 문화의 흥을 읽기 위해 동대문 바깥의 월곡(月谷), 서대문 바깥의 서지(西池), 안산 성고의 단원(檀園), 서울 남산의 유춘오(留春塢)에서 펼쳐진 문인 야연의 현장을 차례로 들여다보았다. 선택한 네 곳이 적절하고 적정한 표본이었느냐 하는 문제가 있을 수 있겠다. 주목해 볼 만한 사례는 얼마든지 더 보충할 수 있겠지만, 분명한 사실은 이들 네 집단의 야연이 각각의 색채와 분위기를 지닌 채 18세기 문인들의 흥이 향해 나갔던 몇 갈래 흐름을 보여준다는 점이다.

네 집단의 야연을 상호 대비하면 공통점과 차이점을 추려낼 수 있다. 우선 공통점을 생각해 본다. 야연이 일반적으로 그렇듯이 구성원들은 야연의 체험을 '바로 그날이 아니면 안 되었을' 특별한 체험으로 기억한다. '다시는 이렇게 운치 있는 일이 없었다'고 술회한 박지원의 기억이 그렇고, '며칠을 함께했던 그날의 모임이 마음에 쏙 들었다'고 한 오원의 기억, 모임 1년 후에 시첩(詩帖)을 작성한 이윤영의 정성, '먼지 같은 인생에서 이런 멋진 모임을 다시 얻기는 어려울 것'이라 한 이현환의 외침이 이를 대변한다. 밤의 어둠 속에서 반짝이는 불빛처럼, 야연의 추억은 시간이 흘러도 일행의 마음속에 인상적으로 기억되고 있으며 계속해서 기억으로 남겨두고 싶은 특별한 체험으로 전환된다.

덧없이 혹은 덤덤하게 흘려보낼 수 있는 무수한 날에 비하면 야연은 쉽사리 얻을 수 없는 특별한 날에 이루어진다. 미리 날짜를 골라 약속을 하는 경우가 일반적이지만 수표교 야연처럼 보고 싶은 이들이 자발적으로 모여들어 회심의 순간을 빚기도 한다. 향연에 참여한 일행은 야연 이

이유신(李維新), 가헌관매도(可軒觀梅圖)

깊은 겨울 어느 날, 가헌(可軒)이라는 택호를 쓰는 곳에 벗들이 모여
툇마루에 핀 매화꽃을 감상하고 있다. (개인 소장)

전부터 연대감을 지닌 인사들이지만 '그날'의 야연을 공유하며 더욱 친밀한 동질감을 얻는다. 야연이 고조되는 동안에 허심탄회하게 심금을 드러내고, 서로에게 진심을 표현하고, 즉흥적 감회를 왕래시키며 악의 없는 놀림으로 해학을 삼고, 분위기에 열정적으로 몰입하기도 한다. 서로를 소중하게 여기기 때문에 예술과 문학의 능력에 대한 기대감이 강하고, 그날의 회합이 장차 서로에게 각별하게 기억될 수 있도록 행동한다.

문인 야연의 흥이 얼마만큼의 감정적 진폭을 지니는가도 얼마간은 추정이 가능하다. 모임의 계기 및 집단이 놓인 지정학적 좌표와 성향에 따라 각각의 편차가 존재하지만, 적어도 네 그룹에게서 난장의 광란은 보이지 않는다. 탕아적이고 향락적인, 흥청망청 쾌락을 좇는 경향이 그다지 발견되지 않는다. 이따금 미친 흥[狂興]이 새어나오지만 그것은 맑은 흥[淸興]을 배척하는 별도의 감정적 영역이 아니다. 그렇기에 광기와 일탈로 치닫기보다는 일행이 허용할 수 있는 정도 내에서 열정, 몰입, 교감, 즉흥, 비애, 나아가 가뿐한 해학이 나타나고 있다. 기록을 그대로 다 믿을 수는 없으나 그래도 문인 야연의 흥은 문인 집단의 우아한 속성을 유지하는 듯 보인다.

야연을 이바지하는 도구나 음식, 일행의 행위도 공통점을 보여준다. 수작(酬酌)과 수창(酬唱)은 활동의 가장 기본적인 요소이다. 이것이 확대되면 시, 서, 화, 악의 창작과 향유로 직행하며 빙등연(氷燈宴)이나 벽통음(碧筒飮)과 같은 이색적인 놀이가 따라올 수 있다. 모임을 마련한 주인은 조촐하든 풍성하든 음식을 준비하고 문인들의 예술 활동을 위한 도구들을 갖춘다. 충분한 술, 맛깔난 음식들, 밤을 대비한 등불, 지필묵과 악기 등이 기초적인 물품이지만, 야연이 이루어지는 그날만의 소도구들이 폭넓게 활용될 수도 있다. 연꽃잎, 유리종, 경쇠, 양금 등이 이에 대한 예시

맛·멋·흥·취·통

이다.

무엇보다 문인들 스스로가 야연의 현장을 예술 생산의 자산으로 활용하려는 경향이 강하다는 점을 놓칠 수 없다. 고대하던 그날에 맞추어 좋은 종이를 준비하거나 소매 속에 비단을 넣어가는 행위는 즉석에서 시를 쓰고 그림을 그리고 그것을 보존하겠다는 의식으로 읽힌다. 창작을 통하여 소중한 자리의 기억을 귀중하게 남기려는 자각적 인식이야말로 문인 야연 고유의 색깔이라 할 수 있다. 일반 연회에서도 통용되는 바이겠으나 이런 특성은 야연에서 더 부각된다. 당일 현장에서 시첩을 작성해 나가려 했던 단원아집(檀園雅集)이나 번갈아 가며 연구(聯句)의 구절로 뜨거운 숨결을 표출한 종암문회(鍾巖文會), 고요 속에서 악률의 여운에 열중하던 유춘오악회(留春塢樂會), 그리고 유리잔의 투명한 불빛으로 빨려들며 시문과 회화를 뽑아낸 서지문회(西池文會)의 밤이 야연의 속성을 뚜렷하게 증명해 준다. 그 결과로 문인 야연은 주목할 만한 시화첩, 시문, 유기, 그림 등을 남길 수 있었다.

공통점 못지않게 네 집단의 야연이 보유한 차이점도 나름의 의의를 지닌다. 지정학적 좌표로 보자면 단원아집은 도성에서 하루 거리나 떨어진 주변에 위치하고 있는 반면, 서지와 종암은 도성의 근거리에, 그리고 유춘오와 수표교는 도성 내부에 위치해 있다. 그런데 당시의 정치적 판도에서 이 공간 감각은 다분히 정치적 상징성을 겸한다. 안산 단원의 성원은 1728년의 이인좌란(李麟佐亂) 이후에 열세와 패퇴의 쓰라림을 맛본 남인·소북 계열 문사들이 주축을 이루었던 반면, 서지와 종암의 일행은 영조의 탕평책에 저항하거나 비판적이었던 노론 문사들이었고, 유춘오에 모인 인물들 역시 노론계에 속하는 인물과 악사들이 결합한 양상이었다. 도성을 구심으로 하여 집단의 정치적 좌표가 달랐고 그렇기에 현장에서 우러나온 분위기와 예술적 아우라가 나르지 않을 수 없었던 것이다.

아울러 이 글에서 살핀 야연의 주요 인물들은 대부분 40대 전후의, 포부와 기개, 의지와 역량을 지닌 인물들이다. 그런데 야연 당시 이들 대부분은 시대와의 불화나 불만을 안고 있었다. 야연 현장에 섞여 있는 '맺힘과 풀림'의 정서적 대비는 여기에서 비롯된 감성적 흔적이라 할 수 있다. 그러면서도 집단에 따라 그날의 아회나 야연의 성격이 사뭇 다른 빛깔을 빚어냈다. 종암의 사가(四家)는 이념적 열정을 상호 접속시키며 신념의 결사를 조성하려 했고, 편집적일 만큼 투명성에 매료된 서지문회의 성원들은 서정적 색채로써 고결한 자아를 감쌌으며, 단원의 문인들은 흥기된 즐거움의 내부에 아픔과 슬픔을 버무려 서로를 위안했다. 그리고 유춘오에 모였다가 수표교에서 향연을 벌인 그들은, 악률이 지향하는 경지 곧 차이의 조화가 무엇인지, 세상의 소리들은 어떻게 서로 교통하는지를 탐구하며 '어울림'의 진정한 의미를 구현해 보였다.

18세기 문인 야연의 사례 몇 가지를 통해 예술의 생성 현장과 분위기 그리고 예술적인 아우라를 조명해 보았음에도 남아 있는 물음이 많다. 그중 하나가 18세기적인 특성이다. 17세기까지의 자료가 상대적으로 소략하다는 점, 18세기의 여타 야연을 충분히 살피지 못했다는 점을 전제로 하더라도, 19세기와 변별되는 특징이 따로 존재하는가? 하는 질문을 피하기 어렵다. 지금으로서는 분명한 윤곽을 제시하기 어려우나, 다만 이 글에서 살핀 집단이 '대부(大夫)의 전망'과 '경세(經世)의 시야'를 포기하지 않았다는 점이 떠오른다. 그래서 그들의 모임은 개아의 쾌락과 집단의 오락으로 질주하기보다는 시대와 현실에 대한 염려, 열정, 비애, 전망을 얼마쯤은 간직하고 있었다. 19세기로 진입하면서 관료체제에 편입되지 못한 문인들이 더더욱 통속적 감각 영역을 확대시켰던 추세를 고려해 보면, 적어도 이 글에서 살핀 18세기 문인 야연은 나와 우리의 시대에 대한 감각을 놓치지 않으려 애썼던 지식인의 지적 풍경을 그려보게 만든다.

趣

제4장

조선 후기
취미 생활과 문화현상

안대회 | 성균관대학교 한문학과

취미의 개념과
취미를 보는 시각

조선 후기 사회는 이전 시대와 비교하여 훨씬 다양해지고 역동적으로 전개되었다. 사회의 변화는 개인의 삶과 문화에 큰 변화를 가져왔고, 그 변화는 문학작품을 비롯하여 예술과 문서 등에 구체적 흔적을 남겼다. 눈을 크게 뜨고 남겨진 기록을 헤쳐보면, 조선 후기 사회를 살다 간 수많은 사람의 생동하는 삶과 문화를 입체적으로 엿볼 수 있다. 조선 후기 사람의 취미 생활에 초점을 맞추어 그 시대 문화현상을 살펴보려는 이 글의 집필 동기는 여기에 있다.

조선 후기 사람의 일상생활과 문화에서 취미 또는 취향의 문제는 당시부터 뚜렷한 경향을 보였다. 이덕무가 편찬한 『사소절(士小節)』은 18세기 중후반 중류층과 상류층의 일상생활을 생생하게 보여주는 책이다. 이

책에서 이덕무는 "산수와 화조(花鳥), 서화를 비롯한 갖가지 완상품(玩賞品)은 주색잡기나 재물 욕심보다 낫다. 그러나 그것에 도취되어 정신을 잃고 본업을 망치거나 심지어는 남의 물건을 빼앗거나 남에게 빼앗기는 지경에 이른다면, 그 해악은 주색잡기나 재물 욕심보다 나은 고아한 취향이다."[1]라고 말한 바 있다. 여기서 산수는 산수를 여행하는 취미를, 화조(花鳥)는 꽃을 가꾸고 새를 키우는 취미를 가리킨다. 그 밖에 서화를 수집 감상하고, 나아가 갖가지 기호품을 소유하여 감상하는 취미가 있어 당시에 널리 유행하였다. 이덕무는 그와 같은 취미가 지나친 탐닉으로 빠질 위험성이 있고, 그 해악이 만만치 않음을 경고하였다. 아무리 고상한 취미라도 도에 넘치게 도취할 우려가 있고, 그 결과 마땅히 해야 할 일을 방해할 위험성이 도사리고 있다. 어떤 경우에는 좋지 않은 취미보다 더 나쁜 결과에 이르도록 하기도 한다.

이덕무가 경계의 대상으로 말한 주색잡기와 재물 욕심은 악취미에 속하고, 산수와 화조의 감상은 고상한 취미에 속한다. 이덕무로 하여금 우려를 자아낼 만큼 조선 후기에는 다양한 취미를 즐기는 풍조가 폭넓게 확산되었고, 그에 따라 거기에 휩쓸리는 세태를 우려하는 목소리가 적지 않게 등장하였다. 우려와 경고의 목소리를 과도한 노파심으로 돌릴 수 없을 만큼 다양한 취미 생활이 도시공간을 중심으로 확산되었다. 취미는 특정한 개인이 취미 생활을 향유하는 차원에 머물지 않고 그 시대의 문화적 독특함을 드러내는 시대적 트렌드로서 자리매김하는 과정을 겪었다. 다양한 취미가 집단적 유행과 소비 행태에 따라 부침을 겪으면서 문학이나 회화, 그리고 문화의 갖가지 갈래에 반영되었다. 문화현상에 스며든 취미의 현상을 분석하여 그 시대 문화적 트렌드를 포착해 본다.

『표준국어대사전』에 따르면, 취미(趣味)는 (1) 전문적으로 하는 것이 아니라 즐기기 위하여 하는 일과 (2) 아름다운 대상을 감상하고 이해하는 힘, 그리고 (3) 감흥을 느끼어 마음이 당기는 멋이란 세 가지 의미를 갖고 있다. 일반적으로 취미는 노동이나 직업 이외의 영역에서 개인이 즐기거나 재충전할 수 있는 오락, 여기(餘技)의 의미로 쓰인다. 축구나 등산 같은 육체적이고 물리적 실천에서부터 음악 감상이나 다도(茶道)와 같은 정신적 층위까지 포함하며, 소비 활동과 생산 활동을 넘나드는 등 취미와 조합해서 지시할 수 있는 인간의 정서적 상태나 활동은 무한대로 확장될 수 있다.[2]

취미란 말은 근대 이전에도 흔히 쓰던 말이기는 하지만 현대에 사용되는 의미의 기원은 서양에 두어야 한다. 다시 말해, 한자어이지만 실은 심미적 개념의 취미(taste)와 개인의 기호에 따른 오락 취미(hobby)라는 서구적 의미가 중첩되어 사용되는 말이다. 중국 근대 사상가인 량치차오(梁啓超)도 'taste'의 번역어로서 취미를 미학적 개념으로 사용하며 그의 미학에서 중요하게 취급하였다. 일본은 메이지 시대 말엽에 서구적 취미 개념이 빈번하게 사용되어 도시 시민계급의 소비문화에 큰 영향을 끼쳤고, 그것이 식민지 조선에도 파급되어 새로운 시대적 가치로 자리매김하였다. 대중문화의 성장과 함께 즉흥적이고 감각적인 오락성이 대중의 일상과 취미문화를 장악해 갔고, 근대적 취미를 향유하는 문화 주체가 형성되었으며,[3] 다양한 역사적 변화를 거쳐 현재의 취미문화로 자리를 잡아갔다.

근현대에 형성된 취미 개념에서 짐작할 수 있듯이 취미는 서구적 개념을 사용함으로써 근대 직전에 전개된 조선 후기 사회와 분명한 단절을 이룬 것처럼 보인다. 그러나 생활현실에서는 명확하게 단절한 것으로 볼 수 있을지 의문이다. 개념부터 살펴본다면, 조선시대에 '취미'란 말은 한

문을 이해하는 집단에서는 아주 흔하게 사용된 개념으로 앞에서 제시한 세 가지 의미를 거의 모두 포함하고 있다. 사용 빈도를 정확하게 통계로 잡아내기는 어려우나 대체로 (1)의 빈도가 가장 낮고, 다음으로 (2)의 빈도가 높으며, (3)이 가장 폭넓게 사용되었다. 세 가지 의미가 뚜렷하게 구별되지 않은 채 고상하고도 우아한 취미와 취향, 기호(嗜好)를 포괄하는 의미로 쓰였다. 근대 이전 사회에서 널리 쓰인 취미도 대체로는 현재와 크게 다르지 않고 비슷한 함의를 공유하였다.

근대 이후 서양의 취미활동과 개념, 대상이 동아시아에 전파되어 이전에 비해 새로운 함의와 내용이 첨가된 것처럼, 조선 후기에는 그 이전과 차별화되는 취미활동과 개념, 대상이 등장하였다. 전통사회에서 취미 향유의 대상은 성색취미(聲色臭味)와 금기서화(琴棋書畫)라는 말로 흔히 표현하는 상식적 범주에 한정되었다. 이는 각기 향락적 취미와 고급스러운 취미로 나뉘어 받아들여졌다. 과도하게 쏠리지만 않는다면 일상생활에서 자연스럽게 향유할 대상으로 인식되었다.

조선 후기 들어서는 전통적 취미의 향유 범주를 벗어나 대상이 크게 확대되었다. 평범한 물품과 차별화된 물품을 향유하면서 어디에서 누가 만들었느냐를 따지며 소비하고 소장하는 소비 행태와 감상 태도가 등장하였다. 문화를 향유하는 주체들은 물건의 품질과 개성, 기호만 만족되면 지갑을 열어 큰돈을 내놓는 적극적 자세를 보였다. 다시 말해, 물건의 효용가치만을 따지지 않고 예술성과 기호성에 큰 가치를 부여하는 태도가 등장하였다. 유득공(柳得恭)의 장남으로 검서관을 지낸 유본학(柳本學)은 "무릇 즐기고 좋아하며 입고 쓰는 물건으로서 특정한 산지에서 나오고 특정한 기술자가 제작하여 품질이 특이하고 모양이 좋다면, 세상 사람들은 반드시 갖은 노력을 기울여 얻으려 하고, 깊이 감추어두고 보관하려

든다. 그에 열중하여 그치지 않는다."⁴라고 말했다. 18세기 후반기 대도회지에서 소비 행태의 변화상이 어떠한지를 증언하고 있다.

분명히 문화를 소비하는 태도에서 큰 변화가 발생하였다. 소비의 패턴과 대상이 달라지면서 취미를 보는 시각 자체가 달라졌다. 감각적이고 오락적인 쾌락의 향유를 긍정하는 시각이 취미를 보는 관점에도 영향을 미쳤다. 전통적으로 특정한 사물에 대한 탐닉과 그로 인해 파생되는 즐거움의 향유는 좋지 못한 쾌락으로 규정하였다. 물질적이고 감각적인 향락으로 취급되었다. 그런 유의 쾌락은 점잖은 사람이라면 피해야 할 유혹으로 간주되었다. 외물(外物)을 즐기다가 소중한 자기의 본심을 잃어버린다는 완물상지(玩物喪志)란 말이 그 시각을 대변한다. 완물상지에서 물(物)은 인간에게 쾌감을 느끼게 하는 사물과 행위를 가리킨다. 유학에서는 마음에서 쾌락을 느끼는 어떠한 것도 탐닉에 빠질 위험성을 지니고, 탐닉은 한 개인에게는 본연의 임무를 망각하고 방기하여 정신적 공황상태를 불러일으키며, 그것이 확대되면 개인이 속한 사회와 국가를 혼란으로 몰아갈 폐단을 야기한다고 경고해 왔다. 여기에서 개인은 물론 보통의 개인이라기보다는 사회의 지도적 위치에 있는 사람이다.

조선 중기의 유학자 율곡 이이(李珥)는 곳곳에서 도(道)에 가치 기준을 둔 사대부의 생활지침을 제시하였다. 율곡은 취미를 비롯하여 갖가지 욕망을 절제하라고 가르쳤다. 예컨대, "학문하는 자는 한결같이 도를 추구하여 외물에 굴복당해서는 안 된다. 올바르지 못한 외물은 일절 마음에 머물지 못하도록 해야 한다."⁵라고 말했다. 이 말은 상투적이라 할 만큼 자주 쓰이는 말이다. 율곡에 따르면, 물건은 도의 추구를 방해하는 장애물이다. 자연스럽게 보잘것없는 물건이라도 조금 애착하는 마음을 갖는다면 그것조차 욕망의 싹을 틔우는 행위로서 경계의 눈초리로 보았다.

보통의 사물도 그러니 허영심을 불러일으키는 귀한 사물은 더 말할 필요조차 없다. 율곡의 경우에서 보듯이, 외물에 굴복당하여 취미를 즐겨서는 안 된다는 사고는 성리학자들 사이에서는 시간이 흐를수록 더욱 강화되었다. 그들의 금욕적 태도는 쾌감을 느끼게 하는 어떤 취미활동도 금기시하였다.

도를 제외한 외물은 모두 위험성을 내포하고 있다. 서화를 수집하고 감상하는 고상한 취미조차도 탐닉에 빠질까 우려하여 소식(蘇軾)은 사물에 마음을 잠깐 붙이는 우물(寓物)은 얼마쯤 허용해도 사물에 마음을 오래 머물게 하는 유물(留物)은 인정할 수 없다고 하였다.[6] 그림이나 글씨와 같은 고급스러운 문화적 산물에 애정을 쏟는 것조차도 경계의 시선으로 대하였다. 그러니 그렇지 못한 저급한 사물에 대한 경계심은 어떠했을지 굳이 말할 필요조차 없다.

종합하여 말하자면, 인간의 도덕적 완성과 균형 잡힌 삶을 유지하려면, 즐거움의 과도한 추구는 좋지 못한 행위이다. 그 대상이 아름답고 우아하여 인간의 심성을 크게 해치지 않을지라도 허용할 수 없었다. 그런 생활태도가 힘을 얻은 시대에는 취미를 마음 놓고 즐기는 것도, 취미를 긍정하는 생각을 공개적으로 드러내는 것도 망설여졌다.

조선 후기에도 취미를 경계하는 시각은 사대부 사회에서는 여전히 큰 힘을 가지고 있었다. 18세기의 저명한 성리학자 봉암(鳳巖) 채지홍(蔡之洪)의 경우가 그렇다. 봉암은 미적으로도 아름답고 심성의 훈육에도 도움이 된다고 믿음을 주었던 화훼를 즐겨 감상하였다. 그러나 화훼에 지나치게 탐닉할까 봐 스스로를 경계하며 화훼와 적절한 거리를 유지하려고 애썼다. 봉암은 꽃을 감상하면서 "감히 아름다움을 즐기지 못하고" 자기도 모르는 사이에 마음이 "화훼초목에 깊이 젖어 들어갈까 봐" 조바심을 내는 심경을 폭로하였다.[7] 건전하지 않다고 여겨지는 유혹의 사물과 화훼와는 거리가 멀었음에도 불구하고 화훼에게로 끌리는 심리를 스스로 억제하였다. 봉암의 경우에서 보듯이 물건에서 즐거움을 취하고, 취미를 통해 심리적 만족을 얻는 평범한 인간의 욕구가 이데올로기나 종교적 신념에 의해 완고하게 제한당했다.

그 같은 근엄한 신념의 소유자에게서 취미의 향유를 긍정하는 시선을 기대하기는 어렵다. 위에서 사례로 든 봉암은 괴벽(乖僻)한 성벽(性癖)의 소유자가 아니다. 그럼에도 저와 같이 취미로 이끌리는 자신을 억제하였는데 이는 성리학자에게 공통된 상식적 태도였다. 비슷한 시대의 윤행엄(尹行儼)은 아예 「벽설(癖說)」이란 글을 지어 취미를 즐기는 행태를 비판하였다. 사람마다 제각기 고질적 취미를 하나씩 갖고 있어서 시주벽(詩酒癖), 금수벽(禽獸癖), 완호벽(玩好癖) 따위를 지니고 있는데 그 취미는 어느 것이나 사람의 의지를 잃게 만들고, 몸을 해친다고 경계하였다.[8] 취미 활동을 거부한 율곡이나 봉암보다 더 센 어조로 취미의 폐해를 경계하였다. 이들 외에도 많은 지식인이 취미를 억압하는 시선의 글을 당당하게 퍼트렸음을 심심찮게 찾아볼 수 있다.

한편 그와는 반대로 조선 후기 들어 그 같은 완고한 의식의 억압에서 벗어나려는 시도가 다양한 형태로 등장한다. 고아한 예술과 가치 있는 물건을 점잖고 부드럽게 즐기는 상식적 취미뿐만 아니라 범위를 확대하여 다양한 취미 대상을 설정하여 탐닉하는 마니아의 수가 늘어났다. 마니아들은 취미를 즐기면서 그 활동을 긍정하는 시각을 공개적으로 표명하였다.

적극적으로 취미활동을 벌이면서 새로운 변화를 이끌어낸 문화 주체들이 형성되어 개성적 취미행위를 벽(癖, 고질병), 광(狂, 미치광이), 나

(懶, 게으름), 치(痴, 바보), 오(傲, 오만함)와 같은 개념으로 즐겨 설넝하었
다.[9] 이 다섯 가지 개념은 좋아하는 취미 대상을 즐기는 데 망설임이 없이
과감하고, 정신없이 탐닉하는 행태를 설명한다. 취미를 적당히 즐기는 절
제의 태도를 넘어서 열정적으로 즐기는 태도를 표현한다. 열정적으로 취
미활동을 즐기고, 서슴없이 표현하는 새로운 문화 주체들은 금욕적이고
금도를 지키며 절제하는 성리학자와는 세상과 인생을 보는 자세가 크게
달랐다. 오히려 취미활동을 적극적으로 권장하기까지 하였다. 취미활동
이 사대부가 할 본연의 임무를 방해한다고 보기는커녕 취미를 즐기는 마
음가짐이 없으면 본연의 임무도 제대로 잘하지 못한다고 보았다.

　새로운 시각을 선명하게 제시한 학자가 바로 초정(楚亭) 박제가(朴齊
家)다. 초정은 화훼만을 전문적으로 그리는 화가를 위해 다음과 같이 옹
호하는 말을 하였다.

> 사람이 벽(癖)이 없으면 그 사람은 버림받은 자이다. 벽이란 글자는 질병
> 과 치우침으로 구성되어 편벽된 병을 앓는다는 의미가 된다. 벽이 편벽
> 된 병을 의미하지만 고독하게 새로운 것을 개척하고, 전문적 기예를 익
> 히는 자는 오직 벽을 가진 사람만이 가능하다.[10]

박제가의 후배이자 부마인 해거도위(海居都尉) 홍현주(洪顯周)는 장
황(粧潢) 전문가 방효량(方孝良)을 위해 벽의 소유자를 옹호하는 찬사를
던졌다.

> 벽이란 것은 병이다. 어떤 사물이든지 좋아하는 사람이 있게 마련인데
> 좋아하는 정도가 심해지면 즐긴다고 한다. 어떤 사물이든지 즐기는 사

람이 있게 마련인데 즐기는 정도가 심해지면 벽이라고 한다.[11]

박제가와 홍현주는 화가 중에서 유독 화훼를 즐겨 그리는 자와 서책 제작자 가운데 장황을 특별히 잘하는 자를 상대로 전문가의 세계에서 높은 조예를 이룬 정성과 노력을 높이 평가하고 있다. 두 가지 일 모두 많은 이들이 선호하는 직업이나 일이 아니다. 저들에게 직업은 곧 취미였다. 그런 영역에서 인생을 바쳐 높은 수준에 도달한 저들의 열정을 벽(癖)이라는 말로 평가하였다. 일이든 취미든 높은 수준에 도달하려면 탐닉과 몰입의 조건이 충족되어야 하고, 탐닉과 몰입에는 벽의 정신상태가 필요하다고 보았다.

두 사람이 비판한 대상은 취미를 가진 자가 아니라 취미가 없는 자였다. 앞에서 살펴본 이이나 채지홍, 윤행엄과는 반대로 벽이 없는 자를 버림받은 인간이라고까지 몰아세웠다. 관점의 역전이 일어나고 있다. 박제가나 홍현주처럼 취미의 가치를 존중하고 몰입과 탐닉의 태도를 긍정하는 지식인들이 17세기 후반 이후 점차 늘어났다. 그보다 앞서서 문화를 담당했던 주체들이 보여준 태도나 의식으로부터 뚜렷하게 변화한 모습이 드러나면서 새로운 시대 풍조가 찾아왔음을 확인할 수 있다.[12]

이제는 유학의 학습이나 관직의 복무, 가업의 유지와 같은 식자의 본업 외에 자기만의 취미활동에 깊이 몰두하지 못하는 사람들은 거꾸로 생기가 없는 밥 보따리와 때 주머니로 비판받고, 천하를 망치는 인간, 버림받은 사람으로 매도당하기까지 하였다. 취미의 향유는 그만의 독특한 빛깔을 드러냄으로써 속물들이 판치는 세상에서 존재감과 자존감을 확인시켜 주는 가치 있는 인생활동으로 탈바꿈하였다. 쾌(快)와 낙(樂)의 감정에 충실할 수 있는 의식의 변화가 식자들 사이에 형성되었다. 삶에 쾌감을 가져온다면 취미를 향유할 마음의 준비가 된 시대로 바뀐 셋이다. 취미를 바라보는 시선에 긍정과 부정이 교차하고 갈등하면서 취미의 대상은 확대되고 적극적으로 취미활동을 하는 사람은 늘어갔다. 그리고 취미가 다양한 문화와 결합하면서 문학을 비롯한 각종 예술에 새로운 풍조가 형성되었다.

| 소비문화의 발전과
| 취미 생활

조선 후기에는 취미활동을 가로막는 의식의 제약에서 탈피하면서 취미의 대상이 다양해지고 취미를 즐기는 인구가 늘어났다. 취미는 상식적이고 흔해빠진 물건과 활동을 식상해하며 평범하고 낯익은 것들과 차별화된 새롭고 배타적인 물건과 활동을 향유하는 행위이다. 취미를 즐기는 문화 주체는 평범한 사람들의 싸구려 감각과는 차별화된 취미 대상을 향유함으로써 쾌감을 느끼고, 거기에 시간과 금전을 투여하고 그 결과에 대해 정신적 보상을 받고자 한다. 경제적으로나 문화적으로나 앞서가는 위치에 서서 이들이 즐기는 취미는 점차 그들을 모방하는 집단으로 확산되는 과정을 밟는다. 그렇다고 취미의 대상이 신상품이나 새로 소개되는 물질문화에 한정되는 것은 아니다. 낡은 물건이나 행위라 할지라도 취미의 대상으로 얼마든지 새롭게 부각되며 유행을 만들어낸다.

취미활동을 가로막는 뿌리 깊은 제약으로부터 탈피하게 된 사회적 동력은 경제의 발전, 정치와 사회의 안정, 새로운 물질문화의 도입이었다. 사회의 변화는 취미활동을 자극하는 적극적 소비를 유도하고, 새롭

유숙(劉淑), 수계도권(脩禊圖卷)

1853년 삼짇날, 서울에 거주하는 중인 30여 명이
남산에 모여 개최한 수계(脩禊) 모임을 묘사한 그림이다. (개인 소장)

고 고급스러운 상품의 생산과 유통을 촉진하였다. 임신왜란과 병사호란 이후 국제 정세의 안정이 19세기 중반까지 지속되었고, 그에 수반하여 경제는 전반적으로 안정적 성장을 누렸다. 경제력의 집중으로 한양을 비롯한 큰 도회지는 활력이 넘치는 상업과 문화의 중심지로 발전을 거듭하였다.

특히 한양은 점차 성리학 이념이 지배하는 왕도(王都) 문화로부터 경제적 이해관계를 중시하는 상업 도시 문화로 모습을 바꾸었다.[13] 청나라 일본과는 국제무역이 활발해졌고, 전국적으로 장시(場市)가 발달하여 유통에서도 상당한 발전을 이루었다.[14] 나라 간 지역 간 상품의 유통이 활발해져 새로운 물품을 시장에 내놓음으로써 경제력이 좋은 인구의 소비 욕구를 창출하였다. 조선 후기에는 전국적 유명세를 탄 각 지역 명산품의 목록을 담은 물산기(物産記)가 존재하였고,[15] 외국의 명품들이 서울 시장에서 활발하게 유통되었다.

실제 현황은 외국에서 수입한 물건이 새로운 취미를 형성한 현상을 통해 짐작할 수 있다. 조선 후기에 새로 등장한 감각적 취향 가운데 담배와 차가 대표적인 미각의 산물이다. 외국에서 수입해 애용된 두 종의 물건은 서로 다른 향유의 과정을 밟고 있다. 먼저 담배를 본다. 담배는 굳이 따로 설명할 필요도 없이 광해군 연간에 일본으로부터 들어와 수십 년 사이에 전국으로 확산되어 남녀노소와 지위를 불문하고 필수품이 되었다. 특별한 사람의 취향을 자극하는 산물에서 출발하여 전 국민이 일용하는 기호품으로 변하였다.[16]

담배가 전 국민이 즐긴 보편적 기호품으로 완전히 정착한 반면, 차는 일부 경화세족(京華世族)의 고급 음료 문화로 제한적으로 받아들여졌다. 조선 후기에 차를 마시는 행위는 매우 고급스러운 취향으로 등장하였다. 일부 부유층과 도회지 상류층 위주로 제한된 취향 또는 취미로 대중적으로 넓게 확산되지 못하였다. 그 정황을 서유구(徐有榘)는 『임원경제지(林園經濟志)』에서 다음과 같이 설명하였다.

조선 사람들은 차를 그다지 마시지 않는다. 나라 안에 본래 차 종자가 있는데도 아는 자가 드물다. 근래 50~60년 이래로 고관과 왕족들 사이에 차를 즐기는 이들이 등장하여 해마다 많은 수레를 끌고 북경에서 사서 소나 말이 땀 날 정도로 싣고 왔다. 그러나 진짜는 거의 드물다. 종가시나무, 상수리나무, 박달나무, 주엽나무의 잎이 많이 섞여서 오래 마시면 몸을 차게 하여 설사하게 한다. … 만약 심고 가꾸고 말리고 가공하는 기술이 있으면 우리나라에 고유한 진짜 차를 버리고 다른 나라의 값비싼 가짜 차를 구매하지 않아도 되리라.[17]

18세기에 기호식품으로서 차가 상류층 사이에서 유행하여 소비되는 현상과 과정을 냉담하게 서술하였다. 차 마시기가 대중의 음료 취미로 정착하지 못하고 사찰과 일부 지방, 귀족들 일부의 기호로 명맥을 유지하는 실상이 드러난다. 이웃나라 중국이나 일본과는 완전히 다른 실정이었다. 구한말 조선을 여행한 외국인은 일본, 중국에서는 차를 일상으로 마시는 반면 조선은 전혀 마시지 않는다고 의아해했다.[18] 차를 마시는 취미는 중국 취향에 경도된 상류층 귀족 일부에 의해 외국 무역이나 사찰 중심의 자생차 향유로 명맥을 유지하는 수준이었다. 따라서 차 마시기는 이국적 취향과 국제 무역에 의해 촉진된 독특한 취미로 간주할 수 있다.

담배와 차라는 두 가지 취향이 사회에 정착하는 차이와 과정은 다른 사물을 취미로 향유하는 태도에도 비슷하게 적용할 수 있다. 새로운 취미는 큰 시장이 있고 세련된 문화 활동이 집중된 상업 도시 서울을 중심으로 널리 형성되었다. 외국에서 최신의 정보가 빠르게 수입되고, 어떤 물품이든 쉽게 접하는 조건이 잘 갖추어진 덕택이다. 국왕 정조가 외국으로부터 들어온 문화와 물산의 폐단을 지적한 다음 글은 그 점에서 음미할 필요가 있다.

> 당학(唐學)은 세 가지가 있다. 명청(明淸)의 소품서(小品書)나 특이한 서적을 많이 수장한 자가 있고, 오로지 서양의 역법이나 수학을 숭상하는 자가 있고, 연경(燕京) 시장에서 수입된 옷가지나 장신구, 그릇 등을 즐겨 사용하는 자가 있다. 그 폐단은 똑같다.[19]

중국으로부터 수입된 문학저술과 천문학이 지식인의 의식을 사로잡고, 신상품 명품의 의복과 장식품, 그릇 따위의 물품이 부유층의 취향을 사로잡는 현상을 우려하고 있다. 청나라 문물과 물산의 수입이 사치 풍조를 조장하는 차원을 넘어 의식과 취향을 장악하는 현상이 벌어지고, 그것이 구조적으로 같은 문제에서 출현하는 현상임을 예리하게 포착하고 있다.

국왕의 우려는 현상을 오도하는 허황한 주장이 아니라 사실에 근거를 두고 있다. 18세기 서울의 중인인 김세희(金世禧, 1744~1791)는 종로 저잣거리에서 중국과 일본에서 수입된 고급스러운 물건이 팔리는 현상을 증언하고 있다.[20] 그 물건은 조선의 산물과 비교하여 기술도 장식도 우수하고 값도 비쌌다. 그 물건은 단순하고 흔해빠진 소비품이 아니라 도회지 부유층의 문화적 욕구를 만족시키고 취미 생활을 뒷받침하는 소비재였다. 서민층의 평범하고 낡은 취향을 무시하고 세련되고 화려한 취향으로 자신들을 감싸는 차별화된 물건들이었다.

외국산 수입 물건들은 취미활동과 깊이 관련되었다. 앞서 살펴본 차를 포함해, 집안을 장식하는 가구를 비롯하여 문화생활과 밀접한 각종 문방구, 그리고 골동서화와 각종 향이 수입품에 속했다. 그 고급스러운 물품은 고상한 취미활동의 주요한 대상이었다. 서유구의 『임원경제지』를 보면, 중국에서 수입된 갖가지 물품 가운데 세련되고 고급스러운 소비품 종류가 일일이 언급하기 어려울 정도로 많이 제시되어 있다. 여기에는 일본에서 수입된 각종 문화 상품까지 포함되어 있다.

문방도구는 너무 많아 거론할 필요조차 없다. 풍경(風磬)과 같은 물건은 일본에서 제작한 오색 유리로 만든 것을 추천하였다.[21] 서재를 장식하는 가구 가운데 비스듬히 기대어 책을 볼 수 있는 의안(欹案)과 문구갑(文具匣) 역시 일본제를 추천하였다.[22]

일상생활에서 누리는 취미를 다룬 항목 가운데 여행문화를 다룬 「이운지(怡雲志)」의 '명승유연(名勝遊衍)'에서는 등산할 때 사용하면 좋은 도구를 상세하게 열거하였는데 당시에 조선과 중국, 일본에서 사용하던 지팡이를 비롯하여 수레와 남여, 등산화, 약상자, 또 시를 짓고 술과 차를 마시기 위한 도구, 찬합이 눈길을 끈다. 찬합은 중국제와 일본제를 추천하되 특히 황금빛으로 옻칠한 일본제를 추천하였다.[23] 여행을 취미로서 향유하는 부유층들이 사용함 직한 고급스럽고 참신한 물건들이다.

국내외에서 생산되는 고급 물품은 소비에 눈뜬 도회지 부유층을 평범하고 흔해빠진 물건을 사용하며 저급하고 저속한 생활을 영위하는 일반인과 차별화하였다. 경제적으로 여유로운 부유층은 아무나 향유할 수 없는 특별한 물품과 취미를 즐김으로써 그들의 문화적 허영심을 채울 태세를 갖추었다. 절약과 절제가 미덕인 조선 사회에서 새로운 문화적 트렌드가 형성되었다. 그 취향을 값비싼 물건 자체가 이끌기도 했지만, 그 바탕에는 소비에 대한 문화 주체의 우호적 태도가 깔려 있다. 그 같은 소비에 대한 전향적 태도는 조선 후기에 널리 읽힌 소품문(小品文)과 깊이 관련되어 있다.

소품문은 새로운 취미의 공급처 역할을 한 중국 강남 지역의 부유층이 문화의 소비를 바탕으로 전개한 취미의 모델을 조선에 전파하였다. 대표적 저작이 고렴(高濂)의 『준생팔전(遵生八牋)』과 문진형(文震亨)의 『장물지(長物志)』, 도륭(屠隆)의 『고반여사(考槃餘事)』이다. 이 밖에도 『학림옥로(鶴林玉露)』, 『임하맹(林下盟)』, 『소창청기(小窓淸記)』 등의 저작이 조선 후기에 널리 읽히며 고급 소비생활의 시스템을 소개하였다.

이 저작들에는 만명(晚明) 시대 강남 지역 부유층의 소비 성향과 취미 생활의 도구가 풍부하게 제시되어 있다. 『준생팔전』은 도가(道家)의 섭생을 목표로 하여 여덟 가지 주제로 서술하고 있으나 실제 내용은 도가적 삶을 넘어 사치스러운 생활을 묘사하였다. 그 가운데 「기거안락전(起居安樂牋)」은 주거 공간과 실내 인테리어와 유람을, 「음찬복식전(飮饌服食牋)」은 차를 비롯한 다양한 음식 문화를, 「연한청상전(燕閑淸賞牋)」은 서화골동과 금기서화를 비롯하여 화훼 재배와 같은 취미 생활을 묘사하였다. 『장물지』는 주거 공간, 화훼, 수석, 새와 물고기, 서화, 인테리어, 의상과 탈것, 향과 차를 소개하였고, 『고반여사』는 서화, 문장도구, 악기, 향과 차, 분재, 정자, 의상 등을 깊이 있게 다루었다.[24] 여기에는 현대 사회에서도 취미의 대상으로 즐기는 고급 취미가 풍부하게 소개되어 있다.

이렇게 장물(長物)과 고급 소비품들은 단순한 물건을 넘어 문화의 소비품이다. 그 물품들에 관심을 기울이고 가치를 부여하여 기록으로 남긴 글은 소품문의 문체로 흘렀다. 앞에서 정조가 우려한 '명청(明淸)의 소품서(小品書)나 특이한 서적'이 바로 이 부류의 서적이다. 그 서적에서 즐겨 다룬 내용이 고급스러운 취미와 그에 필요한 물품의 향유였다. 그 서적에서는 '연경(燕京) 시장에서 수입된 옷가지나 장신구, 그릇 등'을 열성적으로 구매하여 천박한 취향과는 차원이 다른 취미를 즐겨도 좋다고 말하고 있다. 정조가 당학(唐學)의 세부로 열거한 세 항목이 실상은 긴밀하게 연결되어 있다.

이렇게 취미 생활과 관련한 만명의 많은 저작은 새로운 소비사회와 소비층의 출현을 실질적으로 보여주는데 그 내용은 소품가(小品家)의 미의식과 밀접한 관련을 맺는다. 소품가의 미의식을 전형적으로 보여주는 문인 원굉도(袁宏道)는 다음과 같이 말하고 있다.

내뱉는 말이 무미건조하고 면상이 가증스러운 세상 사람은 모두가 벽(癖)이 없는 사람들이다. 만약 진정으로 벽을 가지고 있다면, 그 속에 푹 빠져 즐기느라 운명과 생사도 모조리 좋아하는 것에 맡길 터이므로, 수전노나 관리 노릇에 관심이 미칠 겨를이 있을까 보냐?[25]

이 유명한 말은 취미 생활을 적극적으로 긍정하는 관점을 선명하게 보여준다. 사대부가 가장 앞세워야 할 정치권력의 행사도 뒤로 미루고 경제적 윤택함의 추구마저도 뒤로 물리면서까지 자신이 좋아하는 쾌락의 삶, 취미를 즐기는 생활을 앞세운다.

그가 말하는 쾌락은 성적 쾌락을 뜻하기보다는 여행과 화훼 감상, 음주의 멋 따위를 추구하는 쾌락을 뜻한다. 실제로 그는 여행 체험을 문학적으로 묘사한 수많은 유기(遊記)를 지었다. 그가 지은 꽃꽂이에 관한 저작『병사(甁史)』나 음주의 멋을 다채로운 시각으로 묘사한『상정(觴政)』이 그의 취미 생활과 미의식을 보여주는 대표적 저술이다. 두 종의 저작은 각각 꽃꽂이와 음주라는 취미를 멋스럽고 아름다운 것으로 적극적으로 가치평가하여 소품문의 대표적 저작으로 인정받고 있다. 그처럼 소품문은 정치와 교육, 경제와 도덕과 같은 거대담론에만 매몰되지 말고 멋스러운 취미도 즐길 줄 아는 사람이 되라고 유혹하는 경향이 있다. 소품문은 취미 생활을 광고하는 문체라고 말해도 좋다.

조선 후기에 다양한 취미 생활을 즐긴 인물들의 목록을 점검하면 이상에서 언급한 특징을 고루 나눠 갖고 있다. 그 가운데 이인상(李麟祥), 남공철(南公轍), 유만주(兪晚柱), 홍경모(洪敬謨), 장혼(張混), 신위(申緯)의 생활을 검토하면 어렵지 않게 그런 모습을 찾아볼 수 있다. 몇 가지 사례를 들면, 이인상은 검, 골동품, 자명종, 벼루와 거문고, 인장을 비롯한 기물에 붙인 기물명(器物銘)이 60여 편에 이르는데 서화골동 취미를 생생하게 보여준다.[26]

남공철 역시 정조·순조 연간 경화세족(京華世族)의 고동서화(古董書畫) 취미의 향유 양상을 단적으로 보여준다. 고동각(古董閣)이나 서화각(書畫閣), 분향관(焚香館)과 같은 고상한 취미를 연상시키는 이름의 저택에서 향을 사르고 거문고와 바둑판을 곁에 두며, 정원을 경영하고 화초나 수목을 가꾸며, 벗들과의 아취가 있는 모임에서 패관이서(稗官異書)와 고금의 경사(經史)를 담론하며 지내는 생활은 고동서화 취미를 주축으로 세련된 고급문화를 소비하는 사대부의 전형적 사례로 꼽을 수 있다.[27]

유만주 역시 품격(品格)을 지키며 고상한 취미를 즐기는 생활을 적극적으로 추구하였는데 그 한 면을 다음의 글이 보여준다.

구부러진 의자에 편안하게 앉아 있는 것, 반듯한 평상에서 잠을 자는 것, 담황색 발을 쳐서 밖에서 들어오는 먼지를 차단하는 것, 푸른 휘장을 쳐서 창문을 아늑하게 만드는 것, 예스러운 솥에 향을 사르는 것, 유리 등잔에 촛불을 켜 어둠을 몰아내는 것, 비단 병풍으로 벽을 가리는 것, 수 놓은 주머니에 약을 넣어두는 것, 시간을 알리는 종으로 때를 아는 것, 호숫가의 바위에서 시원한 바람을 쏘이는 것, 화분의 꽃에서 이치를 찾는 것, 서화(書畵)를 품평하는 것. 이것이 호수와 산에 사는 열두 가지 필요한 것이다. 오늘날 사람들은 우리나라 사람의 안목으로 이런 생활을 보기 때문에 왁자하게 사치스럽다고 여기거나 심하게는 사악한 짓이라고 배척한다. 그러나 옛날의 이름 있는 선비나 고아한 분들이 이런 생활로 성령(性靈)을 도야한 사람이 많았다는 사실은 전혀 모른다. 그때에는 오늘날 사람들처럼 시끄럽게 배척했다는 이야기를 결코 듣지 못했다.[28]

유만주가 제시한 열두 가지 물건과 행위는 저속하지 않은 세련된 문화감각을 지키며 여유롭게 사는 생활을 제시한다. 그 시대 일반인의 생활과는 차별화된 특별한 취미와 취향이다. 당시의 일반적인 안목으로 보면 사치스럽고 사악하다고 폄하할 만큼 고급스럽고 특별하다. 그래도 유만주는 그 생활을 옹호하고 나섰다.[29] 동시대의 심노숭(沈魯崇)도 그 같은 취향을 옹호했으나 경제력이 따르지 못함을 안타깝게 여겼다.

연못과 누대, 화단과 정원, 그리고 이름난 꽃과 아름다운 나무는 사람의 심성을 기르게 한다. 따라서 그것을 완물상지라 하면 옳지 않다. 젊었을 때 그것에 뜻을 두었고 나이가 들어 더 심해졌으나 제대로 즐기지 못한 것은 재물이 없어서다.[30]

18세기 후반 들어 소비생활과 취미 향유에 대한 인식이 긍정적으로 변화한 상황을 분명하게 보여준다. 이들보다 한 세대 뒤의 신위(申緯)는 취미를 더 적극적으로 즐기는 생활을 영위하였다. 그의 생활은 고상한 취향으로 점철되었고, 그의 작품은 고급스러운 취향을 담아내는 도구라고 할 만큼 취미 생활을 소재로 시를 썼다. 자신의 집인 벽노방(碧蘆舫)의 건물, 정원, 서재 및 정원 안의 화훼와 서재 안의 여러 기물에 깊은 관심을 가지고 가꾸고 보관하였다. 차를 음미하고 골동품을 감상하는 것이 생활의 중심을 차지하였다.[31] 신위의 삶은 여유로운 상류층 문사의 멋스러운 취미를 향유하는 생활의 전형이다.

신위가 전형적으로 향유하고 작품으로 묘사해 낸 생활은 경제적으로나 문화적으로나 여유 있는 계층으로 넓게 확산되어 사대부는 물론 여항의 중인과 평민에게까지 확산되었다. 사대부인 홍경모가 『사의당지(四宜堂志)』와 『우이동지(牛耳洞志)』, 『이계암서지(耳溪巖棲志)』를 저술하고,[32] 장혼이 「평생지(平生志)」를 통해[33] 주거를 중심으로 영위한 취미 생활을 묘사한 것이 그런 생활을 인상적으로 표현하는 중요한 사례이다.

고아한 취미로서 문방도구와 서화골동

조선 후기에 지적이고 부유한 상류층에게 가장 친숙한 취미활동은 문방도구와 서화골동품을 즐기는 것이다. 그들이 인생의 즐거움을 추구하는 방식에는 아(雅)와 속(俗)과 취(趣)와 몰취미(沒趣味)를 따져 선택하는 일정한 기준이 있었다. 어떤 취미 대상을 선택하든 아(雅)와 취(趣)의 기준에서 벗어나지 않으려는 심미적 판단이 개입되었다. 취미의 판단에서 뚜렷한 구별이 나타나는데 문화적 허영심을 만족시키는 취미에는 대체로 예술적 요소가 결합되었다. 문방도구와 고동서화의 수집과 감상은 그 같은 취향을 만족시켜 주었다.

예술 분야 가운데 서화를 감상하고 수집하는 것이 보편적으로 사랑받은 취미였다. 음악을 감상하고 창작에 동참하는 취미 역시 널리 즐긴 취미였다. "음악에 손방인 사람조차도 생황과 양금을 다 소장하고 있다"[34]라고 이학규(李學逵)가 밝히고 있는데 서울에 거주하는 상류층에는 악기를 다루고 소유하는 고급스러운 문화가 형성되었다. 서유구가 「유예지(遊藝志)」 권6 '방중악보(房中樂譜)'에서 거문고 악보와 당금악보(唐琴樂譜) 외에 양금악보와 생황악보를 기록해 놓은 것도 상류층에 보급된 음악 취미와 깊은 관련이 있다.

문방도구를 가려서 쓰는 고급스러운 취미는 사대부에게는 오랜 관례이다. 문방도구의 사치는 사대부들에게 아주 다양하게 나타나고, 그 실상을 보여주는 글들이 많이 남아 있다. 그 대표적 사례를 유만주에게서 엿볼 수 있다.

저택에 사치를 부리면 귀신이 엿보고, 먹고 마시는 데 사치를 부리면 신체에 해를 끼치며, 그릇이나 의복에 사치를 부리면 고아한 품위를 망가뜨린다. 오로지 문방도구에 사치를 부리는 것만은 호사를 부리면 부릴수록 고아하다. 귀신도 너그러이 눈감아 줄 일이요 신체도 편안하고 깨끗하다.[35]

사치와 취미의 대상을 열거하고서 문방도구를 일반적인 사치품과 구별하여 고상한 취미의 대상으로 격상시키고 있다. 명품 문방도구의 사치를 이렇게 당당하게 옹호한 것은 학문과 밀접하게 관련된 물품이기 때문이다. 실생활에서 문방도구에 대한 호사 취미는 폭넓게 퍼져 있었을 것이다.

문방도구의 호사 취미가 범위는 넓어도 탐닉의 정도에서는 서화 취미를 넘어서기는 어렵다. 서화 취미는 다른 취미와는 차원이 다른 고급스럽고 아취가 있는 취미로 인정받았다. 서화에 몰입하여 고급스러운 취미를 지녔다고 자부한 구체적인 사례는 매우 많다. 이장재(李長載)는 서화 취미를 다른 취미와 상대화하여 비교함으로써 우위에 서 있음을 입증하고자 하였다.

> 벽(癖)은 병이다. 구슬과 비단에 벽을 지닌 이도 있고, 음악과 여색에 벽이 있는 이도 있으며, 개나 말에 벽이 있는 이도 있다. 구슬과 비단에 벽이 있으면 그 증세는 탐욕이요, 음악과 여색에 벽이 있으면 그 증세는 음란함이요, 개나 말에 벽이 있으면 그 증세는 사치다. 내 경우에는 서화에 벽이 있거니와, 저 서화는 고아한 일이다. 사람에게 서화에 대한 벽이 있더라도 고아한 일이기에 병으로부터 멀리 떨어져 있다. 그 때문에 나는 서화에 벽이 있어도 그만둘 줄을 모른다.[36]

여러 가지 취미의 향유를 거론하고서 차원이 다른 취미로 서화 취미를 옹호하고 있다. 취미를 즐기는 것을 긍정하는 시각을 제시하면서도 과도한 탐닉에는 경계심을 보였다. 서화 취미는 탐닉의 우려가 있다고 해도 고상한 취미이므로 괜찮다고 하였다. 소식(蘇軾)은 서화라 할지라도 지나치게 몰입하는 것을 유물(留物)이라 하여 비판했으나 취미에 빠진 조선 후기 사대부들은 그런 비판과 경고에는 귀를 기울이지 않았다. 다른 취미는 탐욕이나 음란함이나 사치라는 결함이 있을 수 있어도 서화 취미는 '고아하기에' 아무 결함이 없다고 주장하며 서화 취미에 의의를 부여하고 즐겼다. 서화의 수집과 감상 취미가 지닌 남다른 지위를 적극적으로 해명하고 있다. 당시 사대부가 널리 즐긴 서화 취미의 실태를 볼 때 충분히 공감할 수 있다.

17세기 이래 수많은 수집가와 감상가가 등장하였다.[37] 사대부가 서화와 골동품을 감상하고 수집한 구체적 사례는 일일이 들기 힘들 만큼 많다. 화가 자신들이 스스로 골동서화의 수집가 겸 감상가인 경우가 많아서 회화에는 그 취미가 흔히 반영되었다. 김홍도의 「포의풍류도(布衣風流圖)」와 「사인초상(士人肖像)」, 심사정의 「선유도(船遊圖)」가 그 같은 취향을 생동감 있게 반영한 작품이다.[38] 이 몇 종의 그림은 당시 상류층이 즐긴 취향의 중심에 무엇이 있었는지를 분명하게 밝히고 있다.

「포의풍류도」에 등장하는 각종 물품은 당시 문인의 대표적인 기호품으로 물건 하나하나가 그 시대 취향과 관련이 있다. 특히 당비파와 생황은 당시에 새롭게 주목받은 악기로 그것을 연주하고 있는 것 자체가 최신 취미 생활의 단면을 보여준다. 앞서 인용한 이학규의 언급처럼 그가 설령 악기를 잘 연주하지 못한다 해도 소장하는 멋을 포기하지는 않았다. 「사인초상」의 집기와 가구, 「선유도」의 선유 자체와 배에 실은 물품은 당시 상류층 문인의 기호를 잘 반영하고 있다. 뱃놀이를 하며 굳이 괴석과 화분을 실은 것은 그 시대에 독특한 취미의 대표적 소재이기 때문이다.

문인들이 쓴 시와 산문에도 취미가 흔하게 나타난다. 사례의 하나로 신위를 들면, 그의 서재는 다양한 서화골동과 문방도구, 분재 등 취미 생활의 전형적 대상으로 꾸며져 있다. 신위는 30종의 서재 집기를 시로 읊어 「재중영물삼십수(齋中詠物三十首)」[39]를 지었는데 대다수가 조선과 중국, 일본의 오래되고 희귀한 물건이다. 조선 골동품으로는 백제 때의 와연(瓦硯)과 고려 때의 비색(祕色) 청자 술잔, 고려 때의 검은 흙으로 만든 들병, 작천석연(鵲川石硯)이 있고, 중국 고대의 청동기와 자기, 옥기(玉器)를 비롯한 각종 골동품과 문방구, 일본의 왜척홍창금산수배(倭剔紅創金山水杯), 적간관연(赤間關硯)이 들어 있다.

그 목록에 백제와 고려의 골동품이 당당히 올라 있는 점이 특별히

김홍도, 포의풍류도(布衣風流圖)
한평생 종이창과 진흙벽 안에 사는 벼슬 없는 선비일망정 소장하고
즐기는 취미의 물건은 최고급, 최신을 지향하였다. (개인 소장)

눈에 띈다. 골동서화의 감상이 그동안의 관례에서 벗어나 새롭게 진화하여 고려청자와 같은 새로운 품목에 관심이 확장되었음을 말해주기 때문이다. 이 현상은 유본학과 신위, 김정희를 비롯한 지식인들이 촉발시켰으며, 조면호(趙冕縞), 박영보(朴永輔), 이유원(李裕元) 등으로 확산되어 경화세족 사대부의 취미 대상으로 크게 유행하였다. 신위는 고려청자 술잔을 얻고서 친구 성해응(成海應)에게 사연과 미학을 논하여 글을 써달라고 부탁하기도 했다. 그 과정에서 나온 글이 「안문성자존기(安文成瓷尊記)」이고, 그 자기는 문성공(文成公) 안향(安珦)의 고택에서 출토된 골동품이었다.[40] 관심의 대상이 되었던 고려청자 실물은 운학문(雲鶴紋) 매병(梅瓶)으

김홍도, 사인초상(士人肖像)
젊은 선비의 서재에 놓인 물건은 종류가 많지는 않아도
선비의 고급스러운 취향을 드러낸다. (평양조선미술관 소장)

심사정, 선유도(船遊圖)(1764)

거센 물결 위 느긋한 승선객의 모습에서 험난한 세상에서
여유롭게 살아가려는 인생의 지향을 보여준다.
작은 배에는 어울리지 않게 실린 서탁과 꽃병, 괴석, 서책, 술잔 등의 물건이
당시 지식인의 취향을 암시한다. (국립중앙박물관 소장)

로 심상규(沈象奎)가 소장하던 물건을 신위가 8년 동안 간직하며 즐기다
가 주인에게 돌려주었다.[41] 유본학도 「자하학사소장고려비색자호명(紫霞
學士所藏高麗秘色瓷壺銘)」과 「고려고동노가위서유호작(高麗古銅爐歌爲徐攸
好作)」을 지어 출토된 고려의 골동품을 인상적으로 묘사하였다. 이렇게
고려청자가 본격적인 감상용 예술품으로 각광을 받은 것은 이 시기에 취
미활동의 저변이 확장되고 품목이 다변화하는 현상으로 나타났다.

맛·멋·흥·취·통

쾌감을 돋우는
다양한 취미활동

서화골동의 감상과 수집은 전통적으로 고급스러운 취미로 대우받았다. 조선 후기에도 그 전통은 확대되었고, 그 대상이 되는 물건과 영역은 폭이 더 넓어졌다. 주목할 점은 서화골동이나 산수여행과 같은 보수적이고 고아한 취미보다 상대적으로 저급하게 여겨져 무시되던 취미가 쾌감을 선사하는 취미로 새롭게 개발되고 향유된 사실이다. 이는 조선 후기의 변화된 상황이다. 악취미로 매도할 정도는 아니지만 좋지 못하거나 저급한 것으로 평가된 취미가 각광을 받았다. 기생을 탐하고, 특별한 미식을 즐기는 행위나 투전과 골패와 같은 노름, 판소리와 연희를 비롯한 갖가지 공연의 감상, 바둑이나 장기와 같은 점잖은 유희의 취미까지 다변화되었다.

취미활동의 하나로 다양한 놀이문화가 연령과 신분, 성별과 계층에 따라 번성하였다. 그중에는 취미를 넘어 자칫 도박으로 빠질 위험성이 있는 놀이도 있었다. 놀이문화 가운데 고상한 취미활동으로 인정받은 시패(詩牌) 놀이나 종정도(從政圖) 놀이를 응용하여 만든 상영도(觴詠圖) 또는 팔선와유도(八仙臥遊圖)가 개발되어 조선 팔도의 승경지를 앉아서 탐방하기를 즐겼다.[42] 요즘 아이들이 즐기는 놀이인 블루마블 게임과도 비슷한 상영도 놀이는 색다른 쾌감을 주는 취미로 취미의 대상이 지속적으로 개발된 현황을 보여주는 증거의 하나다.

김홍도의 「풍속도병(風俗圖屛)」은 18세기의 도시공간에서 향유되는 고상한 취미활동의 실태를 잘 보여준다. 형형색색의 국화 분재를 비롯한 각종 꽃을 키우는 화훼 취미, 애완용 비둘기를 키우는 취미, 괴석을 화

김홍도, 풍속도병

한양의 부잣집 후원 풍경을 그린 그림이다.
화면 속 여러 가지 사물은 당시 부유층의 취미 생활과
깊은 관련이 있다. (프랑스 기메미술관 소장)

분에 담아 배치하는 수석벽(壽石癖), 탁자 위 거문고에서 음악 감상과 악기 소장 취미를 확인할 수 있다. 무엇보다 눈길을 끄는 것은 찬합에 술병을 대령해 놓고 장죽을 물고 있는 사이에 사람들이 어떤 놀이에 몰두하고 있는 모습이다. 갖가지 취미 생활의 물품을 배경으로 삼아 놀이에 빠져 있는 장면이다. 그들이 즐기고 있는 것은 아마도 상영도 놀이일 것이다. 그림은 조선 후기 경제적 여유가 있는 상류층이 취미를 즐기며 인생의 쾌락을 향유하는 순간을 묘사했다. 화가의 시선은 취미활동을 포착하려는 의도를 뚜렷하게 드러내고 있다.

그림과 마찬가지로 각종 산문작품이나 시작품은 다양한 취미 생활의 향유를 다채롭게 묘사하고 있다. 대체로는 비판하기보다는 선망하는 투로 묘사하고 있으나 취미에 대한 도를 넘은 기호를 중독으로 간주하여 벽(癖)의 소유자, 치(痴)의 수준으로 치부하였다. 예컨대, 음식의 호사 취미가 대단히 성행하여 화분 형상으로 폐물 음식을 만들고 동자 형상으로 떡을 만드는 기교와 사치를 부리는 행태를 식요(食妖)로 비판하였고,[43] 소풍에 가져가는 찬합과 점심에 먹는 도시락에 엄청난 비용을 치르는 사치스러운 식탁을 문제로 부각하기도 하였다.[44]

그러나 미식의 문제는 기교와 사치로 매도할 수 없을 만큼 도회지 부유층에게는 하나의 취향으로 확고하게 자리 잡았다. 권상신(權常愼) 같은 사대부는 과일을 특별히 즐겨 과일 애호가로 널리 알려졌는데 친구인 심노숭(沈魯崇)은 특별히 감을 좋아하여 권상신보다 월등하다면서 경쟁하듯이 시치(枾痴)임을 자부하였다.[45] 이른바 한양 스타일의 음식맛을 즐긴 심노숭은 본격적으로 미식가라 불러도 좋을 만큼 음식에 관한 풍부한 담론거리를 제공하였다.[46] 미식의 문제를 취미 차원에서 논의할 분위기가 형성된 것이다.

조선 후기에는 개인의 취향을 넘어 많은 이늘에게 널리 공유뇌년서 새롭게 떠오른 취미가 여러 가지 등장하였다. 어떤 취미활동이 주목을 받았고, 그 시대 사람들의 쾌감을 자극했는지를 살펴보는 것은 흥미로운 일이다. 눈에 띄는 취미 가운데 동식물 사육과 화훼수목의 재배가 있는데 이를 더 구체적으로 살펴본다.

이들 취미는 오래전부터 애호를 받아왔는데 18세기 들어 문화적 현상으로 크게 부상하였다. 다시 말해, 그 취미활동과 소비가 사회적으로 이슈의 하나로 떠올라 문화적 의미를 부여받았다. 문화적 가치가 있는 고급 취미로 확대되면서 그림으로 그려지고 시문으로 묘사되었다.

그 가운데 애완용 동물과 새의 사육은 특별히 흥미로운 취미로 떠올랐다. 비둘기를 키우는 취미는 18세기에 크게 유행하여 사람들의 이목을 끌었다.[47] 유득공(柳得恭)은 비둘기 종류와 사육을 다룬 단행본 『발합경(鵓鴿經)』을 지어 관상용 비둘기 23종을 상세히 소개하였다. 위에 소개한

발합경

실학자 유득공의 저술로, 비둘기의 품종과
사육에 관한 모든 것을 담은 책이다.
(미국 버클리대학 소장)

맛·멋·흥·취·통

그림에서도 정원에 비둘기가 있는 장면이 등장하는데 당시 도회지 상류층의 취미를 반영하고 있다.

비둘기를 취미로 기르는 유행은 당시에 매우 성행하여 유득공 본인도 직접 길러본 체험을 하였다. 애완용 비둘기의 사육은 시문에서도 자주 다루어졌다. 이덕무는 『이목구심서(耳目口心書)』에서 비둘기를 취미로 기르던 어떤 아이의 사연을 흥미롭게 기록하였다.

사랑해서는 안 될 것을 사랑하여 사랑의 올바름을 얻지 못하는 자는 어리석다. 우리 집 행랑채에 소년 하나가 살고 있었다. 그 소년은 비둘기 길들이는 것을 지나치게 좋아한 성품이라, 언제나 말하는 주제가 비둘기 이야기 아닌 것이 없었다. 옷 입고 밥 먹는 일이 자기에게 절실한 일임도 거의 잊고 지낼 정도였다. 하루는 어떤 개가 그의 비둘기 한 마리를 물어 갔다. 소년이 쫓아가 비둘기를 뺏고는 어루만지고 눈물을 흘리면서 몹시 슬퍼하였다. 그렇게 하고 나서 비둘기 털을 뽑고 구워 먹었다. 여전히 서글퍼하기는 했으나 비둘기고기는 아주 맛있게 먹었다. 이 소년은 인자한가 아니면 탐욕스러운가? 어리석은 자일 뿐이다.[48]

행랑채 소년이 비둘기를 기른 것은 당시 서울에서 그 취미가 널리 퍼졌던 실태를 보여주는 증거이다. 이덕무는 소년의 사례를 다루어 그 현상을 비판적으로 이해하였다. 18세기 후반에 활동한 사대부 시인인 윤기(尹愭)는 당시 서울에서 부유층과 귀족층에서 유행하는 취미 현상 네 가지에 주목하였다. 첫째가 매화 분재이고, 둘째가 취병(翠屛), 셋째가 비둘기 사육, 넷째가 거창한 장서였다. 윤기가 언급한 유행은 어느 것이나 취미 생활과 밀접하게 관련되어 당시 취미로 새롭게 부상한 것이 무엇인지

를 분명하게 제시한다. 그중에서 세 번째로 다룬 비둘기 사육은 다음과
같다.

고운 난간 높다란 시렁에 단청은 찬란하고	雕欄高架爛靑朱
좁쌀 쏟아 비둘기 길러 즐길 거리 삼는구나.	竭粟養鳩供翫娛
소리는 꾹꾹, 성질은 음탕하니 취할 게 뭐가 있나?	聲局性淫何所取
어진 마음 드러내는 병아리만 못한 것을.	不如仁理在雞雛[49]

부귀한 자의 저택에서 추녀 끝에 멋진 비둘기 새장을 걸어두고 좁쌀
을 먹여 키워서 애완용으로 즐기는 취미 생활을 묘사하였다. 취미 생활로
비둘기를 사육하는 상류층의 문화를 비판적으로 바라보고 있다.

이렇게 성행한 비둘기 사육 취미는 한때의 역사적 현상에 그쳤다.
비둘기 사육이 유행하는 현상을 상세히 기록하고 난 다음 이규경(李圭景)
은 "이는 영재(泠齋) 유득공(柳得恭)이 젊은 시절에 비둘기를 기르던 서울
의 저택에서 숭상하던 현상이다. 내가 어릴 때 여항(閭巷)의 풍속을 직접
본 적이 있었으나 지금은 전혀 볼 수 없으니 이상하다."[50]라고 증언하였
다. 18세기 후반 한때의 유행으로 성행하던 비둘기 사육 취미는 19세기
이후 완전히 시들해졌다. 시기에 따라 취미가 성행하다가 사라지는 현상
을 비둘기 사육의 취미에서 확인할 수 있다.

애완용 동물의 사육 취미는 이 밖에도 연못과 어항에 금붕어를 키우
는 것이 널리 퍼졌다. 이규경은 "근년에 연경(燕京)으로부터 금어(金魚)와
화어(花魚)를 수입하는데 귀족 집에서 많이 기르고 있다. 씨를 퍼트리고
싶어 한 자가 연못에 넣어두었더니 장마를 거치면서 물이 넘쳐 서울 청
계천에 흘러 들어가 그 물고기를 잡은 자가 있다고 한다."[51]라고 보고하

였다. 애완용으로 금붕어를 키우는 취미가 서울 상류층에서 유행했음을 입증한다. 금붕어 기르는 취미는『임원경제지』에서도 나타난다.

값비싼 금붕어를 어항에 넣어 기르고 감상하는 취미는 당시 부귀한 집에서 부린 극도의 사치 가운데 하나였다. 이학규는 금붕어를 기르는 취미가 유행하는 세태를 시로 읊었다. "너무도 어여뻐라 오색 빛깔 금붕어는/천장의 물속에서 헤엄을 치네(政憐魚五色, 游泳水天萍)"라는 시를 짓고, 주석을 첨부하여 "북경에서 수입한 오색 빛깔 붕어를 유리 어항에 기른다. 한 마리에 10냥씩 주고 사온 것이다. 간혹 유리로 소란반자[天花板]를 대신하여 그 속에서 물고기를 길러서 치켜 올려 보기에 편하게 하였다."[52] 라고 설명하였다. 금붕어 한 마리 가격이 10냥이란 엄청난 가격에 이르고, 천장에 유리로 어항을 설치하여 머리 위에서 금붕어가 헤엄치도록 하는 고난도의 기술을 소개하였다.

다음으로 화훼를 가꾸고 감상하는 취미를 살펴본다. 오래전부터 널리 향유된 화훼 취미는 조선 후기 들어서 더욱 성행하였다. 원예에 관한 관심이 늘어 화훼업이 성장하고 기술도 발전하였다. 유박(柳璞)과 같은 전문 원예업자가 출현하였고, 국화품종 개량의 전문가 김 노인이 등장하였다. 스스로를 화광(花狂)이라 자칭한 남희채(南羲采)와 같은 화훼 전문가도 등장하였다. 19세기에는 서울 삼청동에 화쾌(花儈) 김경습(金敬習)과 화가(花家) 김응석(金應錫)이 있어 화훼를 직업으로 하였다.[53] 다음은 18세기 후반과 19세기 전반의 화훼 취미가 도시에 얼마나 광범위하게 퍼져 있었는지를 보여주는 기록이다.

우리나라의 경우에는, 정승 판서와 귀인들이 전지(田地)를 넓게 차지하고 다투어 원림과 누정을 치장한다. 경성(京城)의 안팎과 경기도의 동서

지역에 망천(輞川) 별장과 평천(平泉) 별장이 얼마나 될지 모른다. 어느 고을 아무개 집에 어떤 꽃이 매우 기이하고 어떤 나무가 매우 아름답다는 말을 사람들이 하면, 돈을 아까워하지 않고 사들인다. 석류 화분 한 개, 매화 한 그루의 가격이 일백 금에서 수백 금까지 나가는 것도 있어서 파는 사람은 앉아서 이익을 거둔다. 또 도성에서는 가난하여 먹고살 생계거리가 없는 백성들이 땅을 사서 동산과 채소밭을 만들어 화훼와 과일을 심어서 내다가 판다. 얻는 이익이 전야(田野)에서 농사짓는 이보다 한 곱절에서 몇 곱절에 이른다. 그렇다면 화훼가 백성의 생업에 크게 도움을 주지 않는가?[54]

서울 경기 지역에 부유층의 별서가 화려하게 조성되고, 그 내부를 화려하게 가꾸는 조경에 관심이 증폭된 국면을 설명하고 있다. 남희채가 기록한 상황은 그 밖에도 많은 기록에서 확인할 수 있다.

매화를 즐기는 전통적 취미는 식을 줄 모르고 활발해져 이인상(李麟祥)과 오찬(吳瓚) 등이 겨울밤에 얼음덩이를 잘라내어 그 속에 촛불을 두고 매화를 감상하는 빙등조빈연(氷燈照賓宴)이나 그림자를 이용하여 국화를 감상하는 국영법(菊影法)과 같이 다양한 감상법까지 등장하였다.[55] 화단에서 꽃을 기르지 않고 화분에서 재배하여 감상하고 꽃병에 꽂아놓고 완상하는 분경법(盆景法)과 병화법(甁花法)은 궁궐에서부터 일반 민가에까지 널리 활용되었다. 조선 후기의 화훼 감상이 단순한 취미를 넘어 문화적 트렌드로 정착된 실태를 보여준다. 19세기 중후반의 시인 조면호(趙冕縞)는 당시 서울에서 매화 감상의 열기가 널리 퍼진 실태를 시로 읊었다.

이인상(李麟祥), 야매도(夜梅圖)

'야매(夜梅)'란 '밤에 보는 매화'라는 뜻으로 매화를 보는
새로운 법과 감각을 그림으로 표현했다.
매화 취미는 감상법의 다양화를 불러왔다. (국립중앙박물관 소장)

세상에 매화 보는 풍속이 형성되어   世成看梅俗

열 집에 아홉 집이 매화 키우네.   十家九梅家

아! 그들의 매화 감상법은   繄其取看法

가지도 아니고 등걸도 아니라.   不枝而不楂

화분에 꽂아 위치 좋은 곳에 두고   盆供盛位置

마음을 온통 꽃에만 기울이네.   湊情專在花[56]

과장이 섞여 있음을 인정해도 열 집에 여덟아홉 집이 매화 화분을 장만하여 감상하는 것은 대단한 열기이다. 매화 취미가 보편적인 현상으로 펼쳐지는 서울의 문화를 생생하게 증언하고 있다.

하지만 화훼 취미는 매화의 범주를 벗어나 확대되었다. 중국으로부터 능소화와 영산홍, 종려나무 등 새 품종을 들여와 재배하기도 하였고,[57] 개항 이후에는 상해로부터 수십 종의 새로운 화목을 기선으로 수입하여 왕실에 납품하기도 하였다. 그중에서 수선화는 18세기 말엽부터 수입되어 사대부들 사이에 큰 인기를 얻으며 일약 참신하고도 희귀한 완상용 화훼로 등장하였다. 19세기 시문에 수선화를 묘사한 작품이 많이 보이는 것은 최신 유행과 애호취미를 반영하고 있다. 수선화 감상은 청나라로부터 수입된 이국적 취향으로 과거에는 없다가 새롭게 나타났다. 제주도에서 자생하는 수선화를 발견하면서부터 서울에 대거 유행하는 단계로 퍼져나갔다.[58]

조선 후기,
수석의 수집과 감상이 대유행

취미는 각 시대의 유행과 소비 행태, 개인의 취향과 깊은 관련을 맺으면서 향유되었다. 특정한 하나에 고정되지 않고 취미는 문화적으로 형성되고 시대사조에 따라 변화를 겪는다. 조선 후기의 취미 생활도 사정이 다르지 않다. 실례를 들면, 주택의 내부나 주변에 연못을 조성하는 것을 특별히 애호하여 물고기를 기르거나 연꽃을 심어 감상하고, 산울타리인 취병(翠屏)을 조경의 하나로 설치하였다. 이조원(李肇源)의 「양어가(養魚歌)」와 이규상(李奎象)의 「곡지가(曲池歌)」는 연못을 만들어 물고기를 기르는 멋을 묘사하였고, 앞서 언급한 윤기의 시는 서울의 부귀가에서 유행하는 취병 조성 현상을 다루었다.

이들은 모두 조선 후기에 새롭게 등장하여 시대적 분위기를 상징하는 유행이 되었다. 과거에는 일부 애호가가 즐기기는 했으나 대중의 관심에서 일정하게 비켜나 있던 취미가 특별한 관심을 받으면서 유행하는 현상이 빈번하게 발생하였다. 조선 후기에 특별히 부상하여 크게 조명을 받은 취미가 적지 않다. 대표적인 것의 하나로 수석(壽石)의 수집과 감상을 꼽을 수 있다. 그 내용을 집중하여 살펴봄으로써 새로운 취미가 어떻게 문화의 전면에 등장하는지 살펴보자.

괴석(怪石) 또는 수석(壽石), 수석(水石)은 정원에 배치하는 조경 요소나 실내에 놓아두는 장식물의 하나이다. 미적으로 향유해 온 역사가 매우 오래되어 이전에도 시문에는 괴석이 종종 등장하였다. 조선 전기 강희안(姜希顔)의 『양화소록(養花小錄)』에서도 괴석을 중요하게 다루었다. 그러나 돌에 대한 애호가 다른 어떤 취미와 비교해도 뒤지지 않을 정도로

정선, 쌍도정도(雙島亭圖)

성주(星州) 관아의 객사인 백화헌(百花軒)의
남쪽 연못에 있던 정자를 그렸다. 연못에 조성한
두 개의 섬이 있어 쌍도정이다. (개인 소장)

유행을 이룬 시기는 18세기 이후다. 18세기 이후 지식인의 미의식에 돌의 미학이 깊이 각인된 현상이 사회 전반에 나타났다. 괴석은 정원의 조경 요소로서 중요하게 다루어졌다. 그 현상을 반영하여 주택과 사대부의 연회를 그린 회화에서 괴석은 빠트릴 수 없는 중요한 요소로 그려졌다. 이는 괴석 취미가 유행하는 현상과 밀접하게 관련을 맺고 있다. 중국의 경우에도 오래전부터 괴석을 정원석으로 사용하였으나 사대부가 그 미학을 본격적으로 다루어 유행을 선도한 것은 백거이(白居易)의 「태호석기(太湖石記)」 이후다.

조선 후기에 아취 있는 사대부의 취미로서 새롭게 등장한 돌에 대한 사랑, 다시 말해 석벽(石癖)은 앞서 언급한 다양한 취미와 함께 광범위하게 퍼졌다. 석벽으로 명성을 얻은 인물이 많아서 연암 박지원의 친구인 이희천(李羲天, 1738~1771)은 돌 일만 개를 수집하여 진열하고 만석루(萬石樓)란 누정을 서울에 지어 살면서 돌에 대한 취미를 즐겼다.[59] 자연스럽게 석루(石樓)라는 자호(自號)를 사용하였다. 이만함(李萬咸)은 전국의 산천을 다니며 돌을 모았는데 성호 이익은 그에게 「삼석설(三石說)」이란 글을 지어주었다.

이심전(李心傳, 1738~1799)은 충청도 광천의 오서산 자락에서 수석을 모아두고 꾸민 뇌뢰정(磊磊亭)을 짓고 살았다. 정자 이름인 뇌뢰(磊磊)는 수많은 돌무더기를 표현한 재치가 넘치는 명칭이다. 이심전은 1773년 문과에 급제하였고 이후 조정에서 제법 벼슬을 맡은 인물이다. 당대의 저명한 문인 목만중(睦萬中)은 「뇌뢰정기(磊磊亭記)」란 글에서 수석을 모은 과정을 설명하고 다음과 같은 의미를 부여하였다.[60]

정자는 광천의 오서산(烏棲山) 산기슭을 걸터앉아 있고 긴 내가 그 앞을 흘러간다. 그 물을 끌어들여 못을 만들고, 굽은 난간을 못가에 걸쳐 세웠다. 물이 맑고 깨끗하여 얼굴을 비춰볼 수 있을 정도인데 수많은 돌이 못을 둘러싸 우뚝하고 높다랗다. 울퉁불퉁 단단한 것, 넓게 퍼져 있는 것, 쭈그린 것, 엎드린 것, 초연히 홀로 서 있는 것, 거만히 걸터앉은 듯한 것, 켜켜이 쌓여 같은 무리를 모아놓은 것이 있다. 큰 것은 집채만 하고 작은 것은 주먹만 하니 아무리 셈을 잘하는 사람이라도 다 셀 수 없는데 그것을 여중(汝中, 이심전)은 가려 뽑아 소유하였다. 먼 옛날 미불(米芾)이 좋아한 돌은 진귀하고 기이한 능계석(菱溪石)이나 태호석(太湖石) 같은 종류뿐이다. 그런 돌은 늘 가질 수 있는 것이 아니고, 설령 가진다 해도 많이 가질 수 없다. 멀리서 실어오지도 않고 깎고 다듬지 않아도 저절로 안석 앞에 갖춰진 여중의 돌과 견주어보면 어떠할까? 기이하거나 추하거나 가리지 않고, 어그러지거나 괴상하거나 버리지 않으니, 여중이 돌을 좋아하는 것은 미불보다 훨씬 낫다.[61]

특별한 괴석을 사랑하는 방법과 다양한 돌을 두루 사랑하는 방법을 들고 후자에 더 높은 가치를 부여하였다.

19세기 들어서는 수석의 채취와 수집이 사대부들 사이에 열병처럼 번졌는데 신위(申緯)의 문사 그룹을 비롯하여 수많은 이들이 석벽을 지녔다. 김유근(金逌根)은 괴석도(怪石圖)를 특별히 잘 그려 괴석 취미를 확산시켰다. 조희룡(趙熙龍)도 수석 취미가 있어 유배지 임자도에서 수석을 널리 수집하였고, 거기서 괴석 수집에 열정을 지닌 우석선생(友石先生)을 만나 교유하였다. 그 밖에도 조면호와 남병철(南秉哲) 등 일일이 꼽을 수 없을 만큼 많은 지식인이 석벽을 토로하였다.

특히 서화를 비롯하여 온갖 호사 취미의 소유자인 조면호[62]는 평소부터 석공(石供)에 벽(癖)이 있어[63] 수석을 수집하여 감상한 다양한 기록을 남겨놓았다.[64] 하나의 실례를 들면, 그는 1867년 새해 첫날 진열한 11종의 수석에게 세배를 올리고 각각의 돌에 시 한 수씩을 지었다. 그것이 '예석시(禮石詩)'이다. 「예십일석(禮十一石)」을 쓰고 난 뒤 다시 12개의 돌에 세배를 드린 「속예석구시(續禮石九詩)」와 「추예삼석(追禮三石)」을 지었다. 그의 행태는 취미 생활의 전형적 모습을 보여준다.

석벽은 이들에게 국한되지 않고 보편적 취미로 확산되었다. 19세기에 문사들이 특별히 석(石) 자가 들어가는 아호(雅號)를 많이 사용한 현상은 다름 아닌 수석 취미의 반영이다. 우석(友石), 취석(醉石), 만석(晚石), 석우(石友), 석경(石經) 등등 매우 많다. 석(石) 자를 썼다고 누구나 수석 취미를 가진 것은 아니나 아호가 취미를 반영하는 경우가 그렇지 않은 경우보다 많다. 한두 가지 사례를 들면 다음과 같다.

조면호가 강서에 유배 가서 만난 박지일(朴之一)은 호가 석련(石蓮)인데 일만 개의 수석을 소장한 석벽(石癖)이 있는 사람이었다.[65] 저명한 화가 이유신(李維新)은 호가 석당(石塘)인데 돌을 사랑한 취미를 반영한 호다. 이유신이 신위 집에 있는 괴석을 어루만지며 차마 그 곁을 떠나지 못하자 신위가 종에게 들려 보내려고 하였다. 석당은 굽신굽신 절하고 종을 물리친 채 직접 양손에 괴석을 떠받들고 의기양양하게 시장을 지나갔다고 전한다.[66] 돌에 빠진 기호의 정도를 표현하는 일화다.

수석 취미는 문학에 반영되어 그와 관련한 시문이 다채롭게 등장하였다. 다양한 취미를 즐기면서 취미 생활을 예술창작으로 결합한 신위에게 흔하게 보인다. 다음은 「내게는 채석 석분이 있는데 각각 다섯 개씩 국인(菊人)과 동소(桐沼)에게 나누어주고 시를 지었다」라는 제목의 시다.

국인이랑 동소랑은 내 좋은 벗들   菊人桐沼吾良友
석벽(石癖)과 난맹(蘭盟)으로 벗이 되었지.   石癖蘭盟與結隣
두 벗에게 희사하여 시에 불사(佛事)하노니   捐作兩家詩佛事
소매 안에 동해의 작은 산 넣어두게나.   袖中東海小巑岏.[67]

　나이가 들어 소장하고 있던 돌을 벗에게 나눠주며 지은 시다. 여기
서 석벽(石癖)과 난맹(蘭盟)은 돌과 난초의 취미가 있음을 보여주는 말로
신위가 자주 썼다. 당시 문사들 사이에서 어떤 취미가 유행했는지를 명료
하게 보여준다.
　수석 취미가 널리 보급되면서 수석의 의미와 그 미학을 표현한 글
들도 많이 나타났다. 그 가운데 『주영편(晝永篇)』의 저자 정동유(鄭東愈,
1744~1808)가 쓴 「괴석기(怪石記)」는 속된 취미를 좋아하는 이유와 대비
하여 괴석을 사랑하는 동기를 설명하고 있다. 당시 수석을 대하는 지식인
의 미학을 엿볼 수 있다.

　내가 평상시 취미 삼아 즐기는 것을 점검해 보니 이상하게도 세상에서
좋아하는 것들이 많다. 먹거리 중에는 엿이나 생선과 육류를 즐기고, 육
류 중에는 기름진 것만 편식한다. 의관은 반드시 유행을 따라서 입는다.
꽃은 붉고 고운 것을 좋아하고, 그림은 완상할 것을 사랑한다. 음악은 그
다지 좋아하지 않으나 속악(俗樂)은 종일토록 잘 듣는다. 문장은 관각(館
閣)의 화려한 것을 즐겨 보고, 시는 차라리 유우석(劉禹錫)과 백거이(白居
易)를 배울지언정 가도(賈島)나 노동(盧仝)은 좋아하지 않는다. 글씨는 필
진도(筆陣圖)나 초결(草訣) 따위의 서체로 마구 벽에다 쓴 뒤에 그대로 놔
두고 없애지 않는다. 일상생활에서는 이렇듯이 세상에서 흔히 쓰는 물

건을 거리낌 없이 즐겨 쓴다.

그런데 유독 소나무는 늠름한 것을 좋아하고 구불구불한 것을 좋아한다. 바위는 괴이하게 생긴 것을 좋아하여 무릇 가파르게 깎이고 구불구불 서리며 우묵하게 입을 벌리고 영롱한 빛을 내는 것이면 하나같이 좋아한다. 어쩌다 그런 것을 만나면 어루만지며 즐거서 자고 먹는 것도 잊을 정도다. 늠름하고 구불구불한 소나무와 가파르게 깎이고 구불구불 서리며 우묵하게 입을 벌리고 영롱한 빛을 내는 바위야말로 이른바 기이하고 특별하면서도 세속에 어울리는 것이 아니겠는가? 그렇지 않으면 내 성품과 취미가 우연히 이 두 가지 사물과 어우러졌을 뿐 그 나머지 몇 가지는 취미라고 말하기에 부족한 것일까?[68]

정동유는 함경도에서 나온 괴석을 소유하여 감상하는 동기를 설명하면서 취미에 대한 사유를 펼치고 있다. 다른 취미는 세상의 일반적 취향을 따르지만 소나무와 돌에 대해서는 남다른 그만의 취향을 간직하고 그것을 포기하지 않겠다고 하였다. 소나무와 돌의 기이하고도 특별한 모양이 흔해빠진 세속적 물건과는 다르기에 애호의 정을 갖는다고 하였다. 소나무와 돌의 속되지 않은 고고한 품격을 취미 선택의 미적 기준으로 삼고 있다. 정동유가 펼친 사유는 당시 지식인의 시각과 깊은 관련을 맺고 있다.

이 밖에도 돌의 취향에는 다양한 시각이 폭넓게 존재한다. 강세황이 조선의 괴석 취미를 비판한 언급이 그 한 사례다. 그는 해주산 수포석(水泡石)이 주종을 이루는 조선의 괴석에 대해 "현재 부귀한 집에서 뜰에 늘어놓은 석분(石盆)이 모두 이 수포석이다. 반드시 세 봉우리로 깎아 만들었으나 한층 비루하고 속되다. 무슨 사랑스러운 면이 있다고 툭하면 모아서 기이한 완상품으로 만드는가?"[69]라고 비판하였다. 취미 자체를 비판한 것이 아니라 수포석의 재질과 삼신산을 인공적으로 제작하는 비속한 행태를 비판한 것이다. 이처럼 취미의 발전은 깊이 있는 미학의 전개로 확산되었다.

취미의 향유, 학술과 예술에도 큰 영향 끼쳐

조선 후기의 다양한 문화현상은 문학을 비롯한 각종 예술에 반영되어 나타난다. 서울의 상층 사대부들 사이에서 향유된 여러 취미는 그들이 지닌 문화적 역량에 힘입어 일반 사람의 그것에 비해 더 많이 밖으로 노출되었다. 취미의 향유가 신분과 지역, 경제적 수준과 사유의 개방성에 따라서 큰 차별을 보이므로 위에서 살펴본 문화적 현상을 조선 후기의 보편적 현상이었다고 바로 단정할 수는 없다. 다만 그 현상이 그 시대의 주요한 문화적 트렌드로서 역동성 있게 문화적 영향력을 확대해 갔고, 그것이 학술과 예술에도 적지 않은 영향을 끼쳤다는 점은 분명하다. 취미의 유행은 그 시대 사회상의 맥락 속에서 의미 있는 현상으로 이해할 필요가 있다.

앞에서 살펴본 것처럼, 조선 후기에는 과거보다 훨씬 적극적으로 다양한 취미가 향유되었다. 취미의 향유를 막는 제약이 완화되거나 취미를 새로운 문화 주체가 지녀야 할 문화적 조건의 하나로 여겼다. 이전에 취미를 보는 관점과는 역전이 이루어졌다. 조선 후기 사회와 문화에서 이전 사회보다 다양성과 참신성, 개성을 보이는 문화적 현상이 부상한 배경에는 취미의 다양한 향유가 상호작용하고 있다.

그동안 조선 후기 문화의 분석에서 마니아의 개념과 벽(癖)과 취(趣)의 틀로 분석한 관점은 있으나 취미라는 현대적 관점으로 분석한 경우는 거의 없었다. 이 글에서는 조선 후기 사회에서 취미의 향유를 집중적으로 분석하여 그 사회적 맥락과 문화적 반영의 현황을 살펴보았다. 분석을 통해 조선 후기 사회와 문화, 일상사에서 취미의 향유가 간과할 수 없는 중요한 의의를 지니고 있음을 밝혀냈다. 취미의 구체적 대상을 더 깊이 조사하고 분석하여 학술과 예술에 끼친 영향을 밝히고 그 미학까지 살펴본다면 조선 후기 취미에 대한 우리의 이해를 더 깊게 할 것이다.

通 ————————————————

제5장

통通, 국왕의 소통 방식

김문식 | 단국대학교 사학과

18세기 왕들은
백성과 어떻게 소통했나

조선시대는 여론 정치가 무척 발달한 사회였다. 조선 정부는 건국과 함께 유교를 정치 이념으로 채택하였고, 유교 정치는 '공론(公論)'으로 표현되는 사대부들의 여론에 입각한 정치를 펼쳤기 때문이다.[1] 조선의 국왕과 정부의 관리들은 상참(常參), 윤대(輪對), 차대(次對)라 불리는 다양한 형태의 정기 국무회의를 통해 주요 정책들을 논의하였다. 또한 삼사(三司)라 불리는 홍문관(弘文館), 사헌부(司憲府), 사간원(司諫院)에 소속된 관리들은 '언관(言官)'이라고 하여 국왕에게 다양한 언론을 펼치는 것을 고유의 직무로 하였다. 또한 현직 관리와 사대부는 경연(經筵, 국왕의 교육), 구언(求言, 의견을 구함), 상소(上疏) 등의 방법을 통해서 국왕에게 당대의 정책을 비판하거나 자신이 희망하는 사항을 건의할 수가 있었다. 조선은 사대부들이 주장하는 공론을 중시하고 이를 수렴하는 제도적 장치를 갖추었다는 점에서 고려시대보다 진일보한 정치 운영 방식을 보여주었다.

18세기는 서울과 서울을 둘러싼 4대 도시(개성, 강화, 수원, 광주)를 중심으로 하는 수도권(首都圈)의 도시화가 빠르게 진행되면서 상공업이 점차 발달하던 시기였다.[2] 또한 농업을 주산업으로 하는 향촌에서는 농업 생산력의 발달을 바탕으로 경제적으로 성장하는 농민층이 있었다. 18세기 조선의 도시와 향촌에서 경제력을 확보한 시민과 농민들은 자신들의 지위에 부합하는 대접을 해달라며 다양한 요청을 하였고, 국왕들은 이들의 상충하는 욕구를 해결하고 조정하면서 민생(民生)을 안정시켜야 하는 상황이 전개되었다. 이런 시기에 영조와 정조는 국왕이 추진하는 정책을 신료와 백성들에게 적극적으로 알리고, 그들의 요구 사항을 청취하고 해

영조의 어진 (국립고궁박물관 소장)

정조의 어진 (수원 화성 소장)

맛·멋·흥·취·통

결하기 위해 다양한 소통 방식을 활용하였다. 18세기의 국왕들은 전통적인 소통 방식을 적극적으로 활용하였고, 백성들과 직접 접촉하면서 그들의 실정을 파악하는 새로운 방식을 마련하기도 하였다.

이 글은 '18세기를 움직인 다섯 가지 힘, 맛·멋·흥·취·통'이라는 공동 기획에서 '통(通)'에 해당하는 것으로, 18세기의 국왕들이 다양한 소통 방식을 통해 백성들의 뜻을 파악하고 이를 정책에 반영했던 사실을 정리하기로 한다. 기왕의 연구 성과들을 적극적으로 수용하면서, 국왕의 소통 방식을 어찰(御札), 책문(策問), 구언(求言), 순문(詢問), 상언(上言)과 격쟁(擊錚)이라는 다섯 가지 방식으로 구분하였다. 이 중에서 어찰, 책문, 구언은 국왕이 궁궐 안에 머물러 있으면서 주로 신료들과 소통하던 방식이고, 순문, 상언과 격쟁은 국왕이 궁궐 밖으로 나가서 백성들과 직접 접촉하면서 그들의 의사를 파악하는 방식이다.[3] 이 글은 18세기의 국왕들이 신료와 백성들을 직접 만나 소통하는 방식과 소통하는 공간을 주목하였으며, 이를 통해 18세기의 조선 사회가 가진 특징을 파악할 수 있기를 기대한다.

어찰御札, 국왕이 쓴 편지

어찰은 국왕이 쓴 편지를 가리키는 말이다. 국왕이 직접 쓴 글씨를 '어필(御筆)'이라 하고, 국왕이 직접 지은 글을 '어제(御製)'라고 한다. 국왕이 글을 짓고 직접 쓰기까지 하면 '어제어필(御製御筆)'이라 부른다. 어찰이란 국왕이 지은 글인 어제에 속하는 것이다. 이에 비해 왕세자가 쓴 글씨와 지은 글은 '예필(睿筆)', '예제(睿製)'라고 한다.

어찰을 통한 소통이란 국왕이 특정 신하에게 편지를 보내어 자신의 의사를 밝히고, 어찰을 받은 신하는 국왕에게 답장을 보냄으로써 이에 호응하는 방식을 말한다. 조선의 국왕들은 선대 국왕의 어찰에 특별한 가치를 부여하였기 때문에 이를 소중하게 여겼으며, 신하들은 자기 집안에서 보관하는 어찰을 국왕에게 바침으로써 국왕의 포상을 받기도 하였다.

『열성어제(列聖御製)』는 조선의 국왕들이 지은 어제를 국왕별로 정리한 책자이며, 여기에는 역대 국왕들이 작성한 다수의 어찰이 포함되어 있다. 다음의 〈표 1〉은 『열성어제』에 나타난 조선 후기 국왕의 어찰 건수를 정리한 것이다.[4]

〈표 1〉을 보면 조선 후기의 국왕들은 어찰을 작성하기는 하였지만 『열성어제』에 수록된 어찰의 수는 그리 많지 않다. 다만 어찰의 연평균 수를 볼 때 효종의 어찰이 상대적으로 많은 편이고, 숙종 이후 정조에 이

〈표 1〉 조선 후기 국왕의 어찰 건수

국왕	재위	어찰	연평균
인조	1623~1649	7	0.26
효종	1649~1659	26	2.6
현종	1659~1674	–	–
숙종	1674~1720	12	0.26
경종	1720~1724	4	1
영조	1724~1776	92	1.77
정조	1776~1800	80	3.33

르기까지는 어찰의 빈도수가 점차
높아지는 현상을 볼 수가 있다.

『열성어제』 표지

　　그러나 국왕의 어찰은 여기에
서 그치지 않는다. 지금도 선조, 효
종, 숙종, 영조, 정조, 순조, 고종의 어
찰 실물이 꾸준히 발견되고 있으며,
어찰의 실물은 아니지만 개인 문집
에 국왕에게 받은 어찰의 내용을 그
대로 필사해 둔 경우를 볼 수도 있
다. 현재 전하는 어찰은 국왕이 왕실 가족이나 스승, 측근의 신료에게 보
낸 것이 대부분이다. 어찰을 보면 단순히 안부를 묻는 편지도 있지만, 스
승과 학문적 토론을 벌이고, 측근 신하와 국정을 의논하며, 지방관으로
부임하는 관리에게 민생을 잘 보살필 것을 당부하기도 한다. 이를 보면
조선의 국왕들은 사대부와 마찬가지로 서찰을 통해 상대방의 의사를 확
인하고 소통하였다.

　　국왕의 어찰은 대부분 당대에 내용이 공개되었지만, 내용이 공개되
지 않았던 밀찰(密札), 즉 비밀편지의 존재도 속속 확인되고 있다. 이는
국왕과 측근 신료가 비밀편지를 교환하면서 소통하는 방식으로, 당대의
민감한 정치적 사안을 국왕과 신료가 막후에서 조절할 때 매우 유용하
였다.

효종의 어찰

현존하는 국왕의 비밀편지로 가장 시기가 앞서는 것은 효종이 송시열(宋
時烈)과 정태화(鄭太和)에게 보낸 어찰이다. 효종은 정태화에게 비밀편지

송시열의 초상화

(국립중앙박물관 소장)

에서 '부자지간이라도 편지를 보여주면 안 되므로 조심하라'고 당부하였다.[5] 비밀편지의 내용이 알려지면 폭발력이 엄청날 것을 우려하였기 때문이다.

효종이 송시열에게 보낸 비밀편지는 1659년(효종 10)에 작성한 세 통이 남아 있다. 효종은 송시열에게 비밀편지를 보내기 위하여 세자를 메신저로 활용하였다. 효종의 비밀편지 원본은 1694년(숙종 20)에 송시열의 아들인 송기태가 숙종에게 바쳤으나 이후 궁중에서 사라져버렸다. 비록 비밀편지의 원본은 사라져버렸지만 송시열의 집안에서 그 본문을 따로 베껴두었기 때문에 후대로 전해졌다.

효종은 이 편지에서 송시열이 큰일을 하려면 대신을 알아야 한다면서 당대의 대신들을 평가하였다.

큰일을 논하고자 한다면 대신(大臣)에 관하여 몰라서는 안 된다. 그러나 현재의 대신은 모두 한때의 인망을 얻어 순서를 밟아 올라갔으므로 재간과 국량(局量)을 지닌 사람을 얻기가 쉽지 않다. 원평(元平, 원두표)은 재능이 없지 않으나 기질이 차분하지 못해 정밀한 일을 처리하기는 어려울 듯하다. 심 정승(심지원)은 어질기는 하지만 재능이 없다. 완남(完南, 이후원)은 병이 많아 나오지를 않는다. 지혜가 있고 식견이 있으며 일처리를 할 줄 아는 사람으로는 영의정(정태화)이 적임자인데, 중책을 맡으려 하지 않는 것이 흠이다. 그러나 이 사람이 아니면 안 될 것이므로 경(송시열)도 이 뜻을 알아 그와 사귀어 친밀해진 다음이라야 차차 국사를 의논할 수 있을 것이다.[6]

이를 보면 효종은 자신의 측근에 있던 정태화와 송시열에게 각각 비밀편지를 보내어 서로의 의사를 소통시키고 있었다. 당시 청나라는 북경을 점령하였지만 아직 중국 전역을 장악하지는 못하였고, 조선 정부가 남방으로 밀려간 명나라와 합세하여 자신을 공격하지 않을까 의심의 눈초리를 보내고 있었다. 한편 조선 조정에는 청나라와 몰래 내통하는 세력이 엄연히 존재했다. 이런 상황에서 효종은 비밀리에 북벌 정책을 추진하고 있었으므로, 비밀편지를 사용한 것은 불가피한 선택이기도 하였다.

정조의 어찰

정조는 특별히 비밀편지를 많이 남긴 국왕이다. 정조는 효종이 송시열에게 보낸 3건의 비밀편지를 열람하고 그 발문(跋文)을 작성하였다. 정조는 국왕이 가까운 신하를 친밀하게 대해야 하며, 비밀편지는 국왕이 가까운 신하를 잃지 않으면서 국정을 원활하게 수행하는 기능이 있다고 하였다.

국왕이 친밀하지 않으면 신하를 잃는다. 남들보다 훌륭한 신하를 사사로이 대하니, 사사로이 대하지 않으면 그를 구할 수가 없기 때문이다. 성인(聖人)의 은미한 뜻은 한 세상을 진작시키고 여러 호걸을 일어서게 하

려는 것이다. 이것이 어찌 후세의 국왕들이 모범으로 삼아 계승할 일이
아니겠는가?[7]

정조는 효종이 송시열에게 보낸 비밀편지를 보면서 국왕이 측근의
신료들과 은밀하고도 친밀하게 소통하는 방식을 확인하였다.

정조의 어찰은 외가인 풍산 홍씨가와 처가인 반남(潘南) 박씨가에
보낸 분량이 가장 많다. 최근에는 채제공(蔡濟恭), 조심태(趙心泰), 심환지
(沈煥之)와 같은 측근 신료들에게 보낸 것이 속속 확인되고 있다.[8] 또한
정조의 어찰을 소장하고 있는 공공기관에서 그 원문과 번역문을 수록한
책자를 간행하기도 하였다.[9]

정조가 외가와 처가에 보낸 어찰은 비밀편지가 아니며, 대부분의 내
용은 집안 인물들의 안부를 묻거나 간단한 선물을 보내는 것과 같은 일
상적인 것이었다. 그러나 정조가 측근 신료들에게 보낸 어찰은 비밀편지
로서의 성격을 띤다.

정조가 노론 벽파의 영수 심환지에게 보낸 어찰에서는 정치 현안을
논의하거나 지시하고, 관료의 인사 문제에 대한 지침을 내리며, 국왕에게
올리게 될 소차(疏箚)의 내용을 미리 논의하고, 관료의 비리와 여론의 동
향을 탐문하여 보고할 것을 요구하였다.[10]

다음의 어찰은 정조가 심환지에게 구체적인 행동 지침을 내려주고,
심환지가 그렇게 행동하면 정조는 그를 파직시켰다가 시간이 지난 후 다
시 등용할 생각임을 일러주는 내용이다.

일전의 처분에 대해서는 알아들을 만큼 이야기하였고, 의리가 지극히
엄중하다. 경의 경우에는 몽합(夢閤, 김종수)이 죽은 뒤로는 경이 주인의

자리를 양보해서는 안 된다. 일이 『명의록(明義錄)』의 의리와 관련되니, 차라리 지나칠지언정 미치지 못해서는 안 된다.

내일 신하들을 소견할 것인데, 반열에서 나와서 강력히 아뢰고 즉시 뜰로 내려가 관을 벗고 견책을 청하라. 그러면 일의 형세를 보아 정승의 직임을 면해주든지 견책하여 파직하든지 처분할 것이다. 그 뒤에 다시 임명하는 방법도 생각해 놓은 것이 있으니, 이렇게 생각하고 있으라. 그리고 이러한 뜻을 서료(徐僚, 서용보)를 시켜 나의 뜻이라고 전할 것이다. 이 편지는 아마도 서용보의 인편보다 먼저 전하지는 못할 듯하다.(1799. 3. 6)[11]

정조가 남인의 영수이자 심환지의 정적(政敵)이던 채제공에게 보낸 어찰에서도 이와 비슷한 내용이 나타난다. 다음은 1794년 연말에 채제공에게 보낸 어찰이다.

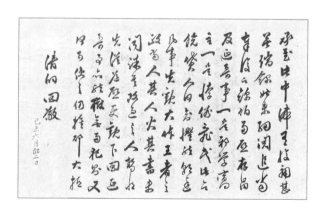

정조가 심환지에게 보낸 비밀편지

(문화재청 홈페이지)

책문(冊文)에 관한 일을 과연 그렇다. 그러나 이런 일에 있어 나의 도리는 그저 공공(公共)의 정론(正論)에 맡겨둘 뿐 내가 어찌 그 사이에 관여하겠는가? 그렇지만 새겨 넣는 일이 있으므로, 이런 일을 하려고 할 때 해버려야지 뒤로 미루어서는 불가하니 어떻게 해야 할지 모르겠다. 지금부터 필사하는 일은 일상적인 일과는 매우 다르다.[12]

이때 정조는 장헌세자(莊獻世子, 사도세자)가 살아 있었다면 회갑이 되는 1795년에 새로운 존호(尊號)를 올릴 것을 결정하고, 채제공을 상호도감(上號都監)의 책임자로 임명하여 이 일을 주관하게 하였다. 이 편지는 정조가 장헌세자에게 어떤 존호를 어떤 방식으로 올릴지를 고민하면서, 채제공과 긴밀하게 상의한 내용이다. 1795년 1월에 정조는 장헌세자에게 8자 존호를 새긴 옥책(玉冊)과 금인(金印)을 올렸다. 세자에게 올리는 존호는 4자이고 이를 새기는 책인(冊印)으로는 죽책(竹冊)과 은인(銀印)이 적절했다. 따라서 정조는 세자에게 올리는 것보다 한 단계 높은 등급의 존호와 이를 새긴 책인을 장헌세자에게 올린 것이다.

박종악(朴宗岳)의 『수기(隨記)』는 1791년부터 1795년까지 박종악이 정조에게 보낸 서찰을 베껴둔 것이다. 이를 보면 정조는 자신의 인척이기도 했던 박종악에게 어찰을 보내어 자신이 원하는 정보를 구하거나 특별한 지시를 하였고, 박종악이 여기에 응답하는 편지를 보냄으로써 국왕과 소통하고 있었다.[13] 그런데 박종악의 편지에서 '별폭(別幅)'이나 '별지(別紙)'는 그가 파악한 정보를 정조에게 보고하거나 자신의 속내를 드러낸 기록으로 비밀편지에 해당한다.[14]

별폭 말미에 하교하신 내용은 일체 삼가 보았습니다. 조정에 하직 인사를 하던 날 성상의 하교가 정성스럽고 간절하여 아직도 신의 귀에 남아 있으니, 신이 감히 받들어 선양하지 않을 수 있겠습니까? 성상(정조)께서 유념하고 계시는 4~5명의 대부는 비록 얼굴을 알지 못하나 이따금 차례로 찾아갔습니다. 허다한 사족(士族)에 대해서는 신이 삼가고 졸렬하며 두려워하고 움츠리는 성격이라 과연 일일이 찾아가지 못하여 기문(記聞)한 조항 또한 작성하지 못했습니다. 신이 성상의 명령을 널리 선양하지 못한 죄는 참으로 너무도 황송하여 견딜 수 없습니다.[15]

기밀하지 못하다는 경계에 대해 말씀드리자면, 지난 편지에 이미 아뢰었습니다. 게다가 성상께서 간곡히 신신당부하는 하유를 받았으니 어떠하겠습니까. 신은 더욱 경계하고 명심하여 집안에서도 감히 입을 열지 않겠습니다. 다만 근래의 인심이 갈수록 험하고 교묘해지며, 신의 처지가 이와 같은지라 비슷하게 억측하고 근거 없이 견강부회하는 일이 반드시 없으리라고 보장하기는 어렵습니다. 이는 참으로 두려운 일입니다.[16]

이상의 편지를 보면 정조는 박종악에게 비밀편지를 통해 특별한 지시를 하였고, 또 자신이 보내는 비밀편지의 내용을 절대로 주변 사람에게 발설하지 말라고 당부하였다. 이에 대해 박종악은 자신의 활동 상황을 보고하고, 어찰의 기밀을 유지하겠다는 답장을 보냈다.

정조가 심환지, 채제공, 박종악에게 보낸 편지를 보면, 정조는 어찰을 통해 자신의 측근에 있는 신료들과 긴밀하게 소통하였다. 그리고 정조는 특히 비밀편지를 통해 중요 정보를 교환하면서 당시의 정국을 막후에서 조절하였다.

책문^{策問},
국가개혁의 방안을 묻다

책문은 국왕이 중시하는 사안을 질문 형식으로 제시하면, 신하들은 이에 대한 대책문(對策文)을 작성하여 올림으로써 국왕과 소통하는 방식이다.[17] 조선시대에 문과(文科) 시험에 응시하는 유생들은 초시(初試), 복시(覆試), 전시(殿試)로 구성되는 세 차례의 시험에서 각각 대책문을 작성하여 제출해야 하였다. 초시와 복시의 종장(終場, 마지막 시험)에서는 반드시 대책 1편을 작성하였고, 궁궐 안에서 치르는 전시에서는 대책, 표(表), 전(箋), 잠(箴), 송(頌), 제(制), 조(詔)라는 형식의 글 가운데 1편을 작성하였기 때문이다.[18] 따라서 조선시대에 문과에 응시하는 유생이라면 누구나 시험을 준비하고 치르는 과정에서 여러 사람이 출제한 책문들을 접하면서 그에 대한 대책문을 작성하였다.

국왕의 책문은 주로 문과 응시생이나 문과 시험을 준비하는 성균관의 태학생(太學生)들에게 내려졌다. 그러나 국왕의 생각에 따라 대책문을 작성하는 대상이 이보다 더 확대될 수도 있었다. 책문은 국왕이 질문하고 신하가 답변한다는 점에서는 어찰과 비슷한 소통 방식이었다. 그러나 책문은 국왕의 질문이 널리 공개되고, 국왕의 질문에 답변하는 사람의 수도 많다는 점이 어찰과 달랐다.

『열성어제』에 수록된 조선 후기 국왕들의 책문을 보면 인조 대에서 효종 대까지는 한 건도 보이지 않다가 숙종 대에 5건, 영조 대에 10건, 정조 대에 78건이 나타난다. 이러한 건수는 많지 않아 통계로서는 큰 의미가 없지만 책문이 내려진 대상에서는 뚜렷한 변화가 나타난다.

숙종의 책문

숙종의 책문은 성균관 유생에게 내려진 것이 3건, 성균관과 서울의 사부학당(四部學堂, 동학·서학·남학·중학)에 소속된 유생에게 동시에 내려진 것이 1건, 호당(湖堂, 독서당)에서 학습하는 학사(學士)에게 내려진 것이 1건이다. 숙종의 책문에 대책문을 작성한 사람으로는 성균관 유생이 가장 큰 비중을 차지하고 다른 응답자도 기존 관례에서 벗어나지 않았다.[19]

중학(왼쪽)과 독서당이 있던 곳에 세워진 표석

영조의 책문

영조의 책문은 한림소시(翰林召試)가 5건, 문과 전시가 3건, 도기유생(到記儒生)이 1건, 문신(文臣)의 제술(製述)이 1건으로 나타나 한림소시가 가장 큰 비중을 차지한다.[20] '한림소시'란 1741년(영조 17)에 제정된 제도로서 예문관(藝文館)의 검열(檢閱)로 임용될 후보자에게 시(詩), 부(賦), 전(箋), 론(論), 책문 등의 시험을 보여 성적순으로 임명하는 것을 말한다.[21] 영조는 자신이 국왕으로 있는 동안 한림소시를 시행하는 현장에 직접 나가서 참석하는 경우가 많았고, 국왕이 직접 책문을 내어 검열 후보자들의 답변을 요구하기도 하였다.

정조의 책문

정조의 책문은 건수가 크게 늘어난 것과 함께 책문을 내리는 대상에도 큰 변화가 있었다. 다음의 〈표 2〉는 연도별로 정조의 책문이 내려진 대상을 정리한 것이다.

〈표 2〉를 보면 정조가 책문을 내린 대상에는 규장각(奎章閣)의 각신(閣臣)과 초계문신(抄啓文臣)이 새로 추가되었고, 지방의 유생들도 포함되었다. 또한 연도별 추이를 보면 정조가 국왕이 된 1776년부터 1780년까지는 한림소시의 문신과 과거에 응시한 유생, 성균관 유생에게 책문을 내

창덕궁 후원에 있는 규장각 주합루

<표 2> 정조 책문의 연도별 추이[22]

연도 \ 대상자	문신	규장각		유생			계
		각신	초계문신	공통	서울	지방	
1776	2			1	2		5
1777				2			2
1778	2			1	1		4
1779					1		1
1780					2		2
1781		1	1		3		5
1782					3		3
1783	1(1)		5	1	2(1)		8
1784	1(1)		3(2)		2(1)		4
1786					2		2
1787	1(1)		2		2(1)		4
1788			1(1)		3(1)		3
1789	(1)	(1)	2				3
1790			4(3)		3(3)		4
1791	1(1)		3(3)		4(3)		4
1792	2(2)		6(5)		9(4)		11
1793						2	2
1794	1(1)		1(1)		1	1	3
1795	1(1)		2(1)				2
1796			2				2
1797					1	1	2
1798						1	1
1800			1				1
계	12(8)	2	33(16)		41(14)	5	78

려 영조 대의 관례를 그대로 따랐다. 그러나 규장각의 초계문신을 선발한 1781년부터 시작하여 1792년까지는 초계문신에게 내린 책문이 집중적으로 나타나고, 1793년부터는 지방 유생을 대상으로 한 책문이 나타난다. 이는 정조가 시기별로 육성하려고 했던 인재들에게 책문을 집중적으로 내렸음을 의미하며, 당대의 인재를 고루 양성하려는 정조의 의도가 반영되어 있었다.

정조가 당대의 인재를 양성하려는 의도는 책문의 내용에도 잘 나타났다. 정조의 의도는 특히 초계문신에게 내린 책문에서 잘 나타났는데, 초계문신은 정조가 가장 정성을 들여서 양성한 인재였기 때문이다. 정조가 초계문신에게 내린 책문의 제목을 연도별로 정리하면 다음과 같다.[23]

1781년	고식(姑息)
1783년	대학연의보(大學衍義補), 사치(奢侈), 악기(握奇), 책규(策規), 출척(黜陟)
1784년	규모(規模), 입현무방(立賢無方), 명분(名分)
1787년	상서(尙書), 어묵(語默, 말하는 것과 침묵하는 것)
1788년	맹자(孟子)
1789년	추세(墜勢), 문체(文體)
1790년	인재(人才), 십삼경(十三經), 중용(中庸), 농(農)
1791년	대학(大學), 논어(論語), 속학(俗學)
1792년	칠칠(七七), 판적(版籍), 문자(文字), 심(心), 의례(儀禮), 시(詩)
1794년	팔자백선(八子百選)
1795년	환향(還餉), 경술(經術)

맛·멋·흥·취·통

| 1796년 | 남령초(南靈草, 담배), 폐습(弊習) |
| 1800년 | 과강(科講) |

이상의 책문들은 정조가 의도하는 학문적 방향이나 자신이 추구하는 정책, 당면한 현실 문제를 해결할 수 있는 방안을 초계문신들에게 답변하라고 요구하는 질문이었다. 이 중에서『상서』,『논어』, 십삼경(十三經)에 대한 책문은 경학사의 중요한 두 조류라 할 수 있는 송학(宋學, 성리학)과 한학(漢學, 고증학)을 아우르는 가운데 경학의 논쟁점을 해결하라고 요구하는 내용이었다. 또한『대학연의보』라는 책문은 정조가 제왕학 교과서인『대학유의(大學類義)』를 편찬하는 계기가 되었고,『팔자백선』은 정조가 문장의 모범이 되는 당·송 시대 여덟 문장가의 글을 편집하면서 자료의 선별이나 범례의 타당성을 묻는 질문이었다. 그리고 속학(俗學)과 문체(文體)라는 책문은 정조가 추진하던 문체반정과 관련이 있는 질문이었다.

정조는 책문을 통해 당대의 시무책을 질문하기도 하였다. 입현무방(立賢無方, 인재를 등용할 때에는 친소나 귀천에 구애받지 않는다)이란 책문에서는 전국에 흩어져 있는 인재를 골고루 선발할 방안을 물었고, 농(農)이란 책문에서는 해묵은 토지를 옥토로 바꾸는 방안, 판적(版籍)에서는 인력 동원을 균등하게 하고 군적 대장을 정리하는 방안, 환향(還餉)이란 책문에서는 환곡(還穀)과 군향(軍餉)의 적절한 운영 방안을 물었다.[24]

다음은 정조가 1790년(정조 14)에 작성한 '농(農)'이란 책문으로, 규장각의 초계문신과 성균관 유생에게 내려 답변하게 하였다.

금년 경술년(1790)은 옛날부터 풍년이 든다고 하는 해이다. 절후는 궤도를 순조롭게 행하여 삼사(三事, 봄 여름 가을)가 정돈되어 가고, 비가 오고 개는 것이 어긋나지 않아 팔도가 다 같이 풍성한 가을을 맞았다. 이야말로 새로운 아름다움을 맞이하고 다음 해를 흥기시키는 일대 기회이다. 어떻게 해야 집집마다 모두 상농가(上農家)가 되고 해묵은 토지를 모두 옥토로 만들어, 1년을 경작하면 3년을 먹을 수 있는 것이 남고, 3년을 경작하면 9년을 먹을 수 있는 것이 남아 한 세대를 풍요롭고 즐거운 곳으로 들어가게 할 수가 있겠느냐? 아, 그대 대부(大夫)들은 평소에 설경(舌耕)을 하면서 반드시 속으로 미리 강구하여 놓은 것이 있을 것이다. 각기 대책편에 자세히 저술하라. 내가 직접 열람하겠다.[25]

정조의 책문은 규장각의 초계문신으로 선발되었거나 규장각에서 활동하던 당대의 학자들이 개혁적이고 실용적인 학문을 연마하는 데 큰 영향을 주었다.[26] 이들은 정조의 개혁 의지가 담긴 책문에 답변을 작성하면서 정조와 유사한 문제의식을 가지게 되었기 때문이다.

정약용이 작성한 「십삼경책(十三經策)」, 「문체책(文體策)」, 「인재책(人才策)」, 「논어책(論語策)」, 「맹자책(孟子策)」, 「중용책(中庸策)」, 「맹자책(孟子策)」, 「지리책(地理策)」,[27] 서유구의 「십삼경대(十三經對)」와 「농대(農對)」[28]는 두 사람이 규장각의 초계문신으로 있으면서 정조의 책문에 호응하여 작성한 대책문이다. 또한 박제가의 「시사책(試士策)」, 「육서책(六書策)」, 「칠칠책(七七策)」, 「팔자백선책(八子百選策)」,[29] 유득공의 「귤책(橘策)」, 「육서책(六書策)」, 「칠석책(七夕策)」[30]은 이들이 규장각의 검서관으로 근무하면서 정조의 책문에 답변한 대책문이다.

다음은 정조의 '인재(人才)'라는 책문과 이에 대해 정약용이 답변한 대책문이다.

맛·멋·흥·취·통

정조의 책문

순(舜)임금의 명관(命官, 인재를 적재적소에 쓰는 것)을 모범으로 삼고, 주(周)나라의 입정(立政, 어진 인재를 임용하는 방법)을 본받으며, 재주를 헤아려서 직책을 맡기고, 임무를 전담하게 하여 공을 책임을 지우려 한다. 서울에 있는 각종 서류(庶流)들과 지방에 있는 재주가 있는 자들을 모두 인재를 양성하는 데 참여하게 하여 영원히 유구(悠久)한 계획을 남겨주려고 한다. 그대 대부(大夫)들은 바로잡고 구제할 방안을 자세히 진술하도록 하라.

정약용의 대책문

지금 전하(정조)께서 걱정하시고 스스로 반성하여 탕평(蕩平)의 정치로 편당(偏黨)의 풍습을 한 번 씻으려 하십니다. 신은 어리석어 죽을죄를 모르지만, 전하의 해와 달 같은 밝음으로도 붕당(朋黨)의 범위 밖에 있는 것을 살피지 못하신 것이 있다고 생각합니다. 어째서입니까? 서북(西北) 지역의 백성과 여항(閭巷)의 천류(賤流)들은 붕당에 가담한 죄가 없었지만, 탕평의 정치에서 거론되지 않았습니다. 신의 이른바 '살피지 못하신 것'이란 바로 이것입니다. 지금 만약 인재 등용의 문을 넓히고 치우치거나 사사로운 것을 혁파하시면, 인재가 비로소 모두 등용될 수 있습니다. 국가의 다행이 이보다 클 수는 없습니다.[31]

이상에서 정조는 서울에 있는 서자와 지방의 인재까지 등용할 방안을 제시하라고 요구하였고, 정약용은 붕당에 포함되지 않은 서북 지역의 백성과 서울의 시민들까지 살펴서 등용해야 한다고 답변하였다.

이를 보면 18세기 국왕이 내린 책문과 이에 호응하여 관리나 유생들이 올린 대책문은 서로 긴밀하게 소통할 수 있는 중요한 수단이었다.

구언^{求言}, 정치의 잘잘못을 묻다

구언은 국왕이 즉위한 초기이거나 심각한 천재지변을 만났을 때, 혹은 정치적으로 어려운 일이 있을 때 신하들에게 정치의 잘잘못에 대한 의견을 구하고 신하들이 건의한 사항을 정책에 반영하는 방식을 말한다. 구언은 특정한 조건에서 국왕이 내리는 명령이므로, 구언에 응답하여 올린 응지상소(應旨上疏)에 대해서는 비교적 관대하게 처분하는 것이 관례였다.

다음은 1651년(효종 6)에 재변이 나타났을 때 효종이 구언을 내린 것으로, 실록에서는 이와 유사한 기록이 많이 나타난다.

> 승지는 나를 대신하여 교서를 초(草)하고 직언(直言)을 널리 구하여, 나의 잘못을 구제하고 백성의 고통을 구제함으로써 재변을 그치게 할 방도를 얻어 봉함하여 올려라. 설령 말에 잘못이 있더라도 내가 죄를 주지는 않을 것이다.³²

영조와 정조는 흰 무지개가 해를 꿰뚫는 변괴가 있거나 천둥, 번개, 심각한 가뭄과 같은 천재지변이 있으면 스스로 음식을 줄이면서 구언 명령을 내렸다. 국왕의 구언은 주로 대신이나 승정원 관리, 언론을 담당하는 삼사(三司, 홍문관, 사헌부, 사간원)의 관리와 같은 국왕의 측근 신료들에게 내려졌다. 그러나 구언의 대상이 지방 수령이나 한량(閑良), 기로(耆

老), 군인(軍人)에까지 확대되는 경우도 있었다.[33]

국왕이 신하들의 의견을 구하는 구언 명령을 내렸다고 반드시 효과가 있었던 것은 아니었다. 몇몇 관리들이 상소를 올리는 것으로 책임을 모면하는 데 그치고, 실질적인 효과가 잘 나타나지 않았기 때문이다. 다음은 영조와 정조의 발언이다.

영조　외방에서 올린 소장(疏章)에서 말하는 것이 어찌 모두 황잡(荒雜)하겠는가? 그러나 비변사의 묵은 종이가 되는 것에 불과하고 국가에서 채용하지를 않으니, 구언을 해도 무슨 소용이 있겠는가?[34]

정조　애석하다, 오늘 양사(兩司, 사헌부, 사간원)에서 하는 일이여! 직위가 언책(言責)에 있고 또 구언의 하교를 내렸는데 어찌하여 말을 하지 않는가? 천둥소리가 식전에 있었고, 전교(傳敎)도 식전에 내렸다. 그런데 지금 밤이 깊어지는데도 아직 한 글자의 소장(疏章)이나 차자(箚子)가 없으니 이는 이전에 들어보기 드문 일이다. 조정의 모양이 이런데 재이를 돌려서 상서(祥瑞)로 만들기를 바랄 수 있겠는가?[35]

영조의 구언

구언을 하라는 국왕의 명령이 반복해서 내려지고 국왕의 진심이 알려지면서 일정한 성과를 올리기도 하였다. 1775년(영조 51)에 영조는 문관(文官), 음관(蔭官), 무관(武官), 성균관의 유생들을 소집하여 붓과 종이를 내어주고 각자의 생각을 써서 올리게 하였다. 그러자 이들이 시폐(時弊)와 시무(時務), 각자의 직무를 보고한 것이 70여 건이나 되었고, 영조는 하루 종일 도승지 이갑(李坤)에게 이를 읽어서 보고하게 하였다. 이때 영조는

채택할 만한 사안이 있으면 일일이 답변을 내렸고, 이를 책자로 만들어 비변사에서 처리하게 하였다.[36]

1786년 정월의 구언

정조 대의 구언에는 주목할 만한 사례가 있다. 1786년(정조 11) 정월에 정조는 창덕궁 인정문(仁政門)에서 조참(朝參)을 거행한 후 구언을 명령하였다. 새해 첫날에 일식이 있었기 때문이고, 정조가 왕위에 오른 지 10년을 넘긴 시점에서 신료들의 속내를 파악하려는 의도도 있었다. 1월 22일에 정조는 경재(卿宰)와 시종(侍從)은 국왕 앞에서 직접 진술하고, 일반 관리들은 각자의 생각을 글로 써서 아뢰라고 명령하였다.[37]

이때 정조의 구언에 응답하여 신료들이 진술한 것은 총 399건에 이른다. 당시 승정원에서 편찬한 『정조병오소회등록(正祖丙午所懷謄錄)』(3책)에는 360건의 응답이 수록되었고,[38] 『일성록(日省錄)』에도 367건이 수록되어 있다.[39] 정조의 구언에 응답한 사람은 고위 관리에서 중인(中人), 군사(軍士)에 이르고, 각자의 직무를 위주로 하면서도 정치, 경제, 군사, 학술 등 제반 문제가 망라되었다.

다음은 규장각 각신이 올린 견해로, 정조가 신하들을 너무 위압적으로 대하여 각자 책임을 모면하는 데에만 힘을 쓰지 자신의 소신대로 일하지 못하는 폐단이 있다고 지적하였다. 그러자 정조는 자신의 병통을 잘 지적하였다며 폐단을 바로잡는 효과를 기대한다고 답변하였다.

> 각신　　대신(大臣)은 공경하고 예우해야 할 사람인데 휘어잡는 것이 너무 심하여 죄를 면하기에 바쁩니다. 대각(臺閣)은 너그럽게 용납해야 하는데 경멸하는 것이 너무 심하여 교묘하게 면하기만을 일삼고 있습니

다. 전형(銓衡, 인사 담당)은 선(善)한 사람을 나아가게 하고 선하지 않은 사람을 물리치는 자리인데 그 사체(四體)를 펴지 못합니다. 번곤(藩閫, 변방의 장수)은 한 방면을 전적으로 제어하는 자리인데 구차하게 하루하루 고식적으로 때우기를 바라고 있습니다. 분주히 왔다 갔다 하는 것을 근면하다고 하고, 무조건 명을 따르는 것을 공손하다고 하니, 겉으로 보기에는 아침 일찍부터 밤늦게까지 게으르지 않은 것 같지만, 가만히 그 실상을 살펴보면 안일하고 줏대가 없는 것입니다. 이와 같아서야 어떻게 상하가 서로 편안하고 상보적(相補的)인 관계가 되는 의리를 바랄 수 있겠습니까? 사람은 반드시 자중(自重)한 다음에야 요속을 감독하여 통솔하고 공업(功業)을 이룰 수가 있습니다. 지금 성상(정조)께서는 참으로 낮춰 보시고 신하들도 스스로를 경시하여, 묘당(廟堂, 의정부)은 감히 묘당으로 자처하지 못하고 대각은 감히 대각으로 자처하지 못하며, 전형, 번곤, 백집사(百執事)에 이르러서도 모두 감히 그 직책으로 자처하지 못합니다. 그러니 전하께서는 장차 누구와 천직을 함께하시겠습니까?

정조 임금의 잘못을 언급하면서 '총람(總攬)' 두 자로 귀결시킨 것은 그 말이 나의 병통에 참으로 들어맞는다. 경들이 근신(近臣)의 반열에 있으면서 이런 좋은 경계를 진달하였으니 지극히 가상하다. 일에 따라 마음속으로 깊이 인정하겠다. 덧붙여 진달한 시폐(時弊)에 대해서는 경들이 근원을 정확히 지적하였으니 폐단을 바로잡아 고치는 효과를 조정의 신하들에게 매우 기대한다.[40]

박제가(朴齊家)는 정조의 구언에 응하여 자신이 올렸던 답변을 문집에 수록하였다. 그는 이 글에서 조선이 가난을 구제하려면 해로(海路)를

통해 중국과 통상(通商)을 하여야 한다고 주장하였다.[41]

신(臣)은 이달 17일에 비변사의 지시를 받으니, 위로 경재(卿宰)로부터 아래로 시위하는 군병(軍兵) 및 백집사의 신하에 이르기까지 각자 생각하는 것을 다 말하고 말하지 못하는 것이 없게 하라고 하였습니다. … 지금 나라의 큰 폐단은 가난입니다. 어떻게 가난을 구제하느냐, 중국과 통상하는 것뿐입니다. 지금 조정에서 한 사신을 보내어 중국의 예부(禮部)에 자문(咨文)하기를 "있는 것과 없는 것을 무역하여 바꾸는 것은 천하의 통의(通義)입니다. 일본, 유구(琉球), 안남(安南), 서양의 나라들이 모두 민(閩, 복건), 절(浙, 절강), 교광(交廣, 광서) 지역에서 교역을 하니, 수로로 상고(商賈, 상인)를 통하기를 저들 외국처럼 하고 싶습니다."라고 합니다. 청에서는 반드시 아침에 요청하면 저녁에 허락할 것입니다.

1786년 1월에 있었던 정조의 구언과 신하들의 답변은 관련 기록이 충실하게 남아 있는 특별한 사례이다. 이때 정조의 구언에는 400명에 가까운 인원이 당대의 문제점을 구체적으로 제시하였다.

1798년 7월의 구언

정조는 1798년(정조 22) 7월에 다시 구언 명령을 내렸다. 이번에는 삼남(三南, 충청, 전라, 경상) 지역에 부임한 시종(侍從) 출신의 수령들에게 각지의 민은(民隱, 백성들의 고통)을 남김없이 보고하라는 명령이었다.[42]

올해 본도(本道, 경상도)의 농사 작황과 백성의 형편 탓으로 봄부터 여름까지 조가(朝家)에서는 입에 맞는 음식을 먹고 마시지 못하였고, 몸에 편

맛·멋·흥·취·통

한 의복을 입고 벗지 못하였으며, 또 한 시각도 스스로 안일하게 보내지 않았다. 그러므로 나의 성의(誠意)를 방백(관찰사)과 수령들에게 보고 느끼게 할 수는 없지만, 방백과 수령들이야말로 날마다 백성들의 호소를 대하고 백성들의 고통[民隱]을 듣는 자이므로 자연히 측은하게 여기는 본심이 있어 감추려 해도 되지 않을 것이다. 그런데 만약 자기만 살찌우고 백성을 학대하려 한다면 어찌 양심에 부끄럽지 않겠는가? 먼저 도백(관찰사)부터 형편에 따라 절손(節損)하여 여러 읍에 모범을 보여라.

도내의 시종 문관 출신의 수령들은 각자 자신의 고을 및 음관(蔭官) 무관(武官) 출신 수령들의 고을에서 발생한 백성들의 고통을 듣는 대로 내용을 갖추어 앞뒤로 소장을 올려 진달하게 하되 겨울이나 봄까지를 기한으로 하여 감히 한 사람이라도 말하지 않는 일이 없도록 하라. 만약 재차 상소하고 싶은 자는 봄이 지난 뒤에 다시 진달하고, 끝내 침묵할 경우에는 명령을 위반한 죄로 다스릴 것이다. 양호(兩湖, 호남, 호서)에도 똑같이 분부하라.[43]

이러한 정조의 명령에 호응하여 9월 13일부터 이듬해 3월 30일까지 총 30명의 수령이 민은을 보고하는 응지상소를 올렸다. 당시 상소를 올린 수령은 종6품직에 해당하는 현령에서부터 종2품직에 해당하는 부윤(府尹)에 이르렀고, 대부분의 수령은 문과 출신이었다. 정조는 각지의 수령들이 보고한 내용을 비변사에 보내어 처리하게 하였다.[44] 이처럼 조선의 국왕이 수령에게 현지의 민은을 조사하여 보고하라는 것은 매우 이례적인 일이었다.

1798년 11월의 구언

정조는 1798년(정조 22) 11월에 다시 농정(農政)을 권하고 농서(農書)를 구하는 윤음(綸音)을 내렸다. 이해는 영조가 적전(籍田)에서 친경(親耕)을 하는 모범을 보여준 지 50주년이 되는 해였고, 정조는 영조의 업적을 계승하여 농사를 진흥시키고 농가(農家)의 대전(大典)을 편찬하려고 하였다.

> 아, 너희 서울과 외방에 있는 대소 신하와 백성들은 모두 잘 들어라. 농사일에 도움이 될 만한 의견이 있으면 소장(疏章)이나 부책(簿冊)으로 서울에서는 묘당(廟堂)에 올리고, 외방에서는 감사(監司)에게 제출하라. 다른 나라의 풍속이라도 거리끼지 말고, 옛날의 방책이라도 구애받지 말 것이며, 산골이나 바닷가, 기름진 땅이나 척박한 땅에서 각각 거기에 마땅한 바를 진달하라.
>
> 사람들이 도모하는 바가 진실로 훌륭하여 하늘의 마음을 흡족하게 할수 있다면 하늘이 우리에게 만년토록 풍년을 내려주어 우리 백성에게 곡식을 주고 우리의 태평을 함께하도록 할 것이다. 그러면 위로는 우리 훌륭하신 선왕(先王)께서 백성을 편안하게 하고 백성을 기르는 일에 힘쓰셨던 성덕(盛德)과 지선(至善)에 부응하고, 나 소자(小子)의 씨 뿌리고 수확하는 데 대한 지성(至誠)과 고심(苦心)에도 도움이 될 수 있을 것이다. 우리의 농정(農政)을 일으키려 하고 우리의 농서(農書)를 구하는 것은 농부들이 풍성한 추수를 기다리는 것과 같을 뿐만이 아니다.[45]

정조의 명령에 따라 11월 20일에 응지상소를 올린 사람이 27인, 농서(農書)를 올린 사람은 40인이었다.[46] 해가 바뀌어 1799년 6월에는 신소

평(申紹平)과 최연중(崔演重)이 다시 농서를 올렸다. 농서를 올린 사람 중에는 유학(幼學)이 39인으로 가장 많았고, 전직 관리 10인과 현직 관리 9인도 포함되어 있었다.[47]

　　이때 박제가는 영평현령으로 있으면서 『진소본북학의(進疏本北學議)』라는 농서를 올렸고,[48] 박지원은 면천군수로 있으면서 『과농소초(課農小抄)』라는 농서를 올렸다.[49] 또한 서호수(徐浩修)의 『해동농서(海東農書)』도 이때 작성된 농서일 가능성이 크다.[50] 곡산부사로 있던 정약용의 「응지론농정소(應旨論農政疏)」[51]와 순창군수로 있던 서유구의 「순창군수응지소(淳昌郡守應旨疏)」[52]는 정조의 윤음에 답하여 올린 응지상소였다.

　　이를 보면 정조의 구언은 전국의 관리와 유생이 크게 호응하였던 소통 방식이었다.

순문(詢問), 백성의 목소리를 듣다

순문은 국왕이 아랫사람의 의견을 확인하는 것으로, 조정의 신료들에게 하순(下詢)하는 것이 일반적 방식이었다. 그러나 영조는 순문의 대상을 지방관과 백성에까지 확대하고, 정치적으로 중요한 사안을 결정할 때에는 직접 백성들을 만나 의견을 들었다. 영조의 순문은 국왕이 백성에게 직접 자신의 의사를 밝히고 백성의 의견을 청취하였다는 점에서 새로운 소통 방식이었다. 세종은 공법(貢法)을 결정하는 과정에서 여론을 파악하기 위해 무려 18만 명에 이르는 인원을 대상으로 설문조사를 실시하였다. 그렇지만 세종이 여론을 파악할 때에는 백성들을 직접 만나 의견을 들은 적이 없었다.[53] 따라서 영조가 백성들을 직접 만나 의견을 확인하는 방식은 매우 특이하였다.

영조는 지방관을 현지로 파견하거나 서울로 올라온 지방관을 만나 의견을 들었고, 경기도 일대에 흩어져 있는 왕릉을 방문할 때에는 경기도 의 수령들에게 현지 사정을 들었다. 또한 영조는 각종 명목으로 서울로 올라오는 하급관리나 그에 준하는 사람을 만나 지방 사정을 들었다. 영조 가 만난 대상에는 서울 근무를 위해 올라오는 지방 출신의 군인, 호남이 나 영남 지역에서 올라오는 기선(騎船)의 감독관, 호남에서 절선(節扇, 단 오절에 선사하는 부채)을 가지고 오는 사람, 제주도에서 오는 공인(貢人) 등 이 있었다.

영조는 백성들을 직접 만났다. 국왕이 백성들을 직접 접촉한 사례는 이미 숙종 대에 나타나지만 영조 대에는 이것이 일상화되었다. 영조는 왕 릉을 방문하는 길에 백성들에게 농사의 풍흉을 물었고, 경기도 수령을 부 를 때에는 백성을 동행하게 해서 농사 형편이나 어려운 점을 물었다. 또 한 영조는 도성 오부(五部)에 거주하는 방민(坊民)이나 서울에 와 있는 향 민(鄕民)들을 불러 의견을 들었고, 집권 후반기에는 공인과 시민(市民)을 거의 정기적으로 불러들였다.[54] 상공업을 말업(末業)으로 천시하던 유교 국가에서 국왕이 공인이나 시민을 도성(都城)의 근본이 되는 백성으로 간 주하고 자주 접촉한 것은 새로운 움직임이었다.[55]

영조가 순문한 장소에도 변화가 있었다. 즉위 초 영조는 행차한 현 지나 궁궐의 전각(殿閣)이나 궁궐의 뜰에서 백성들을 만나 순문하였다. 그러나 시간이 지나면서 궁궐의 정문(正門)이나 중문(中門)을 이용하는 임문순문(臨門詢問)이 나타났다. 영조가 백성을 만난 문을 궁궐별로 보면 경희궁에서는 연화문(延和門), 건명문(建明門), 숭현문(崇賢門), 홍화문(興

化門), 금상문(金商門), 숭정문(崇政門)이 있었다. 창경궁에서는 홍화문(弘化門)과 명정문(明政門)이 있었고, 창덕궁에서는 돈화문(敦化門), 선정문(宣政門), 선화문(宣化門), 경복궁에서는 광화문(光化門) 등이 있었다.[56]

균역법 시행에 대한 순문

영조는 국가의 주요 정책을 결정할 때 순문으로 백성들의 의사를 확인하기도 하였다. 영조는 백성들의 군포(軍布) 부담을 줄여주는 균역법(均役法)을 제정할 때 세 차례 임문순문을 하였다. 1750년(영조 26) 5월에 영조는 창경궁의 홍화문에서 사(士)와 서인(庶人)을 만나 양역(良役)의 폐단을 말하고 호포(戶布)와 결포(結布) 중 어느 것이 편하고 어느 것이 불편한지를 물었다. 호포는 가구별로 세금을 부과하는 것이고, 결포는 토지에 세금을 부과하는 것이다. 이에 오부의 방민(坊民)과 금군(禁軍) 등 50여 명은 호포가 편리하다고 하였고, 몇 사람만 결포가 편리하다고 대답하였다.[57] 그러나 당시에는 호적(戶籍)이 제대로 갖춰지지 않았기 때문에 호포제를 시행하는 것이 수월하지 않았다.

같은 해 7월에 영조는 다시 홍화문에서 성균관 유생 80여 명과 사(士), 서인(庶人), 방민(坊民)을 만났다. 영조는 호포(戶布)를 호전(戶錢)으로 바꾸고, 유생에게도 호전을 부과하려는 계획을 말한 후 답변을 들었다. 가구별로 포(布) 대신에 동전을 거둔다는 것이며, 성균관 유생에게도 군역에 대한 부담을 매기겠다는 방안이었다. 이날의 순문에서 유생들은 호전의 부과를 반대하였지만 방민들은 호전이 편하다고 대답하였다.[58] 영조는 두 차례 백성들을 만나 순문을 한 결과 양역으로 부담하던 포 2필을 1필로 반감하는 방안을 채택하였다. 다음은 이날 영조의 발언이다.

몸과 마음을 휴양하던 중에 두 차례 궁궐의 문에 나아갔다. 그것이 비록 성의는 보잘것없지만 뜻은 백성을 위해서였다. 당초의 뜻은 양민(良民)의 고통을 없애고 대동(大同)의 정사를 행하려던 것이었으나 방해되는 일로 인하여 감필(減疋)하는 데 그치고 말았다. 아! 옛날의 성의(聖意)를 받들어 양민을 구제하려는 것이니 이 또한 중지하면 이는 백성들을 속이는 것이다. 어찌 백성뿐이랴? 실로 나의 마음도 속이는 것이다. 창백한 얼굴로 늙은 만년에 어찌 차마 이런 일을 할 수 있으랴? 후일 무슨 낯으로 지하에 돌아가서 선왕을 뵐 수 있겠는가? 이번의 이 일은 나라의 대사(大事)이다.[59]

마지막으로 영조는 1751년 6월에 창경궁 명정문에서 향유(鄕儒, 지방 유생), 향리(鄕吏), 향군(鄕軍)을 소집하여 결전(結錢)에 대한 찬반 의견을 물었다. 군포를 반감시킴에 따라 발생하는 부족분을 결전이라는 토지세로 보완하는 방안에 대한 의견을 듣는 자리였다. 영조의 순문에 대해 향유들은 결전을 반대하였지만 향리와 향군들은 이를 찬성하였다.[60] 이로써 양역의 반감으로 인한 부족분은 미(米) 2두(斗)의 결전을 징수하여 보충하는 것으로 결정되었다. 이후에도 영조는 균역법을 보완하는 과정에서 순문을 통해 여론을 청취하였다.[61]

영조가 균역법을 제정하면서 임문순문을 한 것은 백성들과의 접촉을 본격화하는 계기가 되었다.

청계천 준설에 대한 순문

영조는 1760년(영조 36)에 준천(濬川) 즉 청계천 준설 사업을 벌일 때에도 순문으로 백성들의 의사를 확인하였다. 준천 논의가 시작되던 1752년(영조 28)에 영조는 국왕들의 어진을 모신 남별궁(南別宮)을 방문하였다가 돌아오는 길에 광통교(廣通橋)에서 어가(御駕)를 멈추고 인근의 방민에게 준천 공사가 필요한지를 물었다. 영조를 만난 방민들은 모두 준천이 필요하다고 동의하였다.

> 영조 어영대장(御營大將)이 '시내가 메워져 막혀 있다'고 아뢰는데, 나는 민력(民力)을 거듭 지치게 할까 걱정하였다. 이제 보니 막혀 있는 것이 이러하고 또 성을 지키려면 시내를 파내는 것이 더욱 급선무이다. 너희들은 어떻게 생각하는가?
>
> 백성 신들이 어렸을 때에는 기마(騎馬)가 다리 아래로 지나가는 것을 보았습니다만, 지금은 다리와 모래가 맞닿게 되었습니다. 전에 군대를 동원하여 깨끗이 쳐냈는데 세월이 오래되어 막힌 것이 또 이렇습니다.
>
> 영조 큰 다리가 이러하니 작은 다리가 어떤지는 미루어 알 수 있다. 태종(太宗) 대에 도성을 쌓은 것은 후손들에게 폐를 끼치는 일이 없게 하려던 것이니, 나는 다시 백성들을 수고롭게 하고 싶지 않다. 이제 다리가 막힌 것이 이와 같은 것을 보니 준설하고 싶다. 너희들도 그것을 원하는가?
>
> 백성 (일제히 대답하기를) 이는 모두 백성을 위하는 일이니 누가 감히 따르지 않겠습니까?
>
> 영조 내가 시내를 치는 것을 어렵게 여기는 것이 아니라, 다른 백성들 중에 원하지 않는 사람이 있을까 하여 이렇게 묻는 것이다.[62]

1758년(영조 34)에 영조는 창경궁의 숭문당(崇文堂)으로 청계천 주변의 방민들을 불러들여 개천 준설의 필요성을 들었고 현 상태로 3~4년을 더 버틸 수 있는지를 물었다.

영조 너희들은 개천 주변에 거주하므로 준천의 이로움과 해로움을
상세히 말하라.

방민 개천 주변의 집들은 빗물이 내릴 때마다 물에 잠기는 것을 걱정
하므로 파내는 것이 시급합니다.

영조 그렇다면 너희들은 어째서 파내지 않는가?

방민 이것은 소민(小民)들의 개인 힘으로 파낼 수 있는 것이 아닙니
다.

영조 그렇다면 3~4년은 지탱할 수 있는가?

방민 비록 크게 힘을 다하지 않더라도 자주 파낸다면 3~4년 내에 물
에 잠길 걱정은 없습니다.

영조 오부(五部)의 관리가 왔다면 주서(注書, 승정원 관리)가 나가서 데
려오라.

영조 오부의 관리는 누구인가?

관리 조용명(趙龍命)과 황식(黃植)입니다.

영조 하천을 준설하는 이로움과 해로움을 상세히 말하라.

황식 신들은 오부의 관리로 있으면서 이 일의 이로움과 해로움에 대
해 대략 들었습니다. 이미 성상의 하교가 있으시니 어찌 우러러 아뢰지
않겠습니다? 오칸수문(五間水門)의 아래가 해마다 점차 막히니, 북악(北
岳)과 남산(南山)에서 쌓이는 것이 날로 심해져서 이렇게 되었습니다. 각
군문(軍門)에게 경계를 나누어 분배해서 일제히 파내게 하면 반드시 빠
른 효과가 있을 것이나 백성들의 원망이 없지는 않을 것입니다.

영조 대답한 것이 상세하고 분명하다.[63]

준천 사업은 1759년(영조 35) 10월에 준천당상(濬川堂上)이 임명되면
서 구체화되었다. 이때 영조는 희정당(熙政堂)으로 도성 오부의 방민들을
불러들여 말하였다. 그는 우선 준천이 방대한 일이지만 백성을 위한 것이
지 자신의 즐거움을 위한 것은 아니라고 강조하였다. 그리고 그는 방민들
이 자원하여 준천에 참여해 줄 것과 관리들이 공사하는 백성들을 동원할
때 채찍과 매로 하지 말고 덕(德)으로 하라고 당부하였다.[64]

1760년(영조 36) 2월에 영조는 명정전의 월랑(月廊)에서 금위영과
어영청의 상번군(上番軍)들을 소집하여 준천에 관한 일을 말하고 자원하
지 않는 사람은 이 작업에서 제외시켜 주겠다고 선언하였다. 그러나 상번
군들은 모두 참여하겠다고 대답하였고, 이들은 최초의 준천 공사에 투입
되었다.[65]

이를 보면 영조는 순문을 통해 청계천 주변 백성들의 의사를 누차
확인하였고, 준천 공사에 처음 투입된 군영의 군사들을 만나 자발적으로
참여하도록 유도하였다. 1760년의 준천 공사는 2월 18일에 시작하여 4월
19일에 완료되었다.[66]

백성들 민원에 대한 순문

영조가 백성에게 순문하는 일이 잦아지자 사민(士民)들이 적극적으로 민
원을 요청하는 일도 있었다. 1754년(영조 30) 8월에 영조가 숙종의 명릉
(明陵)을 방문하고 돌아오는 길에 창릉점(昌陵店) 서문 밖에 이르렀을 때
다. 길가에 서 있던 황해도 신계(新溪)의 사민 100여 명이 일제히 관(冠)
을 벗고 파직된 현령 조재선(趙載選)을 계속 근무하게 해달라고 요청하였
다. 영조는 이런 일이 외람되다고 하면서도 그들의 건의 사항을 청취하였
고, 돌아가서 자신의 처분을 기다리라고 명령하였다. 그러자 신계의 사민

들은 소매를 걷고 춤을 추면서 돌아갔다. 이를 본 대신들은 타당한 이유로 파직된 관리의 유임을 백성들이 요청하는 것은 매우 외람된 행위라며 반대하였다. 그러나 영조는 이들의 요청을 들어주었다. 다음은 영조의 처분이다.

> 지금 도로 옆에서 신계의 중민(衆民)들이 관을 벗고 부르짖었다. 내가 물어보니 현령 조재선이 그대로 일을 할 수 있게 해달라고 요청하는 것이다. 근래의 이러한 민습(民習)을 장려할 수는 없다. 그러나 회갑인 모년(暮年)에 백성들이 부르짖는 것을 보고 허락하였고, 그 전최(殿最)의 제목(題目)을 보니 이조에서 하고(下考)를 준 것이 잘못이다. 신계현령 조재선을 특별히 그대로 임명하라.[67]

정조 대에도 국왕이 백성들을 만나 농사 형편을 묻고 민은을 청취하는 순문은 계속되었다. 정조는 선왕인 영조가 하였던 것처럼 도성 안을 이동하면서 공시인(貢市人)들을 불러 백성들의 어려운 점을 들었다. 그러나 정조의 순문은 대부분 경기도 일대에 있는 왕릉을 방문하면서 현지에서 백성을 만나는 방식이었고, 영조처럼 궁궐 안이나 궁문 앞에서 백성들을 만나는 임문순문은 좀처럼 나타나지 않았다.[68]

상언上言과 격쟁擊錚

상언(上言)은 아랫사람이 국왕에게 올리는 글을 말하며, 격쟁(擊錚)은 민

맛·멋·흥·취·통

원인이 궁궐 안이나 국왕이 행차하는 길에서 징, 꽹가리, 북 같은 것을 쳐서 억울함을 호소하는 것을 말한다. 상언과 격쟁은 민원을 접수하면 3일 이내에 국왕에게 보고하여 처리하는 것은 동일하였다. 그러나 민원을 처리하는 절차는 달랐다. 상언은 승정원에서 문서를 접수하고, 사안별로 육방(六房)의 승지가 그대로 보고할 수 없는 것을 제외하고 국왕에게 보고하였다. 격쟁은 병조나 고훤랑(考喧郞)이 국왕의 행차를 방해한 격쟁인에게 가벼운 형벌을 가하고, 접수된 사안을 형조로 보내어 국왕에게 초기(草記)로 보고하였다. 상언과 격쟁은 16세기 이후 국왕에게 백성들의 의사를 전달하는 합법적인 수단이었다.

조선시대에는 백성들이 억울함을 호소하는 소원(訴冤) 제도가 있었다.[69] 15세기에 억울한 일이 있는 사람은 1차로 현지의 수령이나 관찰사에게 민원을 알리고, 2차로 사헌부(司憲府)에 가서 알리며, 3차로 신문고(申聞鼓)를 두드려 국왕에게 호소하는 제도가 있었다.[70] 신문고는 1401년(태종 원년)에 '등문고(登聞鼓)'란 이름으로 처음 설치했다가 얼마 후 신문고로 이름이 바뀌었다. 16세기에는 신문고를 대신하여 상언과 격쟁이 합법화되었다. 이때 상언과 격쟁을 할 수 있는 사안으로는 형벌이 자신에 미치는 일, 부자(父子) 관계, 적처(嫡妻)와 첩(妾)을 분간하고, 양인(良人)과 천인(賤人)을 분간하는 네 가지로 제한되었고 반드시 본인이 신고해야 하였다.[71]

조선 후기에 상언과 격쟁은 더욱 활성화되었다. 숙종 대에는 상언과 격쟁의 주체를 확대하여 아들이 아버지, 손자가 할아버지, 아내가 남편, 아우가 형, 노(奴)가 주인을 대신하여 할 수가 있었다. 그러자 상언과 격쟁의 수가 폭발적으로 증가하였다. 영조 대에는 늘어나는 상언과 격쟁에 대응하여 창덕궁의 진선문(進善門)과 경희궁의 건명문(建明門) 남쪽에 신문고를 설치하였다. 신문고를 설치하는 대신 궁궐 안이나 국왕의 경호 구역 밖에서 격쟁하는 것을 방지하려는 조치였다. 그러나 정조 대에는 국왕의 경호 구역 밖에서 격쟁하는 것을 다시 허용하였고, 대상도 민은에 대한 상언 격쟁까지 허용하였다. 이에 따라 상언과 격쟁은 국왕에게 백성들의 뜻을 전달하는 주요 수단이 되었고, 장소도 궐내보다 국왕이 왕릉을 방문하는 곳으로 옮겨갔다.[72]

다음의 〈표 3〉은 조선 후기 국왕이 궁궐 밖으로 거둥한 횟수와 왕릉을 방문한 횟수를 정리한 것이다.

이를 보면 국왕의 행차는 인조 대부터 경종 대까지 서서히 증가하다가 영조와 정조 대에는 폭발적으로 증가하였다. 또한 영조 대에도 재위 후반으로 갈수록 행차가 늘어나 초기의 두 배가 되고, 국왕이 이동하는 시간대도 밤에서 낮으로 바뀌어 백성들을 직접 만나는 기회로 활용하였다.[73] 정조는 능행 현장에서 만난 백성들에게 직접 민원을 말하라고 하였

〈표 3〉 조선 후기 국왕의 거둥 횟수[74]

국왕	재위	거둥	연평균	능행	연평균
인조	1623~1649	109	4.48	5	0.19
효종	1649~1659	109	10.9	8(9)	0.8
현종	1659~1674	85	5.6	3	0.2
숙종	1674~1720	302	6.56	32(46)	0.69
경종	1720~1724	48	9.6	3	0.75
영조	1724~1776	909	17.48	78(122)	1.5
정조	1776~1800	607	25.29	66(123)	2.75

다. 백성들은 국왕의 자식에 해당하므로, 국왕에게는 그들의 어려움을 해결해 줄 책무가 있다는 말이었다.

> 너희들은 나의 어린 자식이고, 나는 너희들의 부모이다. 자식에게 고생스럽고 원망스러운 일이 있는데 부모가 되는 사람이 듣지 못하고 알지 못하여 구제할 방도를 생각하지 않는다면, 어찌 마음이 편할 수 있겠는가? 내가 여기에 와서 너희들을 만나보았으므로, 너희들을 근심스럽게 하는 숨은 폐단이나 고질적 폐해가 있다면 어렵게 여기지 말고 나에게 자세하게 말하라.

> 나 과인이 너희들의 부모가 되어 아침 일찍부터 밤늦게까지 항상 생각하는 것은, 항상 사랑하고 기르는 도리를 다하지 못해 버려져 수척해지는 근심이 있을까 하는 것이다. 그러므로 늘 마음속에 염려되어 비단옷을 입고 맛난 음식을 먹어도 편안하지가 않다. 이제 연(輦)이 지나는 곳에 너희들이 늙은이를 부축하거나 어린아이를 데리고 길가에 모여든 것을 보니, 이는 갓난아이가 자애로운 어머니에게 나아가는 것과 같다. 따라서 내 마음에 부족하고 부끄러움을 더욱 감당하지 못하겠다. 이번에 특별히 너희들을 불러 앞으로 나오게 한 것은 고질적인 폐단을 물으려 하는 것이니, 너희들은 모두 말하라.[75]

국왕이 궁궐 밖으로 거둥하고 능행을 가는 횟수가 늘어나면서 상언과 격쟁을 접수하는 기회도 늘어났다. 영조와 정조는 능행을 통해 경기도 일대에 거주하는 백성들의 살림살이와 농사 형편을 직접 살폈고, 능행에서 돌아오는 길에 상언과 격쟁을 접수한 후에 이를 즉시 처리함으로써

화성 행차

정조의 화성 행차 장면.
동그라미로 표시한 부분이 상언의 한 장면이다.

백성들의 지지를 얻었다.

능행 중에 접수된 상언과 격쟁은 국왕이 직접 처리하는 것이 원칙이었다. 다음은 1794년(정조 18)에 이병모(李秉模)가 기록한 것으로, 정조는 영조의 뜻을 계승하려고 모든 상언과 격쟁을 직접 처리한다고 하였다.

> 능행(陵幸)하고 돌아온 후 서울과 지방의 상언(上言)을 하나같이 모두 직접 열람하시되 그날을 넘기지 않으셨다. '내가 부지런한 것이 아니라 선왕(先王, 영조)을 생각하면 감히 힘쓰지 않을 수가 없다'고 말씀하셨다.[76]

능행 중에 상언과 격쟁으로 접수된 민원들은 다음의 과정을 거쳐 처리되었다.

> 1) 해당 기관(형조, 진휼청, 호조, 병조 등)에서 접수된 상언 격쟁의 내용을 검토한 다음, 이를 간추려 국왕에게 보고함
> 2) 정조가 보고한 내용을 일일이 검토하여 기본적인 처리 방침을 결정함
> 3) 정조의 처리 방침을 해당 기관 및 지방관에게 하달하여 처리하게 함

정조 대에 접수된 상언과 격쟁은 『일성록』에 충실히 기록되어 있다. 『일성록』은 정조가 세손으로 있던 시절에 개인 일기로 쓰기 시작하였고, 정조가 국왕이 된 이후로는 규장각의 검서관들이 국왕을 대신하여 기록하였다. 정조는 『일성록』의 편찬자에게 백성들의 목소리를 담은 연로상언(輦路上言, 국왕의 행차길에 올리는 상언)의 개략적인 내용을 수록하라고 지시하였고, 『일성록』의 범례에서도 상언과 격쟁을 기록한다는 원칙이 확인되었다.[77] 이에 따라 『일성록』에는 정조 대에만 총 3,092건의 상언과

격쟁에 관한 기록이 있고, 다른 기록까지 합하면 총 4,427건(상언 3,092건, 격쟁 1,298건)의 기록이 남아 있다.

정조 대에 접수된 상언과 격쟁의 내용을 보면 국왕의 은전(恩典)을 요구하는 것이 42%, 사회 경제적 비리와 침탈을 호소하는 민은이 21%, 투장(偸葬, 다른 사람의 산이나 묏자리에 몰래 묘를 쓰는 일)과 금장(禁葬, 묏자리를 쓸 수 없는 곳에 쓰는 일)에 관한 산송(山訟)이 13%, 억울함을 호소하는 신원(伸寃)이 13%, 입후(立後, 자식이 없는 사람의 후사를 세우는 일)에 관한 것이 10%를 차지한다. 이 가운데 민은에는 부세(賦稅), 토지, 상공업, 노비 추쇄(推刷), 징채(徵債), 비리로 중간에서 가로채는 것, 토호(土豪)의 무단, 시폐(時弊)에 관한 것이 있었고, 주체는 양반이 36%, 중인이 9%, 평민이 45%, 천민이 10%로 평민과 천민이 과반수를 차지하였다.[78] 정조 대에 허용되기 시작한 민은에 관한 상언과 격쟁이 전체의 1/5을 차지하고, 민은을 올린 사람의 과반수가 평민과 천민인 것을 보면, 상언과 격쟁은 국왕이 민은을 파악하는 매우 유용한 수단이었음을 알 수 있다.

거제도에서 올린 상언

정조가 상언과 격쟁을 처리하는 방식을 살펴보자. 첫 번째 사례는 1798년(정조 22)에 거제도의 유학(幼學) 성응도(成應道) 등이 올린 상언을 처리한 것이다. 8월 29일에 정조는 서오릉을 방문하고 돌아오는 길에 상언을 접수하였고, 이튿날인 9월 1일에 상언 41건을 처리하였다. 성응도의 상언도 그중 하나였다.

9월 1일에 비변사에서 성응도 등이 올린 상언을 요약하여 보고하였다. 거제도의 백성들이 무거운 역(役)을 부담하려고 별도의 보민고(補民庫)를 만들어 그 전곡(錢穀)의 이식(利殖)으로 보충하여 왔지만 근래에 들

맛·멋·홍·취·통

어 실제적인 효과가 없게 되었다. 이에 민인(民人)들이 협의한 결과 통영(統營)에서 관리하는 거제의 어전(漁箭) 300여 곳 가운데 20곳을 골라서 보민고로 보충하고 그 세전(稅錢)을 균역청(均役廳)에 납부할 것을 요청하였고, 통영에서 이를 허락하는 완문(完文)을 내렸다. 그런데 재작년에 통영으로 새로 부임한 통제사(統制使)가 어전 20곳을 모두 혁파해 버렸으니, 이전(1792)의 완문에 따라 어전 20곳을 보민고에 보충하도록 허락해 달라는 요청이었다.

이 사안의 처리를 놓고 정조와 비변사 관리의 토론이 있었다. 비변사에서는 경상관찰사가 거제도의 민호(民戶)에게 추가로 거두는 폐단을 바로잡은 후 보고하게 하고, 어전(漁箭)을 보민고에 다시 붙여주는 것이 좋겠다는 견해를 보였다. 다만 이런 조치를 한두 사람의 민소(民訴)로 결정할 수는 없으므로, 경상관찰사가 통영과 거제를 직접 왕래하면서 어전을 보민고에 붙이는 것이 편리한지를 따져본 후 보고하게 하자고 건의하였다. 정조는 이러한 비변사의 건의를 수락하였다.[79]

9월에 내린 조치의 결과는 11월 29일에 나타났다. 좌의정 이병모(李秉模)가 경상감사 이의강(李義綱)이 보고한 내용을 국왕에게 알렸다. 경상감사는 전 통제사 윤득규(尹得逵)와 거제부사 신계문(申啓文)이 올린 첩정(牒呈)을 첨부하면서, 어전을 통영에 이속한 후에도 추가로 거두는 폐단이 계속되고 있으며, 어전을 보민고에 환속(還屬)하는 것이 거제도에 도움이 되고, 균역청이나 통영, 해민(海民)에게는 피해가 되지 않을 것이라고 판단하였다. 이병모는 이는 통영과 거제 사이에 해결할 수 있는 사안인데 즉시 처분을 하지 않아 국왕에게 호소한 것이라며, 경상감사의 판단에 동의하였다. 다만 그는 읍민(邑民)이 아니면서 민폐(民弊)를 칭탁하여 상언하는 모리배가 있을 수 있으므로 관찰사가 이를 꼼꼼하게 조사하여 모리배가 있다면 처벌하게 해야 한다고 건의하였다.

정조는 이병모의 건의를 수용하였다. 정조는 통영으로 이속한 거제의 어전 20곳을 거제로 환속하게 하고, 민폐를 칭탁하는 상언을 올려 이익을 꾀하는 무리는 상세히 조사하여 처벌하라고 명령하였다.[80]

이를 보면 거제도의 유생이었던 성응도 등이 올린 상언은 승정원 → 비변사 → 국왕 → 비변사 → 경상감사 → 거제부사, 통제사 → 경상감사 → 좌의정 → 국왕이라는 과정을 거쳐 최종적인 조치가 내려졌다. 국토의 최남단인 거제도에서 올라온 유생의 상언이 국왕에게 바로 전달되었고, 관찰사가 현지의 상황을 파악한 후 즉시 조치가 이뤄지는 수순을 밟는 데 걸린 시간은 불과 3개월이었다. 이는 상언으로 접수된 민원을 처리하는 속도가 매우 빨랐음을 보여준다.

11세 아이가 올린 격쟁

두 번째 사례는 1779년(정조 3)에 11세 아이의 격쟁을 처리한 내용이다. 정조는 8월 3일부터 7박 8일의 일정으로 남한산성과 여주에 있는 효종의 영릉을 방문하였다. 정조는 왕릉을 참배한 직후부터 서울의 흥인문에 이를 때까지 상언을 받으라고 명령하였다. 8월 10일에 서울로 돌아오는 국왕의 행렬이 살곶이 앞길에 이르렀을 때이다. 어린아이가 행렬 앞에서 격쟁을 하면서 원통함을 호소하였고, 이를 발견한 정조는 그의 호소를 들었다. 격쟁의 내용은 돈을 사사로이 주조하였다는 죄로 위원군(渭原郡)에 유배된 아비 김종효(金宗孝)를 풀어달라는 호소였다.

격쟁인　저의 나이는 11세입니다. 저의 아비 김종효가 지극히 원통한 일로 유배를 당한 지 오래되었지만 아직 풀려나지 못하고 있습니다. 실

맛·멋·흥·취·통

정을 드러낼 수가 없어 원통함이 뼛속에 사무치기에 외람됨과 두려움을 잊고 만 번 죽을 각오를 하고 격쟁을 하였습니다.

정조　　너의 행동을 보고 너의 사정을 들으니 불쌍하고 가엾다. 이는 조정에서 마땅히 처분할 것이므로 너는 물러가 기다리도록 하여라.[81]

정조는 창덕궁으로 돌아간 즉시 김종효를 풀어주라고 명령하였다.

조금 전 연로(輦路)에서 어린아이[尺童]가 가마 앞에서 격쟁하는 것을 보았다. 그를 불러 물어보니 행동거지가 사람을 감동시켰다. 본 사건을 들으니 당초의 처분도 일시적으로 징계하여 권장한 것에 불과하다고 한다. 위원군에 유배되어 있는 죄인 김종효를 특별히 방송(放送)하라.[82]

이를 보면 정조는 능행길에서 격쟁인의 호소를 직접 듣고 궁으로 돌아오는 즉시 상황을 파악하여 조치를 내렸다. 국왕에게 민원을 직접 전달하는 상언과 격쟁은 그 효과가 빠른 것이 특징이었다.

영조와 정조의 소통, 백성들의 뜻을 수렴하여 왕조체제를 강화

지금까지 18세기 국왕 영조와 정조가 활용한 소통 방식을 어찰, 책문, 구언, 순문, 상언과 격쟁 등 다섯 가지로 구분하여 살펴보았다. 조선시대는 공론을 중시하는 정치가 발달하여 국왕과 관리가 소통하는 다양한 장치가 마련되었고, 이 글에서 거론한 소통 방식들의 대부분은 이미 조선 전기에도 사용된 것이다. 그러나 18세기의 국왕들은 기왕의 제도를 활용하면서도 백성의 뜻을 파악하는 대상을 크게 넓히고 여러 방식으로 수렴한 백성의 뜻을 정치 운영에 최대한 반영하려 하였다는 점에서 주목할 만하다.

어찰, 책문, 구언은 국왕이 궁궐 안에 있으면서 소통하는 방식으로 조선 전기부터 널리 활용되었다. 국왕이 어찰로 소통하는 관리는 대상이 측근의 고위 관리로 제한되는 한계가 있지만, 국왕과 소통하는 길이 늘 열려 있었다는 장점이 있었다. 정조는 특히 각 정파의 주요 인물들과 비밀편지를 교환하면서 정국을 조정하였고, 이 때문에 비밀편지의 영향력은 매우 컸다. 책문은 문과 시험의 필수 과목으로 국왕은 문과 응시생이나 성균관 유생에게 책문을 내렸다. 영조는 예문관 검열을 임용할 때 직접 책문을 내었고, 정조는 책문을 규장각 초계문신과 지방 유생들에게까지 부과하였다. 정조가 초계문신에게 내린 책문은 당대의 정책에 대한 견해나 현실 문제를 해결할 방안까지 요구하여, 초계문신을 거친 학자들에게 실용적이고 개혁적인 학문을 연마하도록 유도하였다. 구언은 국왕이 천재지변을 만났을 때 언로를 개방하는 것으로 중앙 관리가 주 대상이었다. 그러나 영조 대에는 지방관과 군인까지 응지상소에 참여하였고, 정조 대에는 중인(中人)과 군사(軍士)가 참여한 399건의 응지상소, 30명의 수령이 민은을 보고한 응지상소, 40여 인이 농서(農書)를 올리는 사례까지 나타났다. 그러나 향민(鄕民), 공시인(貢市人), 서인(庶人)으로 표현되는 일반 백성들은 이러한 소통 방식에 제대로 참여할 수 없었다.

순문, 상언과 격쟁은 국왕이 궁궐 밖으로 나가 백성들을 만나고 그들의 의사를 직접 파악하는 방식이었다. 영조는 순문의 대상에 백성을 포함시켰고, 균역법을 제정하거나 청계천 준설 사업을 벌일 때에는 이해 당

맛·멋·흥·취·통

사자인 유생, 향리, 군인, 방민(坊民)을 만나 자신의 의사를 전하고 여론을 청취하였다. 정조도 도성 안이나 능행길에서 방민과 농민을 만나 민의를 들었지만 영조처럼 궁궐의 문에서 백성들을 만나는 임문순문은 하지 않았다. 상언과 격쟁은 민의를 수렴하는 가장 개방적인 제도였다. 순문이 국왕의 관심사를 질문하고 답변을 듣는 것이라면 상언과 격쟁은 백성들 자신의 문제를 듣는 방식이었기 때문이다. 영조와 정조는 궁궐 밖으로 거둥하거나 능행을 하는 횟수를 급격하게 늘렸고, 이때에 접수된 상언과 격쟁의 건수도 행차 횟수에 비례하여 늘어났다. 정조는 특히 상언과 격쟁에 민은을 포함시켰고, 평민과 천민이 올린 민은이 전체의 과반수를 차지하였다. 정조는 상언과 격쟁으로 접수된 사안을 직접 처리하였고, 각 사안의 내용과 처리 결과를 『일성록』에 기록하게 하였다. 상언과 격쟁은 백성이 국왕에게 자신들의 고충을 알리는 가장 효과적인 방식이고 이를 처리하는 속도도 매우 빨랐다.

18세기는 조선사회 전반에 큰 변화가 있었던 시대다. 농업 생산력의 발전과 유통 경제의 발달을 배경으로 도시와 농촌에서 경제력을 갖춘 공시인(貢市人)과 향민(鄉民)이 등장하였고, 새롭게 성장하는 세력과 기득권을 장악한 세력 사이에는 여러 형태의 갈등이 발생하였다. 영조와 정조는 국가를 구성하는 사회세력들의 통합을 추구하던 탕평군주로서 정치적으로 분열된 사족(士族)과 경제적으로 소외된 백성들을 안정시킬 방안을 마련해야 했다. 영조와 정조가 다양한 소통 방식을 통해 중앙 관리와 지방관은 물론이고 공시인과 향민의 요구까지 청취한 것은 국왕이 정국을 주도하는 가운데 동요하는 사회체제를 정비하려 하였기 때문이다.

국왕이 새롭게 성장하는 세력들의 변혁 에너지를 왕조체제 안으로 흡수할 수 있다면 조선은 더욱 부강한 국가로 거듭날 수가 있었다. 18세기에 영조와 정조가 시행한 다양한 소통 방식에는 백성들의 뜻을 수렴하여 왕조체제를 강화시키려 하였던 국왕들의 고심이 담겨 있다.

제1장 | 18세기 조선사회의 음식 담론

1 『呂氏春秋』「孝行覽」. "文王嗜昌蒲菹, 孔子聞而服之, 縮頞而食之, 三年然後勝之."
2 왕런샹, 주영하 옮김(2010), 190쪽.
3 19세기 프랑스 법률가이자 미식가인 앙텔름 브리야 사바랭(1755~1826)이 한 말로 다양한 상상을 가능하게 한다.
4 "若作和羹, 爾惟鹽梅."(『書經』「尙書 · 說命下」)
5 "公曰, 和與同異乎. 對曰, 異. 和如羹焉. 水火醯醢鹽梅, 以烹魚肉. 燀之以薪, 宰夫和之, 齊之以味, 濟其不及, 以洩其過, 君子食之, 以平其心. 君臣亦然."(『春秋左氏傳』昭公 20년)
6 한국18세기학회(2007), 109쪽.
7 플로랑 켈리에, 박나리 옮김(2011), 86쪽.
8 차경희, 「『林園經濟志』 속의 조선후기 飮食」, 『진단학보』 108호, 진단학회, 2009.
9 정혜경, 「한국 음식 문화의 의미와 표상」, 『아시아리뷰』 제5권 제1호, 2015.
10 『論語』「學而」. "君子食無求飽, 居無求安."
11 『論語』「里仁」. "士志於道, 而恥惡衣惡食者, 未足與議也."
12 『論語』「雍也」. "子曰, 賢哉回也. 一簞食, 一瓢飮, 在陋巷. 人不堪其憂, 回也不改其樂.

賢哉回也.”

13 이익,『성호사설』「經史門·節食」, 제26권.

14 『退溪言行錄』3,「類編·飮食刻艮之節」. 이 밖의 다른 일화에서 퇴계는 "나는 참으로 박복한 사람이다. 좋은 음식을 먹으면 체한 듯하여 속이 편하지 않고, 반드시 담박한 것을 먹어야 위장이 편하다."고 했다.

15 이유원,『임하필기』「人日·飮食」.

16 이익,『성호사설』제6권,「萬物門·牲體」

17 『論語』「鄕黨」. "割不正不食. 不得其醬不食."

18 이익,『성호사설』제26권,「經史門·節食」.

19 정은진(2010),「星湖 李瀷의 '三斗會' 小考」,『한국어문학연구』55호, 258~259쪽.

20 『春秋左傳』莊公 10년. "肉食者謀之, 又何間焉." "肉食者鄙, 未能遠謀."

21 윤선도,『孤山遺稿』권1,「贈鄭主簿之英」. "肉食誰憐飢有色."

22 윤증,『明齋遺稿』권34,「祭明村文」. "身居畎畝, 憂甚肉食." '明村'은 나양좌 (1638~1710)의 호다.

23 이식,『택당집』권6,「次韻謝山人靈淑送山菜詩」. "年來肉食厭衷腸, 歸對盤蔬味甚長."

24 성대중,『靑城雜記』제3권,「醒言」.

25 정약용,『목민심서』「律己·齊家」.

26 이덕무,『靑莊館全書』권50,「耳目口鼻書」.

27 이덕무,『士小節』「士典·服食」.

28 이덕무,『청장관전서』권60,「盎葉記·食戒」.

29 『禮記』「少義」. "君子不食圂腴."

30 鄭玄 注,『禮記正義』권35,「少義」. "犬亦食米穀, 其腹與人相似, 故君子但食他處. 辟其腴, 謂腸胃也, 故鼎闕一也."

31 정제두,『하곡집』제19권,「經義·飮食」. "君子不食圂[豢同]腴. 犬豕之屬食穀者, 腹腸胃也, 有似於人藏故也."

32 성대중,『청성잡기』제3권,「醒言」.

33 『禮記』「禮運」. "夫禮之初, 始諸飮食."

34 Mennell, Stephen, *All Manners of Food*, 1985; 캐롤 M. 코니한, 김정희 옮김,『음식과 몸의 인류학』, 2005 참조.

35 『禮記』「喪大記」.

36 『小學』「嘉言」. "漢昌邑王奔昭帝之喪. 居道上, 不素食, 霍光數其罪而廢之."

37 『禮記』「王制」. "諸侯無故不殺牛, 大夫無故不殺羊, 士無故不殺犬豕, 庶人無故不食珍."

38 『小學』「嘉言」.

39 『小學』「嘉言」.

40 『小學』「立教」. "七年男女不同席, 不共食. 八年出入門戶及卽席飮食, 必後長者, 始敎之讓."

41 『退溪集』권36, 「答李宏仲問目」과 『艮齋集』권6, 「溪山記善錄」下. "問從長者入人家, 長者求食, 而主人不肯. 强而求食, 小子私欲不與, 而却恐拂長者之心, 食而退思之. 古人云, 他食吾不食, 不知喫得恁地底食, 何如. 先生曰, 不知長者是何等人. 若是泛然年長之人, 則當其强求食時, 我以他事先出, 不食其食可也. 若己家尊長之人, 須委曲白其不當求之意, 不聽而求得食, 則己亦不可不食也."

42 『禮記』「曲禮」; 『小學』「敬身」.

43 『禮記』「內則」. "昧爽而朝, 慈以旨甘. 日出而退, 各從其事, 日入而夕, 慈以旨甘."

44 『禮記』「曲禮」. "若非飮食之客, 則布席, 席間函丈."

45 윤휴, 『백호전서』 제42권, 「讀書記」.

46 박지원, 『연암집』 제3권, 「형암행장」.

47 이덕무, 『청장관전서』 제27권, 「사소절서」.

48 『靑莊館全書』권27~29, 『士小節』2, 「士典 · 謹愼」.

49 『禮記』「少義」. "燕侍食於君子, 則先飯而後已. 毋放飯, 毋流歠. 小飯而亟之, 數嚼毋爲口容."

50 『靑莊館全書』권27~29, 『士小節』1 「士典 · 服食」.

51 『靑莊館全書』권27~29, 『士小節』1 「士典 · 服食」.

52 『靑莊館全書』권30, 『士小節』6 「婦儀 · 服食」.

53 『論語』「鄕黨」. "食不厭精. 膾不厭細. 食饐而餲, 魚餒而肉敗, 不食. 色惡不食. 臭惡不食, 失飪不食. 不時不食. 割不正不食. 不得其醬不食. 肉雖多, 不使勝食氣, 唯酒無量, 不及亂. 沽酒市脯不食. 不撤薑食, 不多食."

54 『孟子』「告子」上. "生亦我所欲也, 義亦我所欲也, 二者不可得兼, 舍生而取義者也."

55 『孟子』「告子」上. "魚我所欲也, 熊掌亦我所欲也, 二者不可得兼, 舍魚而取熊掌者也."

56 許筠, 『惺所覆瓿藁』26, 「屠門大嚼引」.

57 『墨子』「節用」. "足以充虛繼氣, 强股肱, 耳目聰明, 則止."

58 『道德經』12장에서 "五味使人之口爽, 五音使人之耳聾"이라 했는데, 여기서 '爽'은 '입맛을 잃는다'는 뜻이다.

59 『중용』 "人莫不飲食也, 鮮能知味也."

60 『呂氏春秋』「本味」. "調和之事, 必以甘酸苦辛鹹. 先后多少, 其齊甚微, 皆有自起; 鼎中之變, 精妙微纖, 口弗能言, 志不能喻, 若射御之微, 陰陽之化, 四時之數. 故久而不弊, 熟而不爛, 甘而不噥, 酸而不酷, 咸而不減, 辛而不烈, 淡而不薄, 肥而不膩."

61 『周禮』「天官 · 冢宰」; 『禮記』「內則」. "凡食齊視春時, 羹齊視夏時, 醬齊視秋時, 飲齊視冬時. 凡和, 春多酸, 夏多苦, 秋多辛, 冬多鹹, 調以滑甘."

62 『禮記』「內則」. "牛宜稌, 羊宜黍, 豕宜稷, 犬宜粱, 雁宜麥, 魚宜菰. 春宜羔豚膳膏薌, 夏宜腒鱐膳膏臊, 秋宜犢麛膳膏腥, 冬宜鮮羽膳膏羶."

63 『禮記』「內則」. "牛修 · 鹿脯 · 田豕脯 · 糜脯 · 麋脯 · 麕 · 鹿 · 田豕 · 麕 皆有軒 · 雉兔皆有芼. 爵 · 鷃 · 蜩 · 范 · 芝栭 · 菱 · 椇 · 棗 · 栗 · 榛 · 柿 · 瓜 · 桃 · 李 · 梅 · 杏 · 楂 · 梨 · 薑 · 桂."

64 『禮記』「少義」. "牛與羊魚之腥, 聶而切之爲膾. 麋鹿爲菹, 野豕爲軒, 皆聶而不切. 麕爲辟雞, 兔爲宛脾, 皆聶而切之. 切蔥若薤, 實之醯以柔之."

65 『禮記』「內則」. "問所欲而敬進之, 柔色以溫之. 饘酏 · 酒醴 · 芼羹 · 菽麥 · 蕢稻 · 黍粱 · 秫唯所欲, 棗 · 栗 · 飴 · 蜜以甘之, 菫 · 荁 · 枌 · 楡兔薧滫瀡以滑之, 脂膏以膏之, 父母舅姑必嘗之而后退."

66 『論語』「鄕黨」. "割不正不食."

67 주희, 『논어집주』. "割肉方正者不食, 造次不離於正也."

68 이익, 『성호사설』 권26, 「경사문 · 節食」.

69 『弘齋全書』 제75권, 「經史講義 · 論語」.

70 『弘齋全書』 제75권, 「經史講義 · 論語」. "不時二字, 集註以五穀不成果實未熟釋之. 然生穀夭菓之不可食, 三尺之所共知, 而恒人之所同然也. 豈足爲聖人之所獨, 而乃鄭重書不時不食四字乎."

71 『弘齋全書』 제75권, 「經史講義 · 論語」. "卽春秋朝暮各有所宜之謂. 如春多酸, 夏多苦, 秋多辛, 冬多鹹, 春宜羔豚膳膏薌, 夏宜腒鱐膳膏臊, 秋宜犢麛膳膏腥, 冬宜鮮羽膳膏羶之類是也. 此說似得之, 未知如何."

72 丁若鏞, 『與猶堂全書』 제2집 제11권, 「論語古今註」 5.

73 陳繼儒, 『眉公秘笈』.

74 柳重臨, 『增補山林經濟』「家政」. "處世交人如嘗五味. 假如我嗜甘, 而他人亦有不嗜甘者, 我惡苦, 而他人亦有嗜苦者, 則何可以我之所不嗜, 而棄人之所嗜乎."

75 『孟子』「告子」上. "故理義之悅我心, 猶芻豢之悅我口."

76 김창협, 『농암집별집』 제2권, 「祭文 門人吳大夏」. "菽粟芻豢, 孰知其味."

77 『다산시문집』 제19권, 「上木齋書」.

78 이현일, 『갈암집』 부록 제5권.

79 『孟子』 「告子」 上.

80 정약용, 『다산시문집』 제22권, 「陶山私淑錄」.

81 정약용, 『다산시문집』 제19권, 「答李汝弘」.

82 안대회, 「치명적 유혹의 맛, 복어국」, 『18세기의 맛』, 문학동네, 2014, 35~45쪽.

83 박지원, 『연암집』 제3권, 「孔雀館文稿 · 晩休堂記」.

84 안대회 등저(2014) 참조.

85 정약용, 『다산시문집』 제20권, 「上仲氏」.

86 『禮記』 「內則」의 팔진은 순오(淳熬) · 순모(淳母) · 포돈(炮豚) · 포장(炮牂) · 도진(擣珍) · 자(漬) · 오(熬) · 간료(肝膋)를 말하고, 후세팔진(後世八珍)은 용간(龍肝) · 봉의 부리[鳳髓] · 표범의 태[豹胎] · 잉어꼬리[鯉尾] · 올빼미구이[鴞炙] · 성성이 입술[猩脣] · 웅장(熊掌) · 타봉(駝峰) 이라고 하였다.

87 윤휴, 『백호전서』 제46권, 「讀書記 · 內則」.

88 이빙허각, 정양완 역주(2012), 『규합총서』 권1, 「酒食議」, 23~145쪽.

89 서유구, 『임원경제지』 「鼎俎志序」.

90 홍만선, 『산림경제』, 「서문」.

91 김용섭(2007), 285쪽.

92 홍대용, 『담헌서』 外集 권10 「燕記 · 飮食」.

93 이해응, 『薊山紀程』 제5권.

94 이익, 『성호사설』 권17, 「人事門 · 食小」.

95 김미혜 · 정혜경, 「풍속화에 나타난 18세기 조선시대 식기와 음식 문화 연구」, 『한국식생활문화학회지』, 제22권, 제6호, 한국식생활문화학회, 2007.

96 이빙허각, 정양완 역주, 『규합총서』 「酒食議 · 유밀과」, 2012, 119쪽.

97 이빙허각, 정양완 역주, 『규합총서』 「규합총서 서」, 2012, 20쪽.

98 이빙허각, 정양완 역주, 『규합총서』, 2012.

99 김태형(2013), 81쪽.

100 플로랑 켈리에, 박나리 옮김, 2011, 128쪽.

101 Mennell, Stephen, *All Manners of Food*, 1985; 캐롤 M. 코니한, 김정희 옮김, 『음식과 몸의 인류학』, 갈무리, 2004 재인용.

102 한국18세기학회(2007), 참조.

103 이덕무, 『靑莊館全書』 「士小節」 6, 「婦儀 · 服食」.

104 이덕무, 『청장관전서』 「사소절」 6, 「婦儀・服食」.

105 조선총독부 엮음, 신종원・한지원 옮김, 2013, 223쪽.

106 김동식, 「1920~30년대 대중잡지에 나타난 음식 표상」, 『한국학연구』 44집, 2017.

제2장 | 18세기 음악의 '멋' 추구 향방

1 이러한 현상에 대하여는 송지원의 「朝鮮後期 中人音樂의 社會史的 研究」(서울대학교 석사학위 논문, 1992)에서 이미 논증한 바 있으므로 상세한 논의는 생략한다.

2 이에 대한 연구 성과는 열거하기 어려울 정도로 많이 이루어졌으므로 일일이 나열하는 것은 생략한다.

3 현악영산회상의 9곡은 상영산, 중영산, 세령산, 가락덜이, 삼현도드리, 하현도드리, 염불도드리, 타령, 군악이다. 관악영산회상과 평조회상은 이 가운데 하현도드리가 빠진 8곡이다.

4 이에 관한 상세한 논의는 송지원(1992), 앞의 논문 참조.

5 최남선의 『조선상식문답』 속편 '음률, 풍류' 항목에서 그것을 잘 설명하고 있다. "음률과 풍류는 다 국어로 음악을 이르는 말이요, 줄풍류는 곧 현악을 가리키는 말이지만 근세에 특정적으로 쓰는 음률, 풍류, 줄풍류라는 말은 다 현악기를 중심으로 한 일종의 실내악반을 의미하고 있습니다. 보통 말의 풍류 또 줄풍류는 곧 거문고 가야 양금 해금 등 현악기를 주체로 하고 거기에 장고 젓대, 단소를 반주 격으로 얹어서 同好者끼리 조용히 '엔조이'하는 실내악입니다."

6 『禮記』 「樂記」에서는 "악을 알면 예에 가까워지고, 예와 악을 모두 터득한 것을 이르기를 '덕이 있다'고 했으며, 덕이란 곧 '터득했다'는 것이다(知樂則幾於禮矣. 禮樂皆得, 謂之有德, 德者得也.)"라고 했다. 또 "군자는 예악을 잠시라도 몸에서 떠나게 할 수 없다(君子之於禮樂, 不可斯須去身也.)"고 했다.

7 조선시대 문인들의 이러한 생각은 유가악론의 정수인 『禮記』 「樂記」에 바탕한 것이고, 그에 기반한 수많은 거문고 악보의 서문, 혹은 문인들이 전개한 악론(樂論)에서 읽을 수 있다.

8 거문고 악보를 포함한 고악보에 관한 정보는 최근에 한 권의 책으로 정리되어 나

왔다. 이동복, 『한국 고악보 연구』, 민속원, 2009.

9 『禮記』「樂記」. '樂本'.

10 조선 후기, 특히 18세기라는 시점을 중심에 놓고, 조선 후기 음악사회의 변화 양상에 관하여 고찰한 논문은 필자가 지난 2004년에 「18세기 한국 음악사회의 몇 局面」, 『18세기 연구』 제7호, 한국 18세기학회에서 일부 논의한 바 있다. 이 논문에서는 18세기 음악사회를 '음악 취향의 변화 — 새로움의 추구', '감상음악의 출현 — 전문성 강화', '음악 후원자의 긍정적 기여'라는 측면에서 조선 후기 음악사회를 논하였다.

11 이에 관하여는 송지원(1992), 84~88쪽; 「朝鮮 中華主義의 음악적 실현과 淸 文物 수용의 의의」, 『國樂院論文集』 11집, 1999, 241~244쪽에서 이미 논증하였다.

12 朴齊家, 『貞蕤閣集』 「所懷」. '丙午正月二十二日朝參時 典設署別提朴齊家所懷'.

13 朴齊家, 『貞蕤閣集』 「詩」. '戱倣王漁洋歲暮懷人六十首'.

14 이덕무, 『靑莊館全書』 권2, 「영처시고」 2 '洗劍亭'; 권10, 「雅亭遺稿」 2 詩 2 '素玩亭 奉和金嘐嘐子 用謙 聞汝五吹洞簫'.

15 팔음(八音)은 악기 제작 재료 여덟 가지인 금(金, 쇠붙이)·석(石, 돌)·사(絲, 실)·죽(竹, 대나무)·포(匏, 박)·토(土, 흙)·혁(革, 가죽)·목(木, 나무)을 말한다.

16 이덕무, 『靑莊館全書』 권49, 「이목구심서」 제2: "肺六葉, 應六律乎? 幷兩耳爲八葉, 應八音乎? 葉中有二十四孔, 應二十四候乎? 大抵笙黃之象也. 又曰, 金五行之中, 聲鈜鏗者也, 肺屬金故爲聲臟."

17 이덕무, 『靑莊館全書』 권50, 「이목구심서」 제3: "肺, 聲也, 喉, 管籥也, 心, 樂也, 舌, 調之者也, 言, 樂之成也."

18 이러한 상황에 대하여는 송지원, 『한국음악의 거장들』(태학사, 2012)에 보이는 여러 음악가들의 활동을 통해 확인할 수 있다. 실력이 좋은 음악가나 장악원을 은퇴한 전악(典樂)과 같은 음악인들이 주변 사람들에게 악기를 가르쳤다는 기록이 많이 보인다.

19 柳得恭, 『冷齋集』, 「柳遇春傳」. "安之笛, 東之腰鼓, 卜之觱篥, 而柳遇春·扈宮其, 俱以奚琴名, 子如之何不從而師之? 安得此褐之夫之琴乎?"; 송지원, 앞의 책.

20 홍대용의 양금 해독 내용과 그 과정에 관한 내용은 송지원(1992; 1999)에서 이미 밝힌 바 있다.

21 문인들이 악기를 배우는 과정에 대하여는 각종 문헌에서 산견(散見)되는바, 대개는 스승을 모셔 배우는 방식으로 이루어졌다. 장악원의 음악인에게 음악을 배

우는 이들도 있었다. 다산도 음악 전문인인 영인에게 악기를 배운 것으로 보인다 (『茶山詩文集』 권3 「詩」 '題李周臣山亭').

22　박지원의 『열하일기』에는 홍대용이 양금을 해독한 이후 조선의 금사(琴師)들 가운데 양금을 연주하지 못하는 이가 없었다고 기록되어 있다. 양금은 홍대용의 노력의 결과 지금 이 시대에도 국립국악원에 전승되어 중요한 악기로 연주되고 있다. 양금과 관련된 논의는 다음에 이어진다.

23　朴齊家, 『貞蕤閣集』, 「序」 '百花譜序'. "人無癖焉, 棄人也已. 夫癖之爲字, 從疾從辟, 病之偏也. 雖然, 具獨往之神, 習專門之藝者, 往往惟癖者能之." 번역은 정민 외, 『정유각집』(돌베개, 2010), 상·중·하 참조.

24　글의 일부는 송지원, 「조선후기 문인음악의 소통과 향유」, 『한국음악사학보』 48집(한국음악사학회, 2012)에서 논의한 내용이다.

25　조선 후기적 인간의 특성으로 벽(癖)과 치(痴)를 들 수 있고, 그것이 조선 후기 문화에 긍정적 영향을 미쳤다는 연구가 최근 많이 이루어졌다. 이와 관련된 연구는 안대회, 『조선의 프로페셔널』, 휴머니스트, 2007; 정민, 『18세기 조선지식인의 발견』, 휴머니스트, 2007 등이 있다. 다만 안대회가 다룬 프로페셔널은 주로 중인 이하 평민, 천민 등의 신분에서, 정민의 경우 조선 지식인, 그중에서도 몰락한 지식인이나 서얼 집단에서 드러나는 '벽'과 '치' 추구의 경향을 주로 다루었다.

26　박지원의 『熱河日記』, 이덕무의 『靑莊館全書』, 성대중의 『靑城集』, 박제가의 『貞蕤閣集』 등의 문헌에서 이러한 분위기를 충분히 엿볼 수 있다. 이들은 주로 연암 그룹의 구성원들이다.

27　成大中, 「記留春塢樂會」, 『靑城集』 권6: "洪湛軒大容置伽倻琴, 洪聖景景性操玄琴, 李京山漢鎭袖洞簫, 金檍挈西洋琴, 樂院工普安, 亦國手也, 奏笙簧, 會于湛軒之留春塢. 兪聖習學中侑之以歌. 嘐嘐金公用謙, 以年德臨高坐. 芳酒微醺, 衆樂交作. 園深晝靜, 洛花盈階. 宮羽遞進, 調入幽眇. 金公忽下席而拜, 衆皆驚起避之. 公曰: "諸君勿怪, 禹拜昌言. 此鈞天廣樂也, 老夫何惜一拜?" 洪太和元燮, 亦與其會, 爲余道之如此. 湛軒捨世之翌年記." 「기유춘오악회」와 관련된 내용은 송지원, 「조선후기 중인음악의 사회적 연구」, 서울대학교 석사학위 논문(1992)에서 조선 후기의 새로운 음악문화를 거론하면서 언급하였다. 이후 「성대중이 묘사한 18세기 음악사회의 몇 가지 풍경」, 『문헌과 해석』 22호(문헌과해석사, 2003), 179~183쪽에서 보다 논의를 확대하였다. 이미 20여 년 전의 논문에서 논의했던 자료를 다시 인용한 것은 성대중이 묘사한 「기유춘오악회」와 같은 음악사적으로 중요한 의미를 지니는 현장을 생생하게 보여주는 기록을 조선 후기 문헌에서 찾기 어렵기 때문이다. 또

「조선후기 중인음악의 사회사적 연구」에서는 논의의 초점을 '신분'에 두었으며 특정 신분이 음악사적으로 중요한 역할을 담당했다는 점을 논증했으므로, 문인들의 음악 소통에 초점을 맞춘 이 글과는 논의의 초점이 다르므로 중복을 무릅쓰고 당시 인용문을 재인용하였다.

28 유학중은 김수장의 『해동가요』에 수록된 '古今唱歌諸氏'의 명단에 보인다. 송지원(1992)에서 재인용.

29 洪元燮, 「書金生畫後」, 『太湖集』 권5. "右畫一幅, 布床而瑟者湛軒也, 對瑟而琴者金生也. 並瑟而踞, 側耳聽于彛尊之旁者太和也. 瑟之聲清, 琴之聲幽. 離之, 清者清而已, 幽者幽而已. 合之, 清者深, 幽者暢. 深則遠, 暢則和."

30 중국에서 唐琴, 즉 금을 구입하고 악곡을 배워오도록 했던 일은 1765년(영조 41)의 연행에서 홍대용 일행에 포함된 장악원 악사 장천주의 과제로 부여된 일이기도 했다.

31 유득공의 「유우춘전」에 이와 같은 정황이 잘 묘사되어 있다. 柳得恭 『泠齋集』 권10 「柳遇春傳」. "宗室大臣, 夜召樂手, 各抱其器, 趨而上堂, 有燭煌煌, 侍者曰, 善且有賞, 動身曰: "諾." 於是, 絲不謀竹, 竹不謀絲, 長短疾徐, 縹緲同歸, 微吟細囑, 不出戶外, 睨而視之, 邈焉隱几, 意其睡爾, 少焉欠伸曰: "止." 諾而下. 歸而思之, 自彈自聽而來爾. 貴游公子, 翩翩名士, 清談雅集, 亦未嘗不抱琴在坐."

32 『歐邏鐵絲琴字譜』. "有洋琴之屬, 流出我東, 則幾止六十載, 終無飜曲, 徒作文房奇摩美而已. 正宗朝年當俟考年, 掌樂院典樂朴寶安者, 隨使入燕, 始學鼓法, 飜以東音."

33 송지원, 「朝鮮 中華主義의 음악적 실현과 淸 文物 수용의 의의」, 『國樂院論文集』 11집, 국립국악원, 1999, 242~243쪽.

34 朴趾源, 『熱河日記』 권15 「銅蘭涉筆」. "歐邏鐵絃琴, 吾東謂之西洋琴, 西洋人稱天琴, 中國人稱番琴, 亦稱天琴. 此器之出我東, 未知何時, 而其以土調解曲, 始于洪德保, 乾隆壬辰六月十八日, 余坐湛軒, 酉刻立見其解此琴也. 槪見洪之敏於審音, 而小藝旣系刱始, 故余詳錄其日時. 其傳遂廣, 于今九年之間, 諸琴師無不會彈."

35 당시 북경의 천주당은 모든 연행자들이 반드시 첫손에 꼽던 장소였고 당시 천주당 소속 서양 신부들도 조선의 방문객들에게 친절했던 것으로 알려져 있다. 담헌이 천주당에 방문한 횟수는 남천주당에 세 번, 동천주당에 한 번 총 네 차례이다.

36 홍대용, 『을병연행록』 권4 '초구일 천주당을 보다'.

37 홍대용, 위와 같음.

38 홍대용, 위와 같음.

39 홍대용, 김태준 · 박성순 옮김, 『산해관 잠긴 문을 한 손으로 밀치도다』(돌베개,

2001), 10쪽.

40 양금에 대한 내용은 앞에서 이미 논의하였다.

41 홍대용,『을병연행록』권4 '초구일 천주당을 보다'.

42 이때 담헌은 수행한 장악원의 악사와 함께 음악을 들었는데 이를 위해 목면(木棉) 한 필, 청심환, 종이부채 두어 가지를 예물로 주었다. 이때 악사는 은 5냥을 지불하고 금(琴)을 구입하였다(『湛軒書』外集 권7「燕記」, '琴鋪劉生').

43 『湛軒書』外集 권7「燕記」, '琴鋪劉生'.

44 이때 수행한 악사는 典樂 張天柱였다. 이에 관련된 기록은 『英祖實錄』권106, 영조 41년 11월 2일(癸酉)에 나온다.

45 "冬至使 순의군 이훤과 김선행, 홍억 등이 하직인사를 하니, 임금이 소견하여 어찬을 내리고 4언시 각 2구를 몸소 써서 하사하여 그 사행을 영예롭게 하였다. 우리나라의 唐琴, 笙簧이 소리를 잘 이루지 못한다 하여 樂工으로 연행에 수행하는 자에게 그 음을 배워오도록 명하였다."[『英祖實錄』권106, 영조 41년 11월 2일(癸酉)]; "일행이 모두 무사히 갔다 돌아왔는가?" 하니 김선행이 대답하기를 "무사히 돌아왔습니다." 하였다. "악사가 樂을 배워가지고 돌아왔는가?" 하니 김선행이 말하기를, "배워가지고 왔습니다." 하였다. 악사 장천주에게 명하여 악기를 가지고 들어와서 笙을 불고 琴을 타게 하여 각각 한 곡씩 연주하게 하였다. 인하여 악공을 잘 가르쳐서 聲音을 번거롭고 촉박하게 하지 말도록 경계하라고 명하였다[『英祖實錄』권107, 영조 42년 4월 20일(己未)].

46 홍대용,『을병연행록』권4 '초칠일 관에 머물다'.

47 陶弘景(456~536)은 梁나라의 학자로 유, 불, 도에 능통하였다. 양 무제의 신임을 받아 자문 역할을 맡았으나 관직을 버리고 모산(茅山)에 은거하였다. 서유구는 도홍경의 시 "山中有所有, 嶺上多白雲, 只可自怡悅, 不堪持贈君"에 나오는 '怡'와 '雲'을 따서 「이운지」라 하였다.

48 徐有榘,『林園經濟志』「怡雲志引」.

49 徐有榘,『林園經濟志』「怡雲志引」 "其所以淸心養雅, 逍遙自適".

50 『林園經濟志』「怡雲志 · 齋寮亭榭」 '琴室'.

51 『林園經濟志』「怡雲志 · 齋寮亭榭」 '琴室'.

52 『林園經濟志』「怡雲志 · 山齋淸供」 '論書室不可無琴'.

53 『遵生八牋』(1591)은 중국 명대 문인들의 취미 생활에 관해 기록한 책으로 고렴(高濂)이 쓴 것이다. 百柄琴에 대한 내용은 이 책을 참고한 것이다.

54 『東坡志林』은 중국 송대의 문호인 소식(蘇軾)의 저술이다.

55 『洞天淸錄』은 중국 남송시대 문인들의 취미 생활을 기록한 책으로, 종실 출신 문인 조희곡(趙希鵠)이 썼다. 「이운지」의 琴에 대한 내용은 이 책의 내용을 많이 가져왔다.

56 『삼국사기』 원문에는 '雅部'가 아니라 '樂部'로 기록되어 있으며 『삼국사기』를 인용한 『악학궤범』에는 '樂部'로 기록되어 있다.

57 徐有榘, 『林園經濟志』 「怡雲志·山齋淸供」 '玄琴'.

58 徐有榘, 『林園經濟志』 「怡雲志·山齋淸供」 '九德'.

59 『금화경독기』는 서유구의 저술로 2010년에 일본 도쿄도립중앙도서관에 있는 것을 조창록이 발견하여 학계에 소개하였다. 『금화경독기』는 『임원경제지』를 쓰고 남은 부분을 모아 정리한 것이다.

60 徐有榘, 『林園經濟志』 「怡雲志引」. "書足以記姓名耳, 産足以資衣食耳, 無他望也. 惟祈林園養雅, 無求於世, 以終身焉."

제3장 | 18세기 문인들의 야연夜宴과 1박 2일의 현장

1 이하 『강한집』의 번역은 이화여대 거점연구소 번역본 『역주 강한집』(학자원, 2013)을 따른다.

2 번역은 김명호 옮김, 『연암집』(태학사, 2007)을 이용하고 원문은 생략한다.

3 번역은 김윤조 역주, 『역주 과정록』(태학사, 1997)을 이용하고 원문은 생략한다.

제4장 | 조선 후기 취미 생활과 문화현상

1 李德懋, 『靑莊館全書』 권28, 『士小節』, '士典2' 한국문집총간 257집, 한국고전번역원, 2000. 이하 한국문집총간은 '문집총간'으로 쓰고, 출판처와 연도를 생략한다.

2 문경연, 「식민지 근대와 '취미' 개념의 형성」, 『개념과 소통』 제7호, 2011, 35~36쪽.

3 문경연, 위의 논문, 35~71쪽.

4 柳本學, 「贈邊哨官琦序」, 『問庵文藁』 乾, 개인 소장 사본.

5 李珥, 『栗谷全書』 권27, 「擊蒙要訣」, '持身章', 문집총간 45집.

6 蘇軾, 『經進東坡文集事略』 권53, 「王君寶繪堂記」, 中華書局, 1979, 856쪽.

7 안대회, 「한국 蟲魚草木花卉詩의 전개와 특징」, 『한국문학연구』 제2호, 2001, 147~173쪽.

8 尹行儼, 『守默堂遺稿』 하, 「癖說」, 국립중앙도서관 소장 사본.

9 안대회, 「18세기와 21세기를 읽는 키워드 마니아」, 『디지털과 실학의 만남』, 신규장각, 2005, 70~106쪽.

10 朴齊家, 「百花譜序」(안대회 옮김, 『궁핍한 날의 벗』, 태학사, 2000, 35쪽).

11 洪顯周, 『海居溲勃』, 「癖說贈方幼能」, 규장각 소장 사본(안대회 옮김, 『부족해도 넉넉하다』, 김영사, 2009, 91~95쪽 재인용).

12 벽(癖)에 관한 달라진 의식은 앞에 인용한 필자의 논문과 『벽광나치오』(휴머니스트, 2011), 정민의 「18·19세기 조선 지식인의 '벽'과 '치' 추구 경향」(『18세기 연구』, 제5·6호, 2001)에서 주목하여 설명하였다.

13 고동환, 『조선시대 서울 도시사』, 태학사, 2007, 212~213쪽.

14 이헌창, 『한국경제통사』, 해남, 2012(제5판), 212~221쪽.

15 이중환의 『택리지』, 이재운의 『해동화식전』, 이웅징(李熊徵)의 『동방식화지(東方食貨志)』, 이익(李瀷)의 「재물의 생성[生財]」, 서유구의 「예규지(倪圭志)」 등이 있다. 안대회 편역, 『해동화식전』(휴머니스트, 2019)에 4종의 자료가 실려 있다.

16 자세한 내용은 필자의 『담바고 문화사』(문학동네, 2015)에서 다루었다.

17 徐有榘, 『林園經濟志』, 「晚學志」 권5, '雜植'(김영·박순철 옮김, 『만학지 2』, 소와당, 2010, 227쪽). 번역은 필자가 수정하여 제시하였다.

18 버튼 홀스, 이진석 옮김, 『1901년 서울을 걷다』, 푸른길, 2012, 162~165쪽.

19 正祖, 『弘齋全書』 권177, 『日得錄』 17, 문집총간 267집.

20 金世禧, 『寬我堂遺稿』, 「鐘街記」, 규장각 소장 사본(이종묵, 『글로 세상을 호령하다』, 김영사, 2010, 52~55쪽 재인용).

21 서유구, 정진성 외 옮김, 『임원경제지 ― 이운지』, 풍석문화재단, 2019, 453쪽.

22 서유구, 위의 책, 권4, 「文房雅製下」, 335쪽.

23 서유구, 위의 책, 권1, 226쪽.

24 만명 시기 소품서가 반영한 소비문화를 깊이 있게 다룬 책으로는 다음과 같은 저작이 주목된다. 曹淑娟, 『晚明性靈小品研究』, 文津出版社, 1988; 毛文芳, 『晚明閒賞美學研究』, 學生書局, 2000; Craig Clunas, *Superfluous Things: Material Culture and Social Status in Early Modern China*, University of Hawaii Press, 2004.

25 심경호 외 옮김, 『역주 원중랑집』 5권, 소명출판, 2005년, 400쪽.

26 김수진, 「능호관 이인상 문학 연구」, 서울대학교 박사학위 논문, 2012, 142~154

쪽.

27 안순태, 「南公轍 散文 硏究」, 2장 '雅趣의 추구', 서울대학교 박사학위 논문, 2011, 74~91쪽.

28 兪晩柱, 『欽英』 제3권, 서울대학교 규장각 영인본, 1997, 169쪽.

29 안대회, 「通園 兪晩柱의 造景美學」, 『한국전통조경학회지』 27, 2009. 48~56쪽; 안대회, 「兪晩柱 淸言小品 硏究」, 『한문학연구』 20, 2006, 1~30쪽.

30 沈魯崇, 안대회 · 김보성 외 옮김, 『자저실기(自著實記)』, 휴머니스트, 2014.

31 이현일, 「19세기 漢詩의 小品趣 ― 申緯의 경우를 중심으로 ― 」, 『한국한시연구』 18권, 2010, 323~368쪽.

32 이종묵, 「홍경모 집안의 우이동 별서」, 『관암 홍경모와 19세기 학술사』, 경인문화사, 2011, 103~161쪽; 홍경모, 이종묵 옮김, 『사의당지』, 휴머니스트, 2009.

33 안대회, 『조선의 명문장가들』(『고전산문산책』, 2008의 개정판), 휴머니스트, 2016, 576~585쪽.

34 李學逵, 『洛下生集』 18책, 「洛下生藁上」, '觚不觚詩集', 「感事三十四章」, 한국문집총간 290집.

35 兪晩柱, 『欽英』, 1780년 6월 15일 기사.

36 李長載, 『蘿石觀稿』, 「書畵序」(『韓山世稿』 34권, 필자 소장).

37 구체적인 내용은 황정연의 『朝鮮時代 書畵收藏 硏究』 Ⅴ장, 「朝鮮後期 書畵收藏」, 한국학중앙연구원 박사논문, 2007, 235~384쪽 참조.

38 장진성, 「朝鮮後期古董書畵收集熱의 性格 ― 金弘道의 · 『布衣風流圖』と『士人肖像』こ對する檢討」, 『美術硏究』 394호, 2008, 496~530쪽; 장진성, 「조선 후기 미술과 『林園經濟志』 ― 조선 후기 古董書畵 수집 및 감상 현상과 관련하여」, 『진단학보』 108호, 2009, 107~130쪽.

39 申緯, 『警修堂全藁』 7책, 「碧蘆坊藁三」, '齋中詠物三十首'.

40 안대회, 「명품 · 신상에 미친 소시민들 ― 서화골동 애호가들」, 『조선을 사로잡은 꾼들』, 한겨레신문사, 2010, 251~263쪽.

41 장남원, 「물질문화 관점으로 본 조선후기 玩物 陶瓷」, 『미술사학』 제39집, 2012, 132~163쪽.

42 이종묵, 「조선 후기 놀이문화와 한시사의 한 국면」(성호경 편, 『조선 후기 문학의 성격』, 서강대학교출판부, 2010, 173~208쪽); 박정혜, 「남승도로 본 조선 명승」 (정치영 외, 『조선의 명승』, 한국학중앙연구원출판부, 2016, 93~102쪽).

43 유만주, 위의 책, 1784년 10월 16일 기사.

44 沈魯崇, 「自著實記」, 위의 책, 573쪽.

45 沈魯崇, 위의 책, 51쪽.

46 심노숭의 미식 행태에 관해서는 필자의 논문 「18·19세기의 음식취향과 미각에 관한 기록 — 沈魯崇의 『孝田散稿』와 『南遷日錄』을 중심으로 — 」(『東方學志』 제169집, 연세대학교 국학연구원, 2015.3., 167~192쪽)에서 상세하게 다루었다.

47 정민, 「18세기 지식인의 玩物 취미와 지적 경향」, 『고전문학연구』 23집, 2003, 327~354쪽.

48 李德懋, 『靑莊館全書』 권50, 「耳目口心書」 3, 한국문집총간 258집.

49 尹愭, 이규필 옮김, 『무명자집』 4권, 성균관대학교 대동문화연구원, 성균관대학교 출판부, 2014.

50 李圭景, 『五洲衍文長箋散稿』, 「鵝鴣辨證說」, 한국고전번역원 홈페이지.

51 李圭景, 위의 책, 「金魚花魚辨證說」.

52 李學逵, 『洛下生集』 18책, 「觚不觚詩集」, '感事三十四章', 한국문집총간 290집.

53 정민, 「花庵九曲의 작가 柳璞(1730~1787)과 花庵隨錄」, 『한국시가연구』 14집, 2003, 101~133쪽; 안대회, 「번잡한 세상을 등진 채 '꽃나라'를 세운 은사 — 원예가 유박」, 『벽광나치오』, 휴머니스트, 2011(개정판), 333~367쪽; 하지영, 「南羲采의 『衆香國春秋』 소고」, 『한국한문학연구』 51집, 2013, 575~608쪽; 김용태, 『19세기 조선 한시사의 탐색』, 돌베개, 2008, 139쪽.

54 南羲采, 『衆香國春秋』, 「食貨志」, 국립중앙도서관 소장 사본.

55 신익철, 「茶山과 다산학단의 菊影詩 창작과 그 의미: 원굉도 문학의 수용 양상과 관련하여」, 『한국실학연구』 제16호, 2008, 129~159쪽; 정은주, 「이학규의 화훼 취미와 菊影詩 창작」, 『인문과학』 49권, 2012, 185~204쪽.

56 趙冕鎬, 『玉垂集』 권23, 「戒梅俚語」, 한국문집총간 127권.

57 李裕元, 『林下筆記』 28권, 「燕京奇花」·「南中棕櫚」, 성균관대학교 대동문화연구원 영인본, 1961, 711쪽.

58 李圭景, 위의 책, 「水仙花辨證說」. 최근에 윤지안은 「조선후기 수선화의 유행과 쇠퇴」(『인문과학연구』 27집, 2018, 155~205쪽)에서 조선 후기에 수선화 재배가 유행한 현상을 분석하였다.

59 李羲天, 『石樓遺稿』 坤, 「萬石樓上樑文」, 규장각 소장 사본.

60 李用休도 李汝中에게 같은 제목의 기문(『炭曼集』, 「磊磊亭記」, 한국문집총간 223집)을 지어 세상과 절연한 채 고고하게 살아가는 모습을 돌의 품성에 빗대었다.

61 睦萬中, 『餘窩集』 권30, 「磊磊亭記」, 한국문집총간 속집 90집. 이 글은 안대회·이

현일 편역, 『한국명문선』 7, 민음사, 2017에 '수석에 정을 붙인 선비'란 제목으로 수록되었다.

62 趙冕鎬, 위의 책, 「舊所藏書幅畫幀」, 208쪽에는 그의 취미를 보는 관점이 서술되어 있다.

63 조면호, 위의 책, 「續禮石九詩」, 370쪽.

64 김용태, 위의 책, 140~142쪽; 189~193쪽.

65 趙冕鎬, 위의 책, 권12, 「禮十一石」, 369쪽.

66 劉在建, 『里鄕見聞錄』 8권, '李石塘維新', 아세아문화사 영인본, 1974, 405쪽.

67 申緯, 『警修堂全藁』 27책, 「覆瓿集」 11, '余有盆中采石, 各以五枚分贈菊人桐沼有詩.' 한국문집총간 291집.

68 鄭東愈, 『玄同室遺稿』 坤, 「怪石記」, 버클리도서관 소장 사본(이종묵, 『글로 세상을 호령하다』, 36~40쪽).

69 姜世晃, 김종진 외 옮김, 『豹菴遺稿』, 「怪石」, 지식산업사, 2010, 517쪽.

제5장 | 통通, 국왕의 소통 방식

1 조선시대 公論 정치에 대해서는 설석규(2002); 박현모(2004); 김영수(2005); 金慶來(2007) 참조.

2 조선 후기 서울 지역의 상공업 발달에 대해서는 姜萬吉(1974); 高東煥(1998) 참조.

3 하라 다케시(原武史)는 영조가 민을 접촉하는 방식을 도성 밖 능행 시의 임시 접촉과 도성 안에서의 의도적 접촉으로 구분한 바 있다. 하라 다케시, 김익한 · 김민철 옮김(2000), 66~75쪽.

4 국왕의 어찰에는 訓諭의 성격을 가진 諭書도 포함시켰다.

5 안대회(2009), 163~164쪽.

6 안대회(2010), 31~32쪽.

7 『弘齋全書』 권55, 雜著 2, 「吏曹判書榮襄公宋言愼家藏宣廟御書密札跋」(1794).

8 안대회(2009), 168~169쪽; 권두환(2011), 166~167쪽.

9 정조가 외가로 보낸 어찰첩은 『정조대왕의 편지글』(리움, 2004)과 『정조어찰첩 ―『壬辰睿札』과 『己未御札』』(한국학중앙연구원 장서각, 2013), 처가로 보낸 어찰첩은 『정조어찰』(국립고궁박물관, 2011), 정조가 심환지에게 준 어찰첩은

『정조어찰첩』(성균관대학교출판부, 2009)으로 간행된 바 있다. 『정조임금편지』(국립중앙박물관, 2009)에는 정조가 외가와 심환지에게 보낸 어찰첩이 함께 수록되어 있다.

10 백승호(2009), 35~51쪽.

11 백승호 · 장유승(2009), 324~325쪽.

12 김문식(2005), 92~93쪽.

13 박종악은 정조의 고모였던 화평옹주와 결혼한 박명원(朴明源)의 조카다. 박종악의 『수기』는 2016년에 번역본이 간행되었다. 신익철 · 권오영 · 김문식 · 장유성 역해, 『수기 — 정조의 물음에 답하는 박종악의 서신』, 한국학중앙연구원출판부, 2016.

14 박종악이 보낸 서찰의 내용에 대해서는 장유승(2014) 참조.

15 신익철 · 권오영 · 김문식 · 장유성 역해(2016), 42쪽.

16 위의 책, 168~169쪽.

17 조선시대의 책문에 대해서는 郭信煥(1994); 임완혁(2009); 서근식(2009); 김현옥(2010, 2011) 등이 있다.

18 『經國大典』 권3, 諸科.

19 『列聖御製』 권14, 肅宗, 文, 「策問題」. 대상자를 차례로 제시하면, ① 命湖堂學士 會于銀臺 製進, ② 命館學到記儒生等 會于賓廳 製進, ③ 命諸生 會于泮宮 製進 仍賜酒具, ④ 命會諸生于泮宮 賜柑 親策, ⑤ 人日 命諸生 會于泮宮 製進이다.

20 『列聖御製』 권33, 英宗, 文, 「策題」. 대상자와 작성 연도를 차례로 제시하면, ① 辛亥庭試(1731), ② 乙卯到記儒生別製(1735), ③ 辛酉翰林召試(1741), ④ 壬戌翰林召試(1742), ⑤ 壬戌親臨庭試, ⑥ 癸亥翰林召試(1743), ⑦ 甲子翰林召試(1744), ⑧ 甲子翰林召試, ⑨ 辛未文臣製述(1751), ⑩ 丙子親臨庭試(1756)이다.

21 『英祖實錄』 권53, 英祖 17년 4월 25일(己未).

22 김문식(2007), 245쪽. 표에서 괄호 안의 숫자는 대상자가 두 곳 이상인 책문의 숫자다.

23 정조의 策問은 『列聖御製』 권72~75와 『弘齋全書』 권48~52에 수록되어 있다. 책문의 내용은 동일하지만 『열성어제』에는 책문의 제목이 나타나지 않는다.

24 김문식(2007), 252~256쪽.

25 『弘齋全書』 권50, 策問 3, 「農」.

26 정조의 十三經 책문이 정약용과 서유구에게 미친 영향에 대해서는 김문식(2010) 참조.

27 丁若鏞, 『與猶堂全書』 권8, 文集, 對策.

28 徐有榘, 『楓石集』 권10, 策對.

29 朴齊家, 『貞蕤閣文集』 권2, 文.

30 柳得恭, 『泠齋集』 권11, 策.

31 丁若鏞, 『與猶堂全書』 권8, 文集, 對策, 「人才策」.

32 『孝宗實錄』 권6, 孝宗 2년 1월 1일(己卯). "承旨代予草敎, 廣求直言, 可以補予之闕失, 救民之困苦, 得以弭災之道, 實封以聞. 言雖有過, 予不罪之."

33 1737년에 영조는 五衛將 金遇兌가 求言에 응하여 民弊를 아뢰자 그를 직접 만나서 하고 싶은 말을 하게 하였으며[『英祖實錄』 권43, 英祖 13년 2월 2일(庚申)], 1781년에 정조는 京外의 庶官으로 職事가 있는 사람은 모두 자신의 의견을 써서 바치라고 명령하였다[『正祖實錄』 권12, 正祖 5년 10월 17일(丙戌)].

34 『英祖實錄』 권42, 英祖 12년 12월 25일(甲申).

35 『正祖實錄』 권12, 正祖 5년 10월 17일(丙戌).

36 『英祖實錄』 권124, 英祖 51년 2월 7일(乙酉).

37 『正祖實錄』 권21, 正祖 10년 1월 22일(丁卯).

38 『正祖丙午所懷謄錄』의 내용에 대해서는 韓㳓劤(1965)의 연구가 있다.

39 『日省錄』 1786년 1월 22일(丁卯).

40 『日省錄』 1786년 1월 22일(丁卯).

41 朴齊家, 『貞蕤閣文集』 권3, 傳, 「丙午正月二十二日朝參時, 典設署別提朴齊家所懷」.

42 『正祖實錄』 권49, 正祖 22년 7월 23일(乙酉).

43 『正祖實錄』 권49, 正祖 22년 7월 23일(乙酉).

44 1798년에 있었던 三南 수령의 民隱疏에 대해서는 安秉旭(1981) 참조.

45 『弘齋全書』 권29, 綸音, 「勸農政求農書綸音」.

46 『正祖實錄』 권50, 正祖 22년 11월 30일(己丑).

47 『日省錄』 1799년 6월 2일(己丑).

48 朴齊家, 『貞蕤閣文集』 권2, 文, 「應旨進北學議疏」. "謹錄所爲論說箚記, 凡二十七目四十有九條, 命之曰 '北學議'. 瀆冒崇嚴, 庸備裁擇."

49 朴趾源, 『燕巖集』 권16, 別集, 課農小抄卷首, 「編題」. "臣趾源, 於戊午十二月初九日, 在職次, 祗受頒下印本御製勸農政求農書綸音."

50 이 農書들의 내용에 대해서는 金容燮(1968, 1988) 참조.

51 丁若鏞, 『與猶堂全書』 권9, 文集, 疏, 「應旨論農政疏」.

52 徐有榘, 『金華知非集』 권1, 上疏, 「淳昌郡守應旨疏」.

53 조선 전기 貢法의 시행 과정에 대해서는 金泰永(1982) 참조.

54 韓相權(1996), 38~40쪽, 〈표 1-2〉英祖의 對民接觸 일람표; 김백철(2012), 191~197쪽.

55 『英祖實錄』 권111, 英祖 44년 12월 18일(壬申). "上引見大臣備堂. 教曰, '昨日, 京外之民, 已下敎. 而都下根本之民, 一則市民, 一則貢人.'" 영조의 貢市人 詢瘼에 대해서는 한상권(2000), 272~277쪽 참조.

56 김백철(2012), 199~202쪽.

57 『英祖實錄』 권71, 英祖 26년 5월 19일(庚申).

58 『英祖實錄』 권71, 英祖 26년 7월 3일(癸卯).

59 『英祖實錄』 권71, 英祖 26년 7월 3일(癸卯).

60 『英祖實錄』 권74, 英祖 27년 6월 17일(壬子).

61 김백철(2010), 212~226쪽.

62 『英祖實錄』 권75, 英祖 28년 1월 27일(己丑).

63 『承政院日記』 英祖 34년 5월 6일(辛卯).

64 『承政院日記』 英祖 35년 10월 8일(乙酉).

65 『承政院日記』 英祖 36년 2월 9일(甲申).

66 영조 대 준천의 시행 과정에 대해서는 강문식(2012), 200~227쪽 참조.

67 『承政院日記』 英祖 30년 8월 15일(壬戌).

68 韓相權(1996), 52~54쪽, 〈표 1-3〉正祖의 對民接觸 일람표 참조. 이를 보면 정조가 서울에서 貢市人을 만나 詢問한 것은 永禧殿 제사(정조 6년 11월, 7월 11월, 20년 11월), 社稷 제사(정조 10년 정월, 20년 정월), 毓祥宮 제사(정조 12년 정월, 17년 11월), 慶熙宮 행차(정조 12년 11월), 宗廟 제사(정조 22년 정월)로 인해 도성 안을 행차할 때였다. 정조가 宣政門에서 임문순문한 것은 한 차례(정조 8년 3월) 나타난다.

69 조선시대 訴冤 제도의 발달 과정에 대해서는 韓相權(1996), 13~83쪽 참조.

70 『經國大典』 권5, 刑典, 「訴冤」.

71 『受敎輯錄』 권5, 刑典, 告訴, 嘉靖 丁巳(1557, 明宗 12) 承傳.

72 정조 대 상언 격쟁의 특징에 대해서는 한상권(2011), 154~156쪽 참조.

73 김지영(2005), 204~211쪽.

74 김지영(2005), 107~110쪽; 214~228쪽; 韓相權(1996), 351~359쪽. 거둥 횟수는 국왕이 궁궐 밖에 머문 날수를 계산한 것이며, 능행 횟수는 괄호 안의 숫자가 날수를 계산한 것이다.

75 『日省錄』正祖 3년 8월 6일.

76 『弘齋全書』권168, 日得錄, 政事3. "陵幸回鑾後, 京外上言, 一皆親覽, 不踰其日. 曰非予克勤, 先王之思, 不敢不勵耳. [原任直提學臣李秉模甲寅錄]."

77 『弘齋全書』권182, 群書標記 御定,「日省錄」;『日省錄凡例』.

78 韓相權(1996), 103~104쪽; 117쪽; 169~180쪽.

79 『日省錄』1798년 9월 1일(戊午).

80 『日省錄』1798년 11월 29일(戊午).

81 『日省錄』1779년 8월 10일(己亥).

82 위의 글.

참고문헌

|

제1장 | 18세기 조선사회의 음식 담론

『春秋左傳』,『小學』,『禮記』,『論語』,『孟子』,『書經』,『呂氏春秋』,『墨子』,『道德經』,『周禮』,『조선왕조실록』(http://db.itkc.or.kr),『弘齋全書』

김창협,『農巖集』

박지원,『燕巖集』

서유구,『林園經濟志』

성대중,『靑城雜記』

윤선도,『孤山遺稿』

윤증,『明齋遺稿』

윤휴,『白湖全書』

이덕무,『靑莊館全書』「士小節」

이덕홍,『艮齋集』

이익,『星湖僿說』

이해응,『薊山紀程』

이현일,『葛庵集』

이황,『退溪集』,『退溪言行錄』

정약용, 『論語古今注』, 『茶山詩文集』

정제두, 『霞谷集』

주희, 『論語集註』

허균, 『惺所覆瓿藁』

홍대용, 『湛軒書』

홍만선, 『山林經濟』

김동식, 「1920~30년대 대중잡지에 나타난 음식 표상」, 『한국학연구』 44집, 2017.

김미혜 · 정혜경, 「풍속화에 나타난 18세기 조선시대 식기와 음식 문화 연구」, 『한국식
　　　생활문화학회지』, 제22권, 제6호, 한국식생활문화학회, 2007.

김용섭, 『조선후기 농업사 연구』, 지식산업사, 2007.

김태형, 「음식철학 속에 담긴 프랑스 역사와 문화에 관한 고찰」, 『시대와 철학』, 한국
　　　철학사상연구회, 2013.

안대회 등저, 『18세기의 맛』, 문학동네, 2014.

왕런샹, 주영하 옮김, 『중국음식 문화사』, 민음사, 2010.

이빙허각, 정양완 옮김, 『규합총서』, 보진재, 2012.

정은진, 「星湖 李瀷의 '三斗會' 小考」, 『한국어문학연구』 55호, 한국어문학연구학회,
　　　2010.

정혜경, 「한국 음식 문화의 의미와 표상」, 『아시아리뷰』 제5권 제1호, 2015.

조선총독부 엮음, 신종원 · 한지원 옮김, 『조선위생풍습록』, 민속원, 2013.

차경희, 「『林園經濟志』 속의 조선후기 飮食」, 『진단학보』 108호, 진단학회, 2009.

캐롤 M. 코니한, 김정희 옮김, 『음식과 몸의 인류학』, 갈무리, 2004.

플로랑 켈리에, 박나리 옮김, 『제7대 죄악, 탐식』, 예경, 2011.

한국18세기학회, 『위대한 백년, 18세기』, 태학사, 2007.

제2장 | 18세기 음악의 '멋' 추구 향방

朴齊家, 『貞蕤閣集』

朴趾源, 『熱河日記』

李德懋, 『青莊館全書』

丁若鏞, 『茶山詩文集』

柳得恭, 『泠齋集』
洪大容, 『湛軒書』
洪大容, 『을병연행록』

김대중, 「풍석 서유구의 산문연구」, 서울대학교 국문학과 박사학위 논문, 2011.
노동은, 『한국민족음악 현단계』, 세광출판사, 1989.
송지원, 「朝鮮後期 中人音樂의 社會史的 研究」, 서울대학교 석사학위 논문, 1992.
_____, 「朝鮮 中華主義의 음악적 실현과 淸 文物 수용의 의의」, 『國樂院論文集』, 제11
　　집, 國立國樂院, 1999.
_____, 「조선후기 문인음악의 소통과 향유」, 『한국음악사학보』 48집, 한국음악사학
　　회, 2012.
_____, 『한국음악의 거장들』, 태학사, 2012.
신영주, 「『이운지』를 통해 본 조선후기 사대부가의 생활모습」, 『한문학보』 13집, 2005.
안대회, 「林園經濟志를 통해 본 徐有榘의 利用厚生學」, 『韓國實學研究』 11, 韓國實學學
　　會, 2006.
유봉학, 『燕巖一派 北學思想 研究』, 일지사, 1995.
이우성, 「18세기 서울의 도시적 양상」, 『향토서울』 17호, 1963.
_____, 「실학연구서설」, 『실학연구입문』, 일조각, 1983.
장사훈, 『증보한국음악사』, 세광음악출판사, 1984.
최남선, 이영화 옮김, 『조선상식문답』, 경인문화사, 2013.

제3장 | 18세기 문인들의 야연夜宴과 1박 2일의 현장

참고문헌 없음.

제4장 | 조선 후기 취미 생활과 문화현상

Craig Clunas, *Superfluous Things: Material Culture and Social Status in Early
　　Modern China,* University of Hawaii Press, 2004.
고동환, 『조선시대 서울 도시사』, 태학사, 2007.

김수진, 「능호관 이인상 문학 연구」, 서울대학교 박사학위 논문, 2012.

김용태, 『19세기 조선 한시사의 탐색』, 돌베개, 2008.

毛文芳, 『晚明閒賞美學硏究』, 學生書局, 2000.

문경연, 「식민지 근대와 '취미' 개념의 형성」, 『개념과 소통』 제7호, 2011, 35~36쪽.

박정혜, 「남승도로 본 조선 명승」, 정치영 외, 『조선의 명승』, 한국학중앙연구원출판부, 2016, 93~102쪽.

버튼 홈스, 이진석 옮김, 『1901년 서울을 걷다』, 푸른길, 2012.

신익철, 「茶山과 다산학단의 菊影詩 창작과 그 의미: 원굉도 문학의 수용 양상과 관련하여」, 『한국실학연구』 제16호, 2008, 129~159쪽.

안대회, 「한국 蟲魚草木花卉詩의 전개와 특징」, 『한국문학연구』 제2호, 2001, 147~173쪽.

_____, 「18세기와 21세기를 읽는 키워드 마니아」, 『디지털과 실학의 만남』, 신규장각, 2005, 70~106쪽.

_____, 「通園 兪晩柱의 造景美學」, 『한국전통조경학회지』 27, 2009, 48~56쪽.

_____, 『조선을 사로잡은 꾼들』, 한겨레출판부, 2010.

_____, 『벽광나치오』, 휴머니스트, 2011.

_____, 「18·19세기의 음식취향과 미각에 관한 기록 ― 沈魯崇의 『孝田散稿』와 『南遷日錄』을 중심으로 ― 」, 『東方學志』 제169집, 연세대학교 국학연구원, 2015, 167~192쪽.

안순태, 『南公轍 散文 硏究』, 서울대학교 박사학위 논문, 2011.

윤지안, 「조선후기 수선화의 유행과 쇠퇴」, 『인문과학연구』 27집, 2018, 155~205쪽

이종묵, 『사의당지』, 휴머니스트, 2009.

_____, 「조선 후기 놀이문화와 한시사의 한 국면」, 성호경 편, 『조선 후기 문학의 성격』, 서강대학교출판부, 2010, 173~208쪽.

_____, 『글로 세상을 호령하다』, 김영사, 2010.

_____, 「홍경모 집안의 우이동 별서」, 『관암 홍경모와 19세기 학술사』, 경인문화사, 2011, 103~161쪽.

이헌창, 『한국경제통사』, 해남, 2012(제5판).

이현일, 「19세기 漢詩의 小品趣 ― 申緯의 경우를 중심으로 ― 」, 『한국한시연구』 18권, 2010, 323~368쪽.

장남원, 「물질문화 관점으로 본 조선 후기 玩物 陶瓷」, 『미술사학』 제39집, 2012, 132~163쪽.

장진성, 「朝鮮後期古董書畵收集熱の性格 — 金弘道の・布衣風流圖』と『士人肖像』こ對
　　する檢討」, 『美術硏究』 394호, 2008, 496~530쪽.
_____, 「조선 후기 미술과 『林園經濟志』 — 조선 후기 古董書畵 수집 및 감상 현상과
　　관련하여」, 『진단학보』 108호, 2009, 107~130쪽.
정민, 「18 · 19세기 조선 지식인의 '벽'과 '치' 추구 경향」, 『18세기 연구』 제5 · 6호,
　　2001.
_____, 「18세기 지식인의 玩物 취미와 지적 경향」, 『고전문학연구』 23집, 2003,
　　327~354쪽.
_____, 「花庵九曲의 작가 柳璞(1730~1787)과 花庵隨錄」, 『한국시가연구』 14집, 2003,
　　101~133쪽.
정은주, 「이학규의 화훼 취미와 菊影詩 창작」, 『인문과학』 49권, 2012, 185~204쪽.
曹淑娟, 『晚明性靈小品硏究』, 文津出版社, 1988.
하지영, 「南義采의 『衆香國春秋』 소고」, 『한국한문학연구』 51집, 2013, 575~608쪽.
황정연, 『朝鮮時代 書畵收藏 硏究』, 한국학중앙연구원 박사논문, 2007.

제5장 │ 통^通, 국왕의 소통 방식

『朝鮮王朝實錄』
『承政院日記』
『日省錄』
『經國大典』
『受敎輯錄』
『列聖御製』
『正祖丙午所懷謄錄』

正祖, 『弘齋全書』
朴趾源, 『燕巖集』
朴齊家, 『貞蕤閣文集』
丁若鏞, 『與猶堂全書』
徐有榘, 『鼓篋集』, 『金華知非集』
柳得恭, 『泠齋集』

『정조어찰첩 ―『壬辰睿札』과『己未御札』』, 한국학중앙연구원 장서각, 2013.

『정조어찰』, 국립고궁박물관, 2011.

『정조임금편지』, 국립중앙박물관, 2009.

姜萬吉,『朝鮮後期 商業資本의 發達』, 고려대학교출판부, 1974.

강문식, 「영조대 준천 시행과 그 의의」, 『영조의 국가정책과 정치이념』, 한국학중앙연구원출판부, 2012.

高東煥, 『朝鮮後期 서울商業發達史研究』, 지식산업사, 1998.

郭信煥, 「李栗谷의 策文 研究」, 『儒敎思想研究』 7, 1994.

권두환, 「『정조어찰첩』의 설득력과 논리」, 『정조의 비밀어찰, 정조가 그의 시대를 말하다』, 푸른역사, 2011.

金慶來, 「仁祖代 朝報와 公論政治」, 『韓國史論』 53, 서울대학교 국사학과, 2007.

김문식, 「蔡濟恭家 소장 正祖의 御筆」, 『書誌學報』 29, 2005.

＿＿＿, 『정조의 제왕학』, 태학사, 2007.

＿＿＿, 「정조 · 정약용 · 서유구의 십삼경 이해」, 『茶山學』 16, 2010.

김백철, 『조선후기 영조의 탕평정치 ―『속대전』의 편찬과 백성의 재인식』, 태학사, 2010.

＿＿＿, 「영조의 詢問과 爲民政治 ― 愛民에서 君民相依로」, 『국학연구』 21, 2012.

김영수, 「조선 공론정치의 이상과 현실(1): 당쟁발생기 율곡 이이의 공론정치론을 중심으로」, 『한국정치학회보』 39-5, 2005.

金容燮, 「朝鮮後期의 農業問題 ― 正祖末年의 應旨進農書의 分析」, 『韓國史研究』 2, 1968.

＿＿＿, 「18世紀末 政府의 農書編纂計劃과 두 農學思想의 對立」, 『朝鮮後期農學史研究』, 一潮閣, 1988.

김지영, 「朝鮮後期 국왕 行次에 대한 연구 ― 儀軌班次圖와 擧動記錄을 중심으로」, 서울대학교 박사학위 논문, 2005.

金泰永, 「朝鮮前期 貢法의 成立과 그 展開」, 『東洋學』 12, 1982.

김현옥, 「「策問」에 나타난 正祖의 學問觀」, 『한문고전연구』 21, 한국한문고전학회, 2010.

＿＿＿, 「成三問과 申叔舟의 策文에 나타난 現實認識 比較」, 『한문학논집』 33, 근역한문학회, 2011.

박현모, 「조선 왕조의 장기지속성(Longevity) 요인 연구 1: 공론정치(公論政治)를 중심으로」, 『한국학보』 30-1, 일지사, 2004.

백승호, 「새로 발굴한 정조어찰첩의 자료적 가치」, 『대동문화연구』 66, 2009.

백승호 · 장유승, 『정조어찰첩』, 성균관대학교출판부, 2009.

서근식, 「栗谷 李珥의 疏通的 易學觀 硏究 ― 策文을 中心으로」, 『한국철학논집』 25, 한국철학사연구회, 2009.

설석규, 『조선시대 유생 상소와 공론정치』, 도서출판 선인, 2002.

신익철 · 권오영 · 김문식 · 장유승 역해, 『수기 ― 정조의 물음에 답하는 박종악의 서신』, 한국학중앙연구원출판부, 2016.

안대회, 「어찰의 정치학 ― 정조와 심환지」, 『역사비평』 87, 2009.

_____, 『정조의 비밀편지 ― 국왕의 고뇌와 통치의 기술』, 문학동네, 2010.

安秉旭, 「朝鮮後期 民隱의 一端과 民的 動向 ― 正祖代 應旨民隱疏를 중심으로」, 『韓國文化』 2, 1981.

임완혁, 「朝鮮前期 策文과 士의 世界 認識 ―『殿策精粹』를 중심으로」, 『한문학보』 20, 우리한문학회, 2009.

임재완, 『정조대왕의 편지글』, 리움, 2004.

장유승, 「1791년 내포(內浦): 박종악과 천주교 박해」, 『교회사연구』 44, 2014.

하라 다케시(原武史), 김익한 김민철 옮김, 『직소와 왕권 ― 한국과 일본의 민본주의 사상사 비교』, 지식산업사, 2000.

韓相權, 『朝鮮後期 社會와 訴冤制度 ― 上言 · 擊錚 硏究』, 一潮閣, 1996.

_____, 「영조 · 정조의 새로운 상업관과 서울 상업정책」, 『서울상업사』, 태학사, 2000.

_____, 「정조의 군주론과 왕정」, 『정조와 정조시대』, 서울대학교 출판문화원, 2011.

韓㳓劤, 「正祖丙午所懷謄錄의 分析的 硏究」, 『서울大學校論文集: 人文社會科學』 11, 1965.

찾아보기

인명

ㄱ

강희안(姜希顔) 197
고렴(高濂) 176
권상신(權常愼) 114, 115, 189
김생(金生) 79
김세희(金世禧) 174
김유근(金逌根) 200
김응석(金應錫) 193
김창즙(金昌緝) 77
김창흡(金昌翕) 146

ㄴ

남공철(南公轍) 178
남유용(南有容) 115, 117, 119~122
남희채(南羲采) 193, 194

ㄷ

도륭(屠隆) 176

ㄹ

량치차오(梁啓超) 163

ㅁ

목만중(睦萬中) 199
문진형(文震亨) 176

ㅂ

박영보(朴永輔) 185
박제가(朴齊家) 45, 68, 71, 72, 74, 75,
　　　145, 168, 169, 226, 231, 235
박종악(朴宗岳) 218, 219
박종채(朴宗采) 145, 146, 149

박지원(朴趾源) 43, 71, 72, 77, 83, 88, 105, 144~150, 152, 199, 235

박지일(朴之一) 201

방효량(方孝良) 168

백거이(白居易) 199, 202

빙허각 이씨(憑虛閣 李氏) 45, 50, 51

ㅅ

서유구(徐有榘) 46, 91~95, 97~101, 173, 175, 181, 226, 235

성대중(成大中) 23~25, 76, 145

소식(蘇軾) 137, 166, 182

송시열(宋時烈) 213~216

신위(申緯) 178, 180, 184, 186, 200, 202

심노숭(沈魯崇) 179, 189

심환지(沈煥之) 216, 217, 219

ㅇ

안현(安玹) 22

안회(顔回) 20, 131, 132

오원(吳瑗) 105, 115~123, 125, 152

오찬(吳瓚) 124, 125, 194

완적(阮籍) 28

우석선생(友石先生) 200

우성전(禹性傳) 21

원굉도(袁宏道) 177

유금(柳琴) 68, 71, 72

유득공(柳得恭) 68, 71, 72, 145, 164, 190, 192, 226

유만주(俞晚柱) 178, 179, 181

유박(柳璞) 193

유본학(柳本學) 164, 185, 186

유송령(劉松齡) 85, 87, 88

유중림(柳重臨) 41, 47, 48

윤증(尹拯) 23

윤행엄(尹行儼) 169

윤현(尹鉉) 113

윤휴(尹鑴) 30, 45

이규경(李圭景) 192

이규상(李奎象) 124, 132, 197

이기중(李箕重) 124

이덕무(李德懋) 24, 25, 30, 32, 54, 71, 72, 145, 147~149, 161, 162, 191

이덕홍(李德弘) 29

이만함(李萬咸) 199

이서구(李書九) 68, 72, 145

이심전(李心傳) 199, 200

이유신(李維新) 153, 201

이유원(李裕元) 185

이윤영(李胤永) 105, 123~128, 130~134, 152

이이(李珥) 165, 169

이익(李瀷) 20~22, 35, 38, 49, 54, 90, 91, 135, 137, 194, 199

이인상(李麟祥) 123~125, 127, 128, 130, 131, 133, 134, 178, 194

이장재(李長載) 182

이재덕(李載德) 105, 135, 137, 140~143

이조원(李肇源) 197

이천보(李天輔) 115, 117~122

이학규(李學逵) 181, 183, 193

이현일(李玄逸) 41

이황(李滉) 21, 29

이희천(李羲天) 199

ㅈ

장헌세자(莊獻世子, 사도세자) 218

장혼(張混) 178, 180

정동유(鄭東愈) 202, 203

정약용(丁若鏞) 24, 40, 42, 43, 45, 226,
    227, 235

정제두(鄭齊斗) 25

정태화(鄭太和) 213, 215

정현(鄭玄) 25

조귀(曹劌) 23

조면호(趙冕縞) 185, 194, 200, 201

조심태(趙心泰) 216

조희룡(趙熙龍) 200

진계유(陳繼儒) 40

ㅊ

채제공(蔡濟恭) 216~219

채지홍(蔡之洪) 166, 169

ㅍ

포우관(鮑友管) 85

ㅎ

허균(許筠) 35

호궁기(扈宮其) 72

홍경모(洪敬謨) 178, 180

홍대용(洪大容) 48, 68, 72, 74, 76, 77,
    79, 80, 82~85, 87, 144~151

홍만선(洪萬選) 47

홍억(洪檍) 76, 83

홍현주(洪顯周) 168, 169

황경원(黃景源) 115~122

황정견(黃庭堅) 25

작품명

ㄱ

『강한집(江漢集)』 117~119

『거가필용(居家必用)』 47

「계정에서 지은 연구(溪亭聯句)」 119,
    123

『고문진보(古文眞寶)』 110

『고반여사(考槃餘事)』 176

『고사촬요(故事撮要)』 47

「곡지가(曲池歌)」 197

「과정록(過庭錄)」 145, 149

「괴석기(怪石記)」 202

『구라철사금자보(歐邏鐵絲琴字譜)』 82

『규합총서(閨閤叢書)』 45, 50, 51

기거안락전 (起居安樂箋) 176

ㄴ

「내칙(內則)」 22, 36, 45

「뇌뢰정기(磊磊亭記)」 199

『뇌연집(雷淵集)』 118

『능호집(凌壺集)』 134

ㄷ

『단릉유고(丹陵遺稿)』 134

『단원아집(檀園雅集)』 105, 135, 143, 155

『담헌서(湛軒書)』 77

『대학유의(大學類義)』 225

『동국문헌비고(東國文獻備考)』 93, 97, 99

ㅂ

『발합경(鵓鴿經)』 190

「벽설(癖說)」 167

『병사(瓶史)』 178

『병세재언록(幷世才彦錄)』 124, 132

「부의(婦儀)」 54

ㅅ

『사소절(士小節)』 30, 32, 54, 161

『사시찬요(四時纂要)』 47

『사의당지(四宜堂志)』 180

「사인초상(士人肖像)」 183

『산림경제(山林經濟)』 40, 47, 48

「산정에서의 야연(山亭夜宴)」 108, 111

「삼석설(三石說)」 199

『상정(觴政)』 178

『서경(書經)』 90

『선귤당농소(蟬橘堂濃笑)』 148

「선유도(船遊圖)」 183, 186

『성고추재수창록(聲皐楸齋酬唱錄)』 135

『소문사설(謏聞事說)』 48

「소의(少義)」 36

『소창청기(小窓淸記)』 176

『소학(小學)』 27, 29, 30

『수기(隨記)』 218

ㅇ

「악고(樂考)」 93, 97

『악학궤범(樂學軌範)』 93, 96, 97, 99

「양어가(養魚歌)」 197

『양화소록(養花小錄)』 197

『여씨춘추(呂氏春秋)』 36

『연암집(燕巖集)』 145

「연한청상전(燕閑淸賞箋)」 176

「연화시(蓮花詩)」 134

『열성어제(列聖御製)』 212, 213, 220

『예기(禮記)』 22, 25~27, 29, 30, 32, 36, 39, 45

『옥국재유고(玉局齋遺稿)』 127, 134

『우이동지(牛耳洞志)』 180

『월곡집(月谷集)』 118

「유예지(遊藝志)」 92, 99, 181

「은암아집도에 부친 글(隱巖雅集圖贊)」 114

『을병연행록(乙丙燕行錄)』 85

「음찬복식전(飮饌服食箋)」 176

「이계암서지(耳溪巖棲志)」 180

『이목구심서(耳目口心書)』 191

「이운지(怡雲志)」 92, 93~95, 98, 99, 101, 175

『일성록(日省錄)』 230, 247, 253

『임원경제지(林園經濟志)』 46, 91~93, 99, 101, 175, 193

『임하맹(林下盟)』 176

『임하필기(林下筆記)』 22

ㅈ

『장물지(長物志)』 176

『정유각집(貞蕤閣集)』68, 71

『정조병오소회등록(正祖丙午所懷謄錄)』
230

『주사의(酒食議)』45

『주영편(晝永篇)』202

『주자집주(朱子集註)』39

『준생팔전(遵生八箋)』92, 95, 96, 98, 176

『증보산림경제(增補山林經濟)』47, 48

『지봉유설(芝峰類說)』47

『진암집(晉菴集)』118

ㅊ

『청성집(靑城集)』76

『춘추좌씨전(春秋左氏傳)』23

「치선(治膳)」47, 48

ㅌ

「태호석기(太湖石記)」199

ㅍ

「평생지(平生志)」180

「포의풍류도(布衣風流圖)」183, 184

「풍속도병(風俗圖屛)」187, 188

ㅎ

『학림옥로(鶴林玉露)』176

「한여름 밤의 연회(夏夜讌記)」145, 147,
149

「흥부전(興夫傳)」18

기타

ㄱ

가야금 68, 73, 76, 77, 79, 84, 96, 144,
145, 147, 149

거문고 62, 65, 68, 71, 73, 76, 77~79, 84,
89, 97~99, 113, 131, 139, 141,
145, 147~150, 178, 181, 189

격쟁(擊錚) 9, 211, 242~245, 247, 248,
250~253

경(磬) 92

경연(經筵) 209

고동각(古董閣) 178

공시인(貢市人) 9, 242, 252, 253

구라철사금(歐邏鐵絲琴) 98

구언(求言) 9, 211, 228~232, 234, 235,
252

국영법(菊影法) 194

궤반(饋飯) 55

궤식(饋食) 55

궤주(饋酒) 55

규장각(奎章閣) 222, 224, 226, 230, 247,
252

금(琴) 78~80

금실(琴室) 94

ㄴ

난회(煖會)/난로회(煖爐會) 43

ㄷ

단원아집(檀園雅集) 105
담화재(澹華齋) 123, 125
당금(唐琴) 90, 91
도기유생(到記儒生) 221
등문고(登聞鼓) 243

ㅁ

만석루(萬樓) 199
묵희(墨戲) 123, 125, 134

ㅂ

방중악(房中樂) 80
번금(蕃琴) 83, 92, 98
벽론(癖論) 74, 75
벽통음(碧筒飮) 132, 154
병련(甁蓮) 125
병련시(甁蓮詩) 128, 130
병화법(甁花法) 194
분경법(盆景法) 194
분향관(焚香館) 178
빙등조빈연(氷燈照賓筵) 124, 125, 194

ㅅ

사간원(司諫院) 209, 228, 229, 233
사부학당(四部學堂) 221
사헌부(司憲府) 209, 228, 229, 243
상소(上疏) 209, 228, 229, 233
상언(上言) 9, 211, 242~253
상참(常參) 209
생황(笙簧) 63, 68, 71, 73, 76, 77, 87,
    90~92, 98, 145, 150, 181

서양금(西洋琴) 83, 98
서지문회(西池文會) 105, 123~125, 1127,
    155, 156
서화각(書畵閣) 178
소(簫) 71
송석원(松石園) 105
수석벽(壽石癖) 189
수작(酬酌) 154
수창(酬唱) 116, 135, 138, 141, 154
수표교水標橋 144, 151, 152, 155, 156
순문(詢問) 9, 211, 235~238, 241, 242,
    251~253
슬(瑟) 78~80
식시오관(食時五觀) 25
신문고 (申聞鼓) 243, 244

ㅇ

아회도(雅會圖) 107, 136
야연(夜宴) 8, 10, 105, 107, 108, 110, 111,
    113~118, 123, 125, 133~135,
    143~146, 149~152, 154~157
양금(洋琴) 68, 71, 73, 74, 76, 77, 82~85,
    88, 92, 101, 144, 145, 150, 154,
    181
어제(御製) 211, 212
어제어필(御製御筆) 211
어찰(御札) 9, 211~213, 215, 216, 219,
    220, 251, 252
어필(御筆) 211
언관(言官) 209
영산회상(靈山會上) 61, 62, 77, 78, 84,
    100

예필(睿筆)/ 예제(睿製) 212

오르간 스톱(organ stop) 87

유춘오(留春塢) 8, 76, 105, 144, 146, 152

유춘오악회(留春塢樂會) 144, 145, 155

육률(六律) 71

육식자 (肉食者) 23

육예(六藝) 65

윤대(輪對) 209

응지상소(應旨上疏) 234, 235, 252

ㅈ

종(鍾) 92

종암문회(鍾巖文會) 105, 115, 155

줄풍류 61, 62, 71, 72, 75, 77, 78~80, 101

진각(鄭慤) 132

ㅊ

차대(次對) 209

책문(策問) 9, 211, 218, 220~228, 251, 252

추환(芻豢) 41~43

ㅍ

파이프오르간 85, 86, 88

팔음(八音) 71

ㅎ

한림소시(翰林召試) 221, 222

현금(玄琴) 92, 97, 98

호당(湖湖堂, 독서당) 221

홍문관(弘文館) 209, 117

저자소개

이숙인 李淑仁

성균관대학교 동양철학과를 졸업하고, 같은 학교 대학원에서 철학박사 학위를 받았다. 현재 서울대학교 규장각한국학연구원 책임연구원으로 있으며, 가족과 여성의 연구 시각으로 조선시대 사상사를 저술하는 작업에 매진하고 있다. 지은 책으로 『동아시아 고대의 여성사상』, 『정절의 역사』, 『신사임당』, 『조선여성의 일생』(공저), 『노년의 풍경』(공저), 『근사록』(공저), 『되살아나는 여성』(공저), 『유학, 시대와 통하다』(공저) 등이 있고, 옮긴 책으로 『열녀전』, 『여사서』, 『오륜행실도』, 『역주 묵재일기』(전6권, 공역) 등이 있다.

송지원 宋芝媛

서울대학교에서 국악이론 전공으로 음악석사, 한국음악학 전공으로 문학박사 학위를 받았다. 현재 서울대학교 비전임교수로 강의하고 있으며 국악방송에서 〈국악산책〉을 진행하고 있다. 조선시대의 음악사상사,

음악문화사, 음악사회사 분야의 연구를 통해 인간과 문화, 사회, 사상의 관점에서 조선시대를 읽어내는 연구를 수행하고 있으며 공연예술 및 축제와 의례에 대한 관심도 크다. 2002년 제3회 이혜구 학술상과 2013년 제17회 난계악학대상을 수상했다. 한국공연문화학회 회장과 문화체육관광부 국립국악원의 국악연구실장, 서울대학교 규장각한국학연구원 연구교수, 책임연구원을 역임했다. 지은 책으로『정조의 음악정책』,『한국음악의 거장들』,『조선의 오케스트라, 우주의 선율을 연주하다』,『조선왕실의 음악문화』,『음악, 삶의 역사를 만나다』(공저),『새로 쓰는 예술사』(공저) 등이 있다.

김동준 金東俊

서울대학교 국어국문학과를 졸업하고 같은 학교 대학원에서 문학박사 학위를 받았다. 한국고전연구학회장과 연구모임 '문헌과해석'의 대표를 지냈다. 현재 이화여자대학교 국어국문학과에서 교수로 재직 중이며, 한국고전번역원의 번역 사업에 동참하고 있다. 공저로『민족문학사강좌』, 『한국학 그림과 만나다』,『한국학 그림을 그리다』 등이 있고, 심익운(沈翊雲)의『백일시집(百一詩集)』을 번역하여『겨울을 향하는 풀벌레의 울음처럼』을 펴냈다. 한국 한시(漢詩)의 매력과 한문학의 저력을 탐구해왔으며 한문학 작가와 작품에 대한 수십 편의 논문을 발표했다. 조선시대 문인 문화로 연구의 영역을 넓혀가고 있으며 고전의 가치를 대중과 함께 나누기를 좋아한다.

안대회 安大會

연세대학교 국문학과를 졸업하고, 같은 학교 대학원에서 문학박사 학위를 받았다. 현재 성균관대학교 한문학과 교수로 대동문화연구원 원장을 맡고 있다. 2015년 제34회 두계학술상과 2016년 제16회 지훈국학상을 수상했다. 정밀한 해석과 깊이 있는 사유를 바탕으로 옛글을 분석함으로써 선인들의 삶을 풀어내는 작업에 매진하고 있다. 옛글을 학술적으로 엄밀히 고증할 뿐만 아니라 특유의 담백하고 정갈한 문체로 풀어내 독자들에게 고전의 가치와 의미를 전해왔다.

지은 책으로『궁극의 시학』,『벽광나치오』,『담바고 문화사』,『천년 벗과의 대화』,『조선의 명문장가들』,『조선을 사로잡은 꾼들』,『선비답게 산다는 것』,『정조의 비밀편지』,『18세기 한국 한시사 연구』,『내 생애 첫 번째 시』등이 있고, 옮긴 책으로『해동화식전』,『녹파잡기』,『산수간에 집을 짓고』,『한서열전』,『주영편』(공역),『한국산문선』(공역),『완역정본 택리지』(공역),『소화시평』,『완역정본 북학의』,『추재기이』등이 있다.

김문식 金文植

서울대학교 국사학과를 졸업하고, 같은 학교 대학원에서 문학박사 학위를 받았다. 서울대학교 규장각 학예연구사를 거쳐 현재 단국대학교 사학과 교수로 재직하고 있으며, 단국대학교 동양학연구원장, 한국고전번역학회 회장, 성호학회 회장, 문화재청 문화재위원으로 있다. 조선의 경학사상, 조선후기 사상가, 정조 시대, 국왕 교육, 국가 전례, 대외인식에 관한 다수의 논문과 저서를 발표하였으며, 최근에는 조선시대의 국가 전례 및 왕실 문화에 나타나는 예약 국가로서의 특징을 연구하고 있다.

지은 책으로『조선후기 경학사상 연구』,『정조의 경학과 주자학』,『정조의 제왕학』,『조선후기 지식인의 대외인식』,『왕세자의 입학식』,『정조의 생각』,『조선 왕실의 외교의례』등이 있다. 공저로는『조선의 왕세자 교육』,『조선왕실 기록문화의 꽃, 의궤』,『조선 국왕의 일생』,『왕실의 천지제사』,『즉위, 국왕의 탄생』,『조선시대 국왕 리더십 관(觀)』,『국왕 리더십의 유형과 실제』등이 있다.

대우학술총서 625

맛·멋·흥·취·통
– 18세기를 읽는 다섯 가지 키워드

1판 1쇄 찍음 2020년 9월 7일
1판 1쇄 펴냄 2020년 9월 21일

지은이 이숙인 · 송지원 · 김동준 · 안대회 · 김문식
펴낸이 김정호
펴낸곳 아카넷

출판등록 2000년 1월 24일 (제406-2000-000012호)
주　　소 10881 경기도 파주시 회동길 445-3
전　　화 031-955-9510 (편집) · 031-955-9514 (주문)
팩시밀리 031-955-9519
책임편집 김일수
www.acanet.co.kr

ⓒ 이숙인 외, 2020

Printed in Paju, Korea.

ISBN 978-89-5733-695-3 (94080)
ISBN 978-89-89103-00-4 (세트)

이 도서의 국립중앙도서관 출판시도서목록(CIP)은 서지정보유통지원시스템 홈페이지(http://seoji.nl.go.kr)와
국가자료공동목록시스템(http://www.nl.go.kr/kolisnet)에서 이용하실 수 있습니다.(CIP제어번호: 2020036424)